产教融合视域下
高职院校双师型师资队伍建设

章春苗 ◎ 著

中国海洋大学出版社

·青岛·

图书在版编目（CIP）数据

产教融合视域下高职院校双师型师资队伍建设 / 章春苗著 . -- 青岛 : 中国海洋大学出版社，2024. 12.
ISBN 978-7-5670-4049-6

Ⅰ . G715

中国国家版本馆 CIP 数据核字第 2024QE3400 号

产教融合视域下高职院校双师型师资队伍建设

CHANJIAO RONGHE SHIYU XIA GAOZHI YUANXIAO SHUANGSHIXING SHIZI DUIWU JIANSHE

出 版 人	刘文菁
出版发行	中国海洋大学出版社有限公司
社 址	青岛市香港东路 23 号　　　　　邮政编码　266071
网 址	http://pub.ouc.edu.cn
责任编辑	郑雪姣　　　　　　　　　　　电　话　0532-85901092
电子邮箱	zhengxuejiao@ouc-press.com
图片统筹	寒 露
装帧设计	寒 露
印 制	定州启航印刷有限公司
版 次	2025 年 1 月第 1 版
印 次	2025 年 1 月第 1 次印刷
成品尺寸	170 mm × 240 mm　　　　　　印　张　16
字 数	260 千　　　　　　　　　　　印　数　1 ~ 1000
定 价	98.00 元
订购电话	0532-82032573（传真）　　18133833353

发现印刷质量问题，请致电 18133833353 进行调换。

前　言

自 20 世纪 90 年代起，我国经济迅猛发展，特别是近年来经济转型的加速和经济结构的升级，对中高级技术技能型人才的需求日益增长。这种变化推动高等职业教育规模迅速扩展。在全球范围内，教师专业化已成为提升教育质量的关键途径，也是各国教师教育改革的核心目标之一。在这样的背景下，我国高职院校的教师教育显得尤为重要。高职教育的定位是培养能够直接服务于生产、建设、管理和服务一线的高素质技术技能型人才。这一教育目标要求教师不仅要有深厚的理论知识基础，还要具备与之相对应的实际操作能力和技术应用开发能力，能在传授理论知识的同时，有效地指导学生进行实际的操作训练。双师型教师培育因此成为高职院校师资队伍建设的重要任务之一。

本书基于这样的背景，在产教融合视域下，从多个维度研究和探讨如何进行双师型师资队伍建设。本书不仅分析了双师型师资队伍建设的必要性和重要性，还结合高职院校的发展实际，提出了一系列创新的培训和发展策略，旨在为教师的专业成长和职业发展提供系统支持和明确指导。

第一章阐释了产教融合的概念、发展及其特征，是全书的理论基础，并探讨了产教融合的实践模式，为论述双师型教师的培养和发展奠定了基础。第二章详细介绍了双师型教师的概念，并从素养能力体系构建入手，分析了这一群体在职业教育中的关键作用。通过探讨双师型师资队伍建设的理论基础、双师型师资队伍的特征及其建设的意义，讨论了双师型教师的理想职业形象，也强调了其在技术技能传授和学生职业道德培养中的双重价值。第三章则聚焦于双师型教师的专业化发展，分析了各种影响因素，并提出了相关的发展原则、定位和标准。这一部分特别强调了在产教融合视域下，教师专业成长的定位及其对高职教育质量提升直接的推动作用。第四章讨论了双师型教师的培养模式。从自主成长模式到校本培养、校企合作培养以及文化生态模式，每一种模式都旨在通过不同的培养路径促进教师的全面发展。第五章探讨了确保双师型师资队伍建设成功的各种保障体系，包括制度体系、培训体系和实训基地建设。这些保障措施是实现教师持续成长和教育质量提升的关键支撑。第六章则围绕双师型教师资格认定标准展开讨论，从制定意义到理念与要求，从制定原则到认定体系，再到具体实施，全方位构建系统的教师评估和资格认定标准。第七章关注激励机制的建立，分析了激励机制建立的理论基础和原则，并提出了具体的建立和实施途径，以确保教师能在职业生涯中获得持续的动力和成长空间。第八章根据职业教育特点，讨论了兼职教师队伍建设，探讨了兼职教师在职业教育中的独特价值和兼职教师队伍建设原则，以及如何有效整合和利用这一资源以增强教育系统的动态性和适应性。

本书不仅有理论层面的探讨，也有实践层面的实施策略和建议，为高职院校双师型教师的培养和发展提供了全面的理论支持和实践指导，可以为高职教育管理者、高职院校教师以及相关从业人员提供一些有价值的参考和借鉴。

笔者水平有限，本书可能在深度和广度上尚有不足，敬请广大读者提出宝贵建议，以期更加完善。

目　录

第一章 产教融合概述

第一节 产教融合的概念与发展

一、产教融合的概念

（一）产教融合的定义与本质

2011年，教育部等九部门发布的《关于加快发展面向农村的职业教育的意见》中明确提出了"促进产教深度合作"的指导方针，这一方针逐步演变为"产教融合"。

产教融合中的"产"代表的是产业，广义上的产业是指在社会专业分工基础上形成的相对稳定和独立的国民经济部门，涵盖了从大型部门到特定行业的各个层面，包括了从生产物质产品到提供各种服务的活动。而狭义上的产业主要指涉及物质产品生产的工业部门。从社会再生产的视角考察，教育作为一个独立的经济部门，其形成是社会分工日趋精细化的结果。当人类生产力发展到一个新阶段时，教育就从物质资料的再生产中分离出来，成为专门负责培养人力资源的部门。国家统计局在《三次产业划分规定》中，将"教育"明确列入国民经济的部门之一，说明教育本身也是一种产业，但在产教融合的讨论中，通常将教育部门独立于其他产业部门。"教"指的是"教育"，在产教融合中特指职业教育。职业教育是教育体系中的一个重要部分，注重培养学生的职业知识和技能，直接对接产业需求。

产业融合基于共同追求的商业利益，不同产业或同一产业内不同行业之间的互相渗透和交叉，最终合并形成一个新的产业体，从而促成不同产业的结合，形成全新的产业领域。产教融合与传统的产业融合在本质上有所不同。由于职业教育和产业发展之间存在目标上的差异，产教融合并不是将二者融为一体或产生一个新的产业。这种融合更多体现为职业教育和产业发展之间的相互渗透和支持，是一种深层次的合作关系。这种合作主要通过两种方式实现：一是通过整合各自的资源和优势；二是通过建立合作契约，确保双方的合作关系在操作层面上得到规范和保障。这样的合作关系强调的是双方在保持各自独立性的同时，实现资源共享和互利共赢，从而更有效地服务于教育目标和产业发展。因此，在广泛的意义上，产教融合也可以被视为一种特殊形式的产业融合。

产教融合是一个涉及教育和产业两大类别的概念，其核心在于职业教育与产业发展之间的紧密结合与融合互动，目的是强化职业教育与除教育之外的其他产业之间的联系和互动。产教融合的实践活动包括但不限于建立行业指导委员会、设置产业特定的课程、实施工学交替制和现代学徒制等。这些活动使教育更加贴近产业实际，使学生能够在学习期间就深刻理解并实践产业最前沿的技术和方法。

这种结合专注于为企业培养具备必要技术和技能的人才，满足一线生产、建设、管理和服务需求，能够确保教育内容的实时更新，确保教育培养的技能和知识能够满足市场和社会的实际需求，使得高职教育不仅服务于学生的个人成长，还能促进产业进步和社会经济发展，从而为国家的经济发展和产业升级提供坚实的人才支持和智力保障。

职业教育与产业发展虽然是社会再生产链条中的不同环节，但它们都承担着各自的社会职责和功能，通过相互协作和支持，共同促进社会的协调发展。产业部门通过纳税等方式为职业教育提供必要的经济支持，而职业教育通过提供教育服务，培养合格的人才回馈产业部门，支持产业部门的人力资源需求。职业教育还可以通过提供技术服务等方式直接支持企业的发展，企业也可以将其生产经营中的相关资源用以支持职业教育的发展。

　　然而，职业教育与产业发展属于不同的经济部门，它们的性质完全不同。职业教育具有很强的外部性，它提供的主要是公共产品，其核心任务是满足社会公共需求，而非追求利润。相比之下，一般情况下的产业发展则提供私人产品，追求利润是其生存和发展的基本条件。因此，职业教育不能将职责强加于企业，这会违背社会分工的普遍规则，在本质上是不合理的。产教融合要做的，就是将教育内容和方式与产业发展需求紧密结合，通过教育创新和改革来适应并引领产业发展，而非单纯的经济合作，要确保教育的公益性不被改变，同时满足社会及产业发展的实际需要。

（二）产教融合与校企合作的异同

　　校企合作与产教融合是职业教育体系中两种核心的合作模式，虽然它们共同推动职业教育的发展，但在功能和战略地位上存在明显的差异。理解二者的不同可以帮助人们更有效地促进教育体系与产业需求的紧密结合，从而更好地满足社会和经济发展的需求。

　　校企合作主要是教育机构与企业之间的具体合作关系，通过实际的教学活动和项目，直接对接企业的具体需求。这种合作模式侧重于解决企业即时的技能和人才需求，通过具体、实际的合作项目来提高学生的职业技能，促进学生的就业准备。校企合作的模式包括但不限于顶岗实习、联合课程开发、订单培养等。

　　产教融合则是一个更广泛的概念，涉及教育系统与整个产业生态的深度合作。换言之，产教融合关注的不仅仅是学校与企业两个单主体方面的合作，还强调整个产业链领域与整个教育领域的整合，提倡的是教育与产业发展的协调。产教融合不仅仅成为教育过程中的一个环节，而且通过有效对接和合作互动，成为培养学生综合能力，使学生适应未来产业发展的关键体系。

　　产教融合和校企合作的联系和区别可以简单理解为，校企合作是达成产教融合的手段与平台，是具体的实施方式，而产教融合则是更广泛的目标。校企合作提供了实现这一目标的具体途径，而产教融合则是教育与产业深度对接的战略目标，要求人们在教育供给侧进行结构性改革，通过全面提高校企合作质量，推动教育内容与经济社会发展紧密协调。这样的策略不仅能解决当前职业教育面临的问题，还能促进教育与产业的持续创新和共同发展。

二、我国产教融合发展历程

产教融合是我国职业教育发展的核心理念，从产生至今经历了多次的演变和深化，如图 1-1 所示。在我国职业教育发展的不同历史阶段，产教融合的具体表现形式和内涵也发生了一些变化。

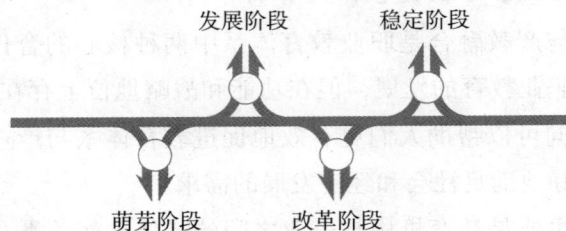

图 1-1　我国产教融合发展历程

（一）萌芽阶段

中华人民共和国成立初期是产教融合事业的萌芽阶段。那时国家正处于建设过程之中，社会各领域亟须恢复与发展，教育系统也面临着从零开始的艰巨任务和挑战。为了迅速恢复教育事业并充实国家的人才库，我国开始借鉴苏联以及其他欧美国家的先进经验和教育模式。在这一时期，我国政府采取了一系列措施来调整和改革原有的教育体制，特别是在人才培养模式上进行了根本性的改变。政策的初衷是将职业教育定位为支撑国家社会主义经济建设的重要力量。1952 年，政务院（1954年改成国务院）发出《中央人民政府政务院关于整顿和发展中等技术教育的指示》。这一政策文件为职业教育的发展方向做出了明确指引，强调了教育管理机构、地方政府、相关单位、主要厂矿机构、各企业及各社会农场之间的合作。这一合作模式的推广，旨在充分利用社会各界资源，共同参与职业教育的发展，增强教育的实践性和应用性。1955年4月，第一次全国工人技术学校校长会议通过了《关于提高技工学校教学工作质量的决议》。该决议指出并强调了教学与生产劳动相结合的重要性，并特别指出生产实习教学是技工教育不可或缺的一部分。该决议明确要求在教学过程中积极开展生产实习，以确保学生能够将理论知识应用于实际生产中，从而提升教学的实用性和效果。这一指导原则成为提高技工教育质量的关键措施，也标志着职业技术教育实践性教学的加强和深化。

1958年，《中共中央、国务院关于教育工作的指示》提出支持大型厂矿、行业企业和合作企业等单位积极参与高职院校办学。这些政策不仅推动了职业教育与产业的紧密结合，也创新了职业教育的办学模式，即通过校办工厂或农场，使教育与生产实践直接结合，从而培养学生的实际操作能力和解决实际问题的能力。

（二）发展阶段

1978—1990年是我国职业教育的发展阶段。1978年，我国实施改革开放政策，标志着产教融合进入了快速发展期。这一时期，我国也恢复了高考制度，专科教育随之得以重建，这对于整个教育体系的恢复和发展起到了关键作用。部分青年未能接受系统的教育，加之经济改革的需要，这一阶段迫切需要培养大量能够迅速适应工作岗位要求的技术和管理人才。为了解决这一问题，1979年，国家劳动总局（1988年改成中华人民共和国劳动部）颁布了《技工学校工作条例（试行）》（1987年废止）。该条例强调高职院校教学应与社会实际生产劳动紧密结合，特别注重培养学生的专业实践应用能力。这一政策的实施，明确了职业教育的方向和重点，即强化学生的实际操作技能，确保教育内容与社会生产需求的高度一致。

1985 年,《中共中央关于教育体制改革的决定》鼓励社会各界,包括集体、个人和其他社会力量积极参与教育体制改革,推动职业教育形成多元化办学主体格局。这一政策的实施为职业教育的发展提供了更丰富的社会资源和更灵活的运作模式,促进了教育资源的优化配置。

1989 年,《劳动部关于技工学校深化改革的意见》提出技工(技术)学校需更深入地实施将专业教育与社会生产实际相结合的策略,加强对学生专业基础知识和专业技能的培养。这一政策的提出进一步促进了职业教育与实际工作需求的紧密结合,强调了理论与实践的一体化。

总体而言,1978—1990 年,我国的产教融合在政策的引导和社会环境的支持下,取得了显著的进展。这一时期的政策调整和教育实践,为职业教育的现代化和国家经济的发展培养了大量的技术和管理人才,为后续职业教育的发展奠定了坚实的基础,使职业教育能够更好地服务于国家的工业化和现代化需求,培养出一大批技术熟练、理论知识扎实的技术人才,对国家的经济建设产生了深远的影响。

(三)改革阶段

经过了一段时间的快速发展,我国的产教融合事业日趋成熟。20 世纪 90 年代初,我国的产教融合进入了一个以改革和探索为主导的新阶段,开始着手进行转型与创新,促使行业的持续发展适应时代潮流。

1991 年,国务院印发的《关于大力发展职业技术教育的决定》强调了工学结合和产教结合的重要性。该决定倡导企业支持并配合职业技术学校及培训中心的实习活动,坚持"以服务为宗旨,以就业为导向"的职业教育办学方针。该决定还特别指出,职业教育应服务于区域经济发展,重视农村地区针对农林牧业的专业教育,同时在城市根据国家产业政策加强技术工人的培养,以满足不同地区的经济发展需求。

1993 年,中共中央、国务院发布《中国教育改革和发展纲要》,指出"鼓励社会各方面联合举办。政府通过专项补助和长期贷款等形式给予必要的扶持。高职院校要走产教结合的路子,更多地利用贷款发展校办产业"。可以看到,该纲要进一步提倡校企联合办学,走产教结合的发展道路，逐步实现以厂（场）养校的模式。这标志着我国职业教育产教结合正式进入了新的改革探索期，显示出国家对深化职业教育产教融合内涵的明确意向。

1995年，国家教育委员会（1998年更名为教育部）颁布《关于开展建设示范性职业大学工作的通知》，首次提出了双师型教师的概念。这要求教师既具备专业的教学能力，又具备实践操作的技能，能够有效地将理论与实践相结合，为产教融合的深入发展提供了必要的师资支撑。这些政策和措施共同推动了我国职业教育体系的持续创新与改进，为适应经济和社会发展的新需求打下了坚实的基础。

1996年9月，《中华人民共和国职业教育法》正式实施，其在法律层面支持多主体联合办学，并明确规定职业教育必须注重产教结合。《中华人民共和国职业教育法》的颁布不仅是职业教育产教融合由政策倡导转为法律规范的标志，而且为产教融合提供了坚实的法律基础，确保了职业教育的系统化和规范化发展。

在接下来的几年中，我国政府出台了多项政策文件，致力深化职业教育以及促进双师型教师的培养与发展。例如，1997年发布的《关于高等高职院校设置问题的几点意见》，1999年发布的《关于深化教育改革全面推进素质教育的决定》，以及2000年发布的《教育部关于加强高职高专教育人才培养工作的意见》，都为职业教育体系发展提供了指导和支持。

2002年，《关于加强高职（高专）院校师资队伍建设的意见》进一步阐述了双师型教师的重要性，这不仅提升了双师型教师的知名度，也促进了这一师资队伍的发展。随着双师型师资队伍的不断完善，产教融合的进程也显著加速。2004年，《教育部关于以就业为导向深化高等职业教育改革的若干意见》要求地区内的企业积极参与到高职院校的订单式人才培养中，全面配合高职院校的人才培养方案。这一措施开创了职业教育产教结合的新模式，进一步丰富了我国职业教育的发展内涵。2005年，《国务院关于大力发展职业教育的决定》提出职业院校需要创新工学结合和校企合作的人才培养模式。同时，该政策鼓励广泛依靠社会行业企业来发展职业教育，并推出半工半读、工学交替的教育试点，以促进职业院校与企业的密切合作。参与企业还可以享受相应的税收优惠政策。该政策也向社会行业协会及行业企业主管部门提出了大力开展职业教育和职业培训工作的新要求。这些举措共同推动了职业教育体系的持续创新和发展。

2010 年，国务院发布了《国家中长期教育改革和发展规划纲要（2010—2020 年）》。该纲要将职业教育的发展纳入国家产业发展和社会经济规划中，强调进一步建立健全政府统筹主导、行业指导、企业全程参与的职业教育联合办学机制。它还推动了职业教育校企合作的法治化和制度化，鼓励企业加大对职业教育的投入，从而提高职业教育的质量和效率。

2013 年，中国共产党的第十八届中央委员会第三次全体会议通过了《中共中央关于全面深化改革若干重大问题的决定》，对新时期社会主义的各领域改革做出了明确的指示，其中，在职业教育领域要求大力推进产教融合和校企合作。这标志着产教融合首次在国家层面得到高度重视，并被明确提出，彰显了产教融合在国家教育事业中的重要地位。这一系列政策和决策体现了我国对职业教育改革与发展的持续关注和支持，旨在为国家的经济发展提供更多、更好的职业技能人才。

（四）稳定阶段

2014 年以来，随着全面深化改革的推进，我国产教融合事业迈入了创新发展阶段。特别是在东南沿海地区的经济发达城市，如上海、南京，高职院校的产教融合已向内涵质量发展型转变，显示出教育领域的显著变革。

进入"十三五"时期，随着我国经济社会步入高质量发展阶段，高等职业教育的发展顶层设计得到进一步强化。政府部门提出更多关于校企合作与产教融合的法律法规及政策意见，以推动这一领域的系统化发展。2017 年 10 月，党的十九大报告中明确提出要"完善职业教育和培训体系，深化产教融合、校企合作"。2017 年 12 月，《国务院办公厅关于深化产教融合的若干意见》进一步促进了职业教育资源与区域社会产业的联动发展。

2019 年 1 月，国务院发布的《国家职业教育改革实施方案》提出，到 2022 年培育数以万计的产教融合型企业，并推动建设 300 个具有辐射引领作用的高水平专业化产教融合实训基地。这些措施标志着"产教融合"不仅频繁出现在政策文件中，而且成为高等职业教育领域越来越重要的概念，对行业的影响日益加深。

第二节 产教融合的特征

产教融合作为一种现代教育与产业发展策略，展现了多维特征，反映了复杂性与实用性。从宏观到微观，从策略到实践，产教融合通过其双主体性、跨界性、互利性、动态性、层次性及知识性等多个特征，为实现教育资源的最优化使用和产业需求的精准对接提供了理论和实践的支持，如图 1-2 所示。这些特征共同构成了产教融合的核心理念和操作框架，促进了教育和产业的持续发展和相互支持。

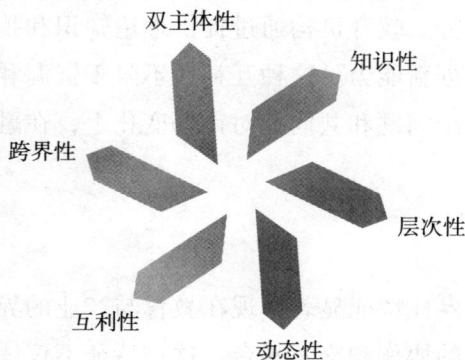

图 1-2 产教融合的特征

一、双主体性

产教融合的双主体性特征，指的是产业和教育机构二者的共同作用与合作。在这种模式中，产业不仅包括企业，还涵盖整个行业的技术发展、产品创新和市场需求。教育机构则主要包括职业院校和其他教育提供者，负责培养符合产业需求的技术人才和管理人才。这种特征突出了产业和教育机构二者在职业教育和技术人才培养中的平等性与互补性，二者共同推动人才培养和技术发展。首先，双主体性特征意味着产业和教育机构在合作中必须享有平等的地位和话语权。教育机构在这种合作中不仅是知识的传递者，也需要根据产业的实际需求调整和优化教学方案和研究方向。这包括课程设置的调整以适应新的技术趋势、学生技能的实际应用以及与产业实际相结合的创新项目。与此同时，产业作为合作的另一方，不仅应提供市场需求的信息，还应参与到课程设计、实训基地的建设、实习机会的提供以及职业路径的指导中来。这种参与确保了教育机构输出的人才能够直接对接产业需求，提高了教育的针对性和实用性。其次，双主体性特征还强调了双方合作的互补性。产业通过提供技术需求、市场信息和实际操作平台，帮助教育机构更好地理解市场动态和技术发展趋势。教育机构通过提供理论知识和技术训练，帮助产业提升技术水平和创新能力。这种互补性不限于资源和信息的共享，还体现在共同解决复杂问题和共同面对市场变化上，在融合过程中，二者缺一不可。

二、跨界性

产教融合的跨界性特征显著体现在教育与产业的界限模糊，创建了一个涵盖多个领域的协作和交互平台。这一特征不仅体现在教育活动融入产业实践中，也体现在产业需求直接影响教育内容和方式上。通过实施"工学结合、校企合作"的办学思想和人才培养模式，产教融合成功地连接了两个传统上被视为独立的领域，促进了它们之间的无缝对接。

在产教融合的过程中，教育不再局限于理论知识的传授，而是扩展到真实的工作环境中，学生可以直接参与到实际的产业活动中。这种模式不仅加深了学生对专业知识的理解，提高了知识应用能力，也促进了他们创新思维和实际操作技能的发展。同时，产业也不再单纯追求利益，而是成为教育过程的参与者和受益者。企业可以通过参与教育过程定制人才培养流程，确保毕业生的技能与企业需求高度契合。

产教融合的跨界性特征还表现在涉及多个社会主体的协作。政府部门在这一过程中扮演关键角色，通过制定相关政策、提供资金支持以及构建合作平台，推动教育资源与产业需求的有效对接。社会其他组织和个人也参与其中，通过投资、提供实习场所或参与课程设计等方式，共同推动产教融合的深化。

产教融合通过这种跨领域、跨行业、跨界限的合作，实现了教育性与产业性的有机统一。这种统一不仅优化了人才培养模式，使人才培养更加贴近实际需求，也促进了产业的技术创新和升级。产教融合的跨界性特征极大地拓展了教育的边界，将传统教育与现代产业紧密结合，为社会经济的持续发展提供了强大的动力和支持。

三、互利性

产教融合的互利性特征体现在高校与企业之间资源共享上，帮助双方实现自身利益的最大化，这一点是推动产教持续合作的关键动力和根本目的。在这种合作模式下，高校能够利用企业的实际工作环境、技术设备和市场数据，为学生提供更具实践性和前瞻性的教学内容。同时，企业通过这种合作获得定制化培训的优势，能直接影响教学课程设计以培养出符合自身需求的高素质人才，从而减少新员工培训的时间和成本。产教融合也展现了明显的公益性特征，这表现在提升整体教育质量和促进社会利益的最大化方面。高校和企业在进行资源共享和互利合作的同时，也承担着共同育人的社会责任。产教融合不仅提高了教育机构的教学和研究水平，同时促进了企业和整个行业的创新能力提升和技术进步，最终实现了社会经济的持续发展和人才培养的质量提升。在实施产教融合的过程中，高校与企业应建立明确的合作机制和评估体系，确保合作的互利性得以实现，并在此基础上积极探索如何更好地服务于社会和经济发展需要。例如，通过定期的反馈和调整教学内容，确保教育输出与产业需求保持同步，同时通过开放日、研讨会等活动促进社会对产教融合的认知和支持。

四、动态性

产教融合的动态性特征体现在教育和产业之间持续的相互影响和适应过程中。经济结构战略性调整，特别是在产业结构、就业结构、技术结构等方面的变化，要求教育系统必须相应调整以满足新的市场需求。这种调整不仅包括教学内容和教学方法的更新，也涉及教育体系内部的类别结构、专业结构以及教育程度或级别结构的变化。产业结构的优化和升级是经济结构调整的核心。当产业结构发生变化时，如某一新兴产业的崛起或传统产业的衰退，相应的就业需求也会发生改变。这种就业结构的变化反过来要求高等教育机构调整专业设置和课程内容，以培养适应新产业需求的人才。例如，随着数字经济的发展，相关的信息技术、数据分析和网络安全等专业需求增加，教育机构需要增设或扩充这些领域的课程和专业。同时，教育结构本身也在持续经历变革和调整。新的教育理念的出现、教学技术的进步以及社会对教学质量和效率的期待，都推动教育体系内部进行持续的更新和改进。这些变化既受到经济结构变动的推动，也受到技术创新和适应经济全球化发展的需要的影响。因此，教育与产业结构之间的关系是一种动态的循环往复关系。这种动态性意味着教育和产业结构之间存在一种常态的不适应，总是在不断调整中寻找平衡。教育结构的调整不仅反映了对现有市场变化的响应，也预示着对未来产业发展趋势的预期和准备。

五、层次性

产教融合的层次性特征体现在整个结构的三个不同层面，这些层面具有不同的功能和作用，共同推动教育和产业的深度整合与协调发展。

（一）宏观层面

在国家和地区的层面上，产教融合涉及国民经济和事业发展的战略规划与方略设计。这一层面的融合主要体现在政策制定者对教育和产业发展方向的整体考虑和规划上。政府通过制定相关政策和战略，如优化产业结构、推动高技术产业发展、支持职业教育和技术教育的发展，来确保教育体系与国家产业发展需求保持一致。这种层面的产教融合旨在通过顶层设计来引导和支持下层的实际操作，确保教育资源的合理配置和优化使用。

（二）中观层面

在教育部门（包括各类教育机构）与产业部门（包括行业和企业）之间互动的层面上，这种互动基于"需求导向"的办学思想，着重于教育体制、办学行为的调整以适应产业需求的变化。教育机构在这一层面上需与行业和企业进行密切合作，共同开发课程，调整教学计划，提供符合市场需求的培训。行业和企业也参与到课程的设计和实施过程中，提供必要的支持和资源，如实训基地、实习岗位，使教育更加贴合实际工作需求。

（三）微观层面

在这一层面上，产教融合体现在具体的教学活动和企业的生产过程之间的直接衔接上。这包括教育机构教学内容与企业实际技术需求的直接对接，学生在学习过程中能够直接参与企业的实际操作，通过实习、实训等方式，将所学知识和技能应用于实际生产中。这种层面的融合有助于学生更好地理解和掌握专业知识，同时为企业提供了即战力强的人才资源。

六、知识性

产教融合的知识性特征是指知识和技术在推动经济发展和结构调整中的核心作用。在这一过程中，知识不仅是高等院校的专有资产，还成为企业竞争力提升的关键战略资源。这一转变标志着知识的重要性在产教融合中提升，知识成为连接教育和产业的重要桥梁。在产教融合的框架下，知识的流动和增值表现为高校和企业之间的互动。高等教育机构通过与产业界的合作，不仅能够将最新的科研成果转化为实际应用，还能根据产业界的反馈优化教学内容和研究方向。这种双向的知识流动使得教育机构的研究更加贴近市场需求，增强了研究的应用性和创新性。同时，企业通过与教育机构的合作获得技术支持和人才培养的新方向，能够在保证技术前沿的同时，迎来新的发展机遇。企业在这种合作中不仅是知识的接受者，也是创新的参与者，通过实际应用场景的提供，促进了学术研究的实际转化。产教融合促进了知识、技术、人才等要素的合理流动。这种流动不限于校企之间，还涵盖了更广泛的社会经济领域，包括政府部门和研究机构等。通过这种广泛的知识网络，各方能够共享资源、交流信息，共同推动技术创新和经济发展。产教融合的知识性特征不仅增强了教育和产业的内在联系，还助力于构建一个更加开放和互动的知识创新体系。这种体系不仅提高了教育的质量和适应性，也为产业的持续发展提供了坚实的知识和技术支持，是现代经济发展中不可或缺的一部分。

第三节　产教融合的实践模式

一、国外产教融合的实践模式

产教融合在国外已形成多种成熟的实践模式，这些模式根据不同国家的具体国情从理论到实践各有侧重。本节重点介绍德国的双元制模式、英国的"三明治"模式、美国的 CBE 模式以及澳大利亚的 TAFE 模式，如图 1-3 所示。这些模式为推动各国经济发展提供了重要支持，也可以为我国的产教融合实践提供一些有益的借鉴。

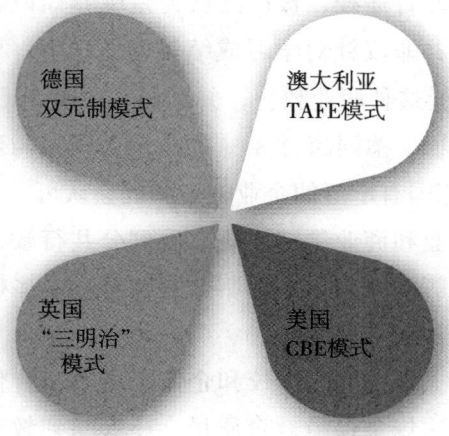

图 1-3　国外几种典型的产教融合实践模式

（一）德国双元制模式

德国的双元制模式作为一种主流校企合作的人才培养方式，已经成为职业教育领域产教融合的典范模式。该模式结合了理论知识教育和实际技能训练的优势，被世界各国广泛研究和借鉴。

1.德国双元制模式的内涵

在德国双元制模式中，"双元"的概念是其核心。其中一"元"指的是高职院校，在这里学生接受专业知识的教育，这些知识为学生未来的职业生涯打下坚实的理论基础。学校教育不仅提供必要的专业理论知识，还教授学生如何将这些理论知识应用于实际工作中，从而拓展学生的知识视野，增强他们解决问题的能力。另一"元"则是企业或其他实际工作环境，主要负责进行实践技能的培训。在企业中，学生能够将在学校学到的理论知识应用于真实的工作场景中，通过实际操作来加深对专业技能的理解和掌握。这种实践经验不仅提高了学生的专业技能水平，也帮助他们更好地理解行业需求和工作环境。

德国的职业教育系统从学生较早的教育阶段开始，一般在九年级后，学生便可以开始接受为期两年至三年半的职业教育。在德国，职业教育是一种备受推崇的教育途径，被广泛认为是培养知识渊博和技能全面的人才的重要方式，并非仅针对学习成绩较差的学生。事实上，大约53%的适龄学生选择接受这种职业教育，并且每年约有50万名学生通过双元制模式进入劳动市场，德国超过80%的大型公司参与到双元制培训计划中[1]，职业教育在德国有广泛的企业支持和社会认可。德国职业教育不限于传统的技术、工业和商业领域，还扩展到公共行政、保健和社会服务等领域，这在一个侧面表明了双元制教育能够满足多样化的职业教育需求，具有显著的灵活性和适应性。

在双元制模式下，政府、学校和企业三方紧密合作。其中，政府不仅通过制定政策和法规来保障教育质量，还参与到教育内容的监管和评估中。企业培训通常由联邦政府负责监管，保证培训质量符合行业标准，而高职院校的管理则由各个州负责。[2]这样既确保了教育质量的统一性，也能适应地方的具体需求。在资金来源方面，企业的培训经费主要由企业自行承担，学校经费则由州政府和地方政府共同提供。对于涉及多个企业的跨企业培训项目，相关成本由所有参与单位共同承担。学生在高职院校学习专业理论知识，同时在企业中进行实践训练，二者形成有效衔接。企业不仅为学生提供实际操作的平台，也参与到教学内容的设计和实施中，确保教学内容与实际工作需求相匹配。教学内容和学生考核都紧密围绕企业需求、学生能力培养以及职业发展进行，评价标准以职业标准为基础，确保学生的技能直接应用于职业环境。德国双元制模式

---

① 王瑾.德国双元制职业教育及启示[J].科学咨询（科技·管理），2021（12）：96-98.

② 周彦兵.产教融合视域下德国"双元制"模式分析及借鉴[J].教育与职业，2020（12）：65-70.

还特别强调教育的国际化，使得教学内容不仅满足国内市场的需求，也能适应国际职业标准。通过这种方式，学生在完成学业后，不仅能够满足国内企业的职业需求，也具备适应国际市场的竞争能力。

2.德国双元制模式的优势

德国双元制职业教育模式在国际上享有盛誉，其成功不仅为德国教育事业带来了深远的影响，也为全球职业教育提供了宝贵的借鉴。

第一，德国双元制模式为职业教育提供了坚实的体制保障。德国的职业教育体系经过数十年的演化，形成了由多个政府部门和行业协会共同协调管理的复杂网络，每个组织都在职业教育管理中扮演着特定的角色。例如，高职院校的运营和监管通常由地方教育部门负责，确保教育质量与行业标准的一致性。这种分工明确、协同高效的管理体系为职业教育的顺利发展提供了强有力的支持。

第二，德国双元制模式体现了产教融合的育人理念。在这种模式下，教育与企业需求紧密结合，学生不仅在学校学习理论知识，同时在企业中通过实际工作来培养应用技能。这种教育模式确保了教学内容和职业实践的高度一致性，从而极大地提高了教育的针对性和有效性。产教融合不仅帮助学生更好地理解理论知识和知识的实际应用，也促进了学生创新思维和问题解决能力的培养。

第三，德国双元制模式确保了学生的职业教育与社会需求的高度吻合。在德国，职业教育享有较高的社会认可度，职业教育毕业生通常能获得良好的就业前景、优厚的薪资待遇和较强的个人成就感。德国在基础教育阶段实施两次分流，这些分流不以学生的学习成绩为主要标准，而是综合考虑学生的个性、兴趣及未来的职业倾向，这种做法更能准确地引导学生选择适合自己的职业道路。

第四，德国双元制模式有效地减少了教育与职业之间的脱节。学生从学校到工作岗位的过渡更加顺利，因为他们在学习期间就已经积累了相当的工作经验。这种无缝过渡不仅提高了教育的应用价值，也降低了企业在员工培训上的时间和成本。

德国双元制人才培养模式通过独特的结构和多方面的合作，有效地将理论知识与实际技能结合，为学生提供了与实际工作环境密切相关的高质量教育。这种模式不仅促进了个人职业技能的发展，也为企业培养了符合需求的专业人才，同时推动了整个社会经济的发展。这种教育模式的成功实践，为全球职业教育提供了重要的参考和启示。

（二）英国"三明治"模式

英国具有悠久教育传统，不仅在经济和军事领域取得了显著成就，教育系统的发展也相当成熟。英国的"三明治"人才培养模式就是职业教育领域具有重要意义的模式，被广泛认为是职业教育工学结合的先行者。这种模式的特色在于理论与实践的交替进行，采取"理论—实践—理论"的模式，因其结构类似三明治而得名，又称工读交替培养模式。在这种模式中，学生的学习过程由校园内的理论学习和企业中的实际操作交替进行构成，通过实践环节加深对理论知识的理解和应用，极大地提高了学生的职业能力和综合素质。学生不仅能在学校期间学习专业知识，还能在企业中实际应用这些知识。这种结合实践的学习方式有效地提升了学生的学习能力和应用能力，使他们能够更好地适应未来的职场需求。

1.英国"三明治"模式的发展阶段

英国"三明治"模式的四个发展阶段，如图1-4所示。

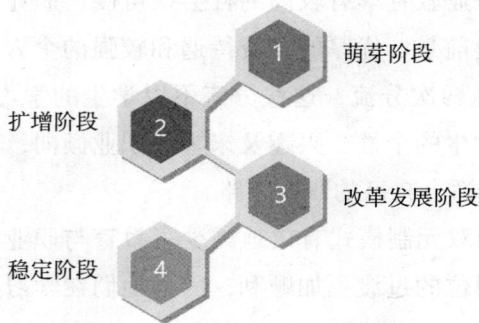

图1-4 英国"三明治"模式的发展阶段

（1）萌芽阶段。"三明治"模式的兴起和发展有深厚的历史背景。20世纪初至20世纪50年代是英国"三明治"模式的萌芽阶段。随着工业化的推进和新工厂的兴建，社会对技术工人的需求急剧增加，促使英国的一些技术学院开始尝试工读交替模式。这种教学模式与传统的教学模式截然不同，其推广和实施过程可谓步履维艰，起初面临不少阻力，但是有一些院校仍然给其他学校起到了表率的作用，走在了教学模式创新的前列。桑德兰技术学院（现更名为桑德兰大学）是这一时期的代表。该学院的管理层认识到，单纯侧重理论知识的教育方式已无法满足社会对技术人才的新需求。因此，他们在机械工程学院中率先引入了所谓的"三明治"教育模式，即工学交替式的培养课程体系。到1908年，已有25家机械类企业参与此课程体系，学生可以在白天工作，在夜间学习，以获得更高的职业资格。[①]随着技术型人才需求的持续增加，英国政府于1956年发布了《技术教育白皮书》，正式确立了国家技术教育体系，从而使得工读交替的教育模式得到了正式推广和发展。这份白皮书不仅提高了技术院校在教育领域的地位，而且强调了工学交替教育模式的重要性和现实意义。[②]1959年12月，英国政府进一步发布了《克罗瑟报告》，该报告高度评价了"三明治"课程，并预见其将成为适合16至18岁青少年的主要技术教育模式。[③]该报告建议各产业部门根据自身需求设定教育标准，以促进此教育模式的进一步完善和发展。这一时期的发展为"三明治"模式奠定了坚实的基础，使其逐渐成为英国乃至全球职业教育的重要模式，为社会培养了大量具有实际操作能力和丰富理论知识的技术型人才。

（2）扩增阶段。进入20世纪60年代，随着英国科技事业的飞速发

---

① 刘娟，张炼. 英国三明治教育发展历程及其政策举措分析 [J]. 现代教育科学，2012（1）：35-39.

② 同上

③ 彭熙伟，徐瑾，廖晓钟. 英国高等教育"三明治"教育模式及启示 [J]. 高教论坛，2013（7）：126-129.

展和熟练技术人员的紧缺，工读交替模式得到了进一步推广和发展，该模式进入发展的第二阶段。1964年，《产业培训法》的颁布是这一阶段的重要进展。根据此法，英国建立了产业培训董事会和中央培训委员会，这些机构主要由劳资双方的代表及教育专家组成。此法允许产业培训董事会向企业征收营业额的1.5%，用于资助培训活动，并对培训设施和培训协调机构的设置提出了明确的法律要求。①这一立法显著地解决了英国企业长期面临的参与"三明治"教育所需培训费用的问题，极大地提升了企业参与人才培养的积极性。1965年，英国工程培训委员会发布了首期《信息报》，目的是推动1964年《产业培训法》既定目标的执行，并承诺将定期发布《信息报》以协助三万个对校企合作感兴趣的企业和组织。在《信息报》第三期中，该委员会进一步明确了技术学院中与国家高等证书和学位相关的"三明治"课程的经费支持政策，还承诺为参与"三明治"课程的企业提供部分资金支持，确保企业培训阶段所需的资金充足，包括针对企业员工的在职培训以及为大学生在企业中的实习提供资助。这些措施显著减轻了企业安置参加"三明治"课程学生实习的经费负担，推动了教育模式的顺利实施和发展。

1966年，英国工程培训委员会进一步明确了企业在"三明治"课程中的补贴标准，为相关培训前52周的学生提供每周5到6英镑的补贴。该委员会还详细规定了产业培训应当遵循的四个阶段：基本工作介绍、工作间基础培训、技术车间培训和专项训练。每个阶段历时22周，这有助于标准化和规范化产业培训管理。②

这些措施的实施意味着英国的"三明治"模式已经开始形成由政府和企业共同参与的教育培养链条。20世纪70年代初，英国多所院校进一步丰富了"三明治"课程的内容和形式，使得职业教育在英国得到了显著的发展。

---

① 黄艳.产教融合的研究与实践[M].北京：北京理工大学出版社，2019：44.
② 黄艳.产教融合的研究与实践[M].北京：北京理工大学出版社，2019：45.

（3）改革发展阶段。自 20 世纪 80 年代起，英国的"三明治"模式进入了重要的转型与变革期。这一时期，"三明治"模式已形成较大规模，并得到了系统化的发展。面对企业提供的实习就业岗位不足的挑战，1982 年，英国政府采取措施为参与此教育模式的学生提供资金补助，帮助他们解决基本的生活问题，使他们能更专心于对技术和专业知识的学习。

1987 年，英国政府在《高等教育——迎接新的挑战》的白皮书中深入讨论了经济发展与职业教育之间的联系，并制订了具有创新性的职业教育发展规划，这些政策显著推动了"三明治"模式的扩展和深化。在此之后的几年中，英国政府持续关注职业教育的进展，陆续发布了《高等教育的框架》等重要文件。[①] 这些政策和措施共同促使"三明治"模式步入了一个繁荣稳定的发展阶段。

（4）稳定阶段。进入 21 世纪，英国的"三明治"模式迎来了一个新的发展阶段。2003 年，英国政府发布了《高等教育的未来》白皮书，对未来各类教育发展进行了全面规划。在该白皮书中，英国政府特别强调了增加对知识交流中心的投资，这些中心旨在促进学生之间的沟通与交流，支持职业教育的进一步发展，帮助学生全面成长和成才。[②] 这反映了英国政府对职业教育的持续重视，并显示了其加强校企合作、创新教育体系的愿景和努力。

在这一阶段，"三明治"模式在英国高等高职院校中有以下几种教学类型。第一，半年制教育和训练模式。学生在六个月的职业技术教育后，交替进行六个月的工作训练，这种模式重在平衡理论学习与实践操作的机会。第二，四年制教学模式。学生在前两年进行正规的学校教育，后两年则进行系统的工业训练。这种安排使学生在掌握必要的理论知识后，

---

① 刘娟，张炼. 英国三明治教育发展历程及其政策举措分析 [J]. 现代教育科学，2012（1）：35-39.

② 易红郡. 英国大学与产业界之间的"伙伴关系"[J]. 清华大学教育研究，2004（1）：71-77.

有充分的时间在实际工作中运用和深化这些知识。第三，四年制带实习模式。在四年的学习期间，学生在第二年或第三年被安排到企业进行实习，这样的配置允许学生在知识学习与职业实践之间进行更有效的衔接。第四，每年交替模式。在这种模式下，学生每年进行九个月的学校学习和三个月的企业实习，确保每年都有实践与理论相结合的学习经历。

英国的"三明治"模式不仅提供了多方面的职业技能训练，也适应了不同学生的需求和职业发展目标，为社会输送了大量实践型人才，对英国社会各行各业的发展起到了积极的推动作用。这一模式也进一步巩固了自身在全球职业教育领域的领先地位，是英国职业教育事业中的一项重要创新。

2.英国"三明治"模式的内容

在英国"三明治"模式中，学生以职业人的身份参与顶岗实习，这种实践不仅能拓宽他们的视野，使他们增长见识，还能显著提升他们的实践技能，并为他们带来相对较高的经济收入。该模式通常包括长期和短期两种学制。长期模式，如"2+1+1"，指的是学生先在学校学习两年，然后在企业进行为期一年的工作，最后返回学校完成最后一年的学习和考试，以获得相应的证书。而短期模式则通常持续约六个月。长期模式还有不同的形式。第一种形式分为三个阶段，学生在中学毕业后先在企业进行为期一年的实践，然后返回学校完成两年或三年的课程，最后再次回到企业工作一年，实施所谓的"1+2+1"或"1+3+1"教育计划。第二种形式则是学生在第一、二和第四学年在学校学习理论，第三年则到企业进行为期一年的实践。不论是哪种形式，这种"三明治"模式的关键都在于教育的完整性和连续性。初期，学生在学校学习基础理论知识，经过一段时间的企业实践后，需要在最后一年返回学校，总结实践经验，加深对之前理论知识的理解，实现理论与实践的有机结合。这种模式强调通过实践深化对职业的理解，促进学生个人职业技能的提高和发展。

在英国工读交替模式中，参与的学生群体主要分为两类：以企业为依托的学生和以学院为依托的学生。以企业为依托的学生在整个学习和工作周期内，无论是在企业工作还是在学院学习，都由企业支付工资。而以学院为依托的学生，则在学院学习期间接受学院的资助，在企业实习期间领取企业支付的工资。这两种不同的依托模式，使得学生在职业技能和理论知识的获得上有所差异。以企业为依托的学生通常能通过实际工作获得更高的职业资格，这不仅有助于提升他们的实践能力和工作技能，也有助于改善他们的职业前景。以学院为依托的学生由于侧重点是学院的理论知识学习，并通过企业实习获取实践经验，往往在理论知识和思维能力上更加突出，这可能在就业市场中为他们带来优势。这种工读交替模式要求较为精细和周密的组织，确保学院的理论教育和企业的实践训练能够无缝对接。同时，这种模式对教师的要求也相对较高，需要他们适应两种不同的教学环境需求，有效地支持学生的全面发展。总的来说，这两种模式各有特色和优势，学生可以根据自己的职业兴趣、能力倾向以及未来的发展规划，选择最适合自己的学习路径。这样的灵活选择使得学生能够最大化地利用资源，全面提升技能水平，实现个人职业目标。

3. 英国"三明治"模式的特征

英国"三明治"模式具有区别于其他模式的特征，分析这些特征，可以更好地理解该模式，并且更好地吸收有价值的经验。总结来说，该模式的特征如图 1-5 所示。

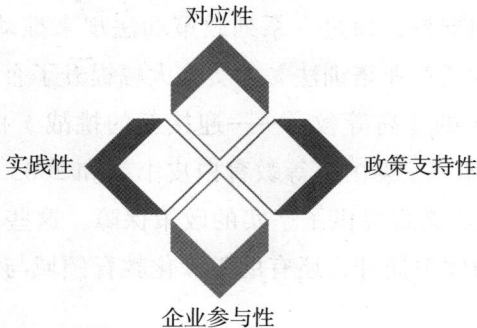

对应性

实践性　政策支持性

企业参与性

图 1-5　英国"三明治"模式的特征

（1）对应性。在英国职业教育体系中，职业资格等级与学历等级是相对应的。这一体系由学者和政府机构工作人员共同设计，旨在创建一套多层次的职业资格等级系统，每个等级都对应特定的教育水平。例如，初级职业资格对应普通中等教育水平。这种体系鼓励学生同时追求理论水平和职业成就，以提高整体能力。特别是某些职业资格，如第三级职业资格证书，可能在某些情况下比高中学历更具价值，使持证者能直接进入大学学习。

（2）实践性。英国的职业教育课程设计强调实际应用性，这些课程不局限于理论知识学习，还要求学生将学到的知识应用于实际情境中。教学内容涵盖广泛，学生通常会参与顶岗实习等活动，帮助学生深入了解行业的运作和特点，强调通过实际操作和社会实践来提升学生的职业技能水平和自我学习能力，确保他们能够顺利过渡到未来的职业生涯中。

（3）企业参与性。在英国的职业教育体系中，企业扮演着核心角色。"三明治"模式不仅仅侧重于学术教育，还重视企业在教育过程中的作用。企业不只是提供实习机会，还积极参与到教育活动的多个方面，包括但不限于企业领导人担任教育机构的领导职务，或在各种教育基金会中任职。企业还直接参与职业资格的认定过程，确保教育内容与市场需求保持一致，从而增强教育的实用性和适应性。

（4）政策支持性。自 20 世纪 60 年代起，英国政府对职业教育投入了持续的关注和支持，通过一系列政策和法规来推动职业教育的发展。例如，1964 年的《产业培训法》的实施大幅提升了企业参与职业教育的积极性，1987 年的《高等教育——迎接新的挑战》白皮书、1991 年的《高等教育的框架——英国高等教育白皮书》和 2003 年的《高等教育的未来》，都为职业教育提供了坚实的政策保障。这些政策不仅促进了职业教育的质量和效率提升，还有助于深化教育领域与商业领域相互间的协作。

（三）美国 CBE 模式

1.美国 CBE 模式的内涵

美国的产教融合主要采用了"以能力为基础的教育"（Competency-Based Education，CBE）模式。这种教育模式的产生有特定的历史背景。CBE 模式的早期形态可以追溯到第二次世界大战期间，当时美国的工业生产需求剧增，尤其是军火生产。为了使民用工厂迅速实现军工生产，需要对大量工人和技术人员进行快速且高效的再培训。在这种背景下，一种注重实际操作能力和技术技能培养的教育模式开始初步形成，即 CBE 模式的雏形，强调通过实际能力的培训来满足紧迫的工业需求。20 世纪中后期，美国社会的快速变革对教育体系提出了更高的要求。这一时期美国经济和技术快速发展，对专业技能和适应能力有了更高的要求。教育部门为了更好地满足社会需求，开始更广泛地吸纳社会意见，推动职业教育和培训的改革，从而使 CBE 模式得到了广泛的应用和发展。这种以能力为基础的教育模式不仅提高了教育的实用性和适应性，也使教育聚焦于为学生提供符合职场需求的实际技能。

在 CBE 模式中，课程开发由学校聘请一批行业中具有代表性的专家组成的专业委员会负责，这些专家根据具体职业需求，层层分解并确定所需的能力，从而明确培养目标。接着，学校的教学团队会根据教学规律，将相同或相近的各项能力进行总结和归纳，构成教学模块，并制定教学大纲。这种方法使得课程设置能够直接对接职业需求，同时模块之间的组合灵活，允许根据职业需求的变化增减不同的模块，调整课程结构的重心和专业方向。例如，在旅游管理专业中，CBE 模式下的课程会根据国际旅游业的发展趋势进行设计，不仅包括理论知识的教授，还涵盖市场分析、客户服务、事件管理等实用技能的培养。这种课程设计确保学生在毕业后能够迅速适应行业变化，并有效地应用所学知识解决实际问题。CBE 模式打破了传统以公共课、基础课为主导的教学模式，更加强调教育的实用性和灵活性，以满足个人及职业需求的不断变化，保证职业能力培养目标的顺利实现。

CBE 模式采用灵活多样的培养途径。结合全日制教育和短期培训、理论学习与实践操作的方法，使学生在多样化的学习环境中得到全面发展。通过学历教育与非学历教育的结合，以及普通教育与继续教育的融合，CBE 模式为学生提供了从入门到精通各阶段的系统学习路径。

师资队伍的构成也是 CBE 模式成功的关键。该模式要求教师团队不仅拥有深厚的学术背景，还必须具备丰富的行业经验。因此，专任教师与兼职教师的搭配尤为重要。其中，兼职教师主要来自产业界，他们将实际工作中的经验和挑战带入课堂，使教学内容更加贴近实际，同时给学生提供就业前的实际操作经验。

经费来源的多元化也支持了 CBE 模式的持续发展。美国的职业教育资金来自地方财产税、州政府拨款、联邦政府资助及学生学费等多个渠道，这种资金结构不仅保证了教育活动的质量和持久性，也反映了社会各界对职业教育的认可和支持。

2. 美国 CBE 模式的特征

美国 CBE 模式的特征如图 1-6 所示。

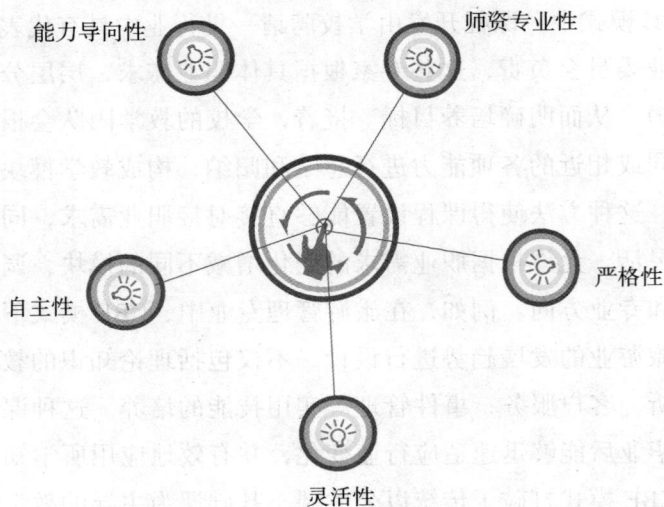

图 1-6　美国 CBE 模式的特征

（1）能力导向性。CBE模式的主要特点在于其明确的能力导向性，即整个教育过程以从业能力的培养为核心。这种教育模式不是只进行传统的知识传授，而是系统地设计教学内容以满足具体的职业需求。在这一模式下，教育的重点是确保学生掌握能够直接应用于工作环境的实际技能，如批判性思维、团队合作能力、实际操作技能，从而使他们能够在职业场景中有效解决问题。CBE模式通过与具体职业能力密切相关的课程设计来实现这一目标。教学计划强调与实际工作密切相关的实践技能的培养，这通常通过构建与工作环境相似的实验室和实习场所来实现。例如，在工程课程中，学生不仅需要学习理论知识，还需要参与到真实的工程项目中，应用他们学到的技术知识来解决具体问题。这些实践活动帮助学生在学习过程中获得宝贵的工作经验。CBE模式的一个关键实施策略是与行业和社会相关部门建立稳定的合作关系。这些合作关系使得教育机构能够及时获取行业的最新需求和发展趋势，据此调整和优化教学内容。同时，CBE模式为学生提供接触真实工作环境的机会，如实习和工作学习项目，学生能够在专业人士的指导下应用学到的知识并提升自己的技能水平。这种从业能力的直接培养不仅加深了学生对专业知识的理解，也极大地提高了他们的就业竞争力。通过这种模式，学生能够在毕业时拥有高度相关且即刻可用的职业技能，为他们未来的职业生涯提供坚实的基础。CBE模式的能力导向性教育因此成为应对现代职场快速变化的需求的一种有效教育策略。

（2）自主性。CBE模式在教学实施中极大地强调学生的自主性。在这种教育框架下，学生被赋予了主导自己学习过程的责任。教师在这个过程中扮演的是管理者和指导者的角色，而非传统意义上的知识传授者。在这种模式下，教育活动是围绕学生的需要进行组织的，教师的主要职责是根据职业能力分析表提供必要的学习资源，这些资源通常以模块化的学习包和学习指南的形式呈现。

学习包和学习指南的设计使得学生可以根据自己的节奏和能力进行学习。学生需要对自己的学习过程负责，他们按照学习指南制订个性化的学习计划，并在学习过程中进行自我评估。这种自我评估不仅让学生对学习成果有即时反馈，还促使他们在学习过程中发现并弥补知识和技能的不足。当学生认为自己达到了学习目标的要求后，其才会进一步接受教师的正式评估和考核。

CBE 模式还强调建立学习信息室，这是一个中心资源点，学生可以在这里获取各种学习材料和信息，以满足自主学习的需要。这样的环境不仅促使学生提升独立学习能力，还激励他们主动探索和解决问题，从而培养出能够适应快速变化的职业环境的高技能人才。

（3）灵活性。CBE 模式的显著特征之一是教学方式的高度灵活性，这使得教育体系能够更加有效地适应学生的个人生活和职业发展需求。在这种模式下，课程的持续时间可以根据学生的需求设定，学生可以在任何时间根据自己的实际情况加入或完成课程。这种灵活的时间安排极大地方便了学生规划自己的学习与工作，尤其是对于那些在职学习者和需要平衡多重生活责任的学生而言更为有利。

在学习方式上，CBE 模式提供了广泛的选择，包括全日制或半日制学习、个人学习或小组合作，以及传统的面授或自主在线学习等。多样的学习选项不仅满足了不同学习风格的学生需求，还允许学生根据自己的职业目标和学习节奏来选择最合适的学习方式。例如，一位需要快速掌握特定技能以应对职业挑战的学生可能选择密集的全日制课程，而希望深入研究并逐步掌握知识的学生则可能更倾向于灵活的自学方式。

（4）严格性。CBE 模式以其教学方式的灵活性而闻名，但其成功实施的关键之一还在于教学管理的严格性。严格性主要体现在对学生学习进度的精确监控、成绩评估的标准化以及资源分配的有效管理上。在CBE 模式中，虽然学生可以自主选择学习的时间和方式，但教育机构需要通过一套精细的管理体系来确保教育质量。这包括对学生的学习进度进行持续的跟踪，确保学生能够在规定的时间内达到学习目标。教育机构通常设有专门的跟踪系统，记录每位学生的学习活动、成绩评估和课程完成情况，确保每个学习阶段的成果都符合教学要求。严格的成绩评估体系也是 CBE 模式中不可或缺的一部分。与传统教育模式中可能依赖于期末考试的单一评价方式不同，CBE 模式要求通过多种形式的评估来全面评价学生的能力，包括项目作业、实践操作和口头答辩等。这些评估形式不仅要精确衡量学生是否达到了具体的职业能力标准，还要反映学生在实际工作环境中应用知识和技能的能力。严格性还表现在对教学资源的有效利用上。CBE 模式要求教育机构合理分配和充分利用有限的教学资源，包括实验室、教学设备、在线教育平台等，确保这些资源能够满足不同学生的学习需求。这不仅需要精心进行资源规划，还需要定期进行评估和调整，以适应学生需求的变化。

（5）师资专业性。在 CBE 模式中，师资队伍的建设受到重视，确保教师具备多方面的专业能力和高标准的教育素质。这种培养方式强调教师不仅是教育专家，也是专业技术人员和熟练工人，必须具备相应职业所需的综合素质和能力。这样的要求能够确保教师从多角度理解和传授知识，从而更有效地培养学生的职业技能和专业素养。CBE 模式还对教师提出了更为全面的职责要求。除了完成基本的教学任务外，教师还需要参与学校管理、组织开发等工作，以及处理学校与外部培训企业的合作关系。这不仅要求教师具备教育和技术领域的专业知识，还需要有良好的组织、管理和沟通能力，以便在教学之外，能有效地参与到学校的广泛活动中。

这种对教师全方位能力的要求，体现了 CBE 模式对教育质量的严格把控。通过这样的师资专业化策略，教育机构能够确保教育质量和学生培养效果。同时，教师的多方面能力也有助于学生在未来的职业生涯中应对各种挑战，更好地适应行业需求的变化。这不仅提升了教育的实用性和适应性，也为职业教育体系的持续发展提供了坚实的支撑。

3. 美国 CBE 模式的实施步骤

美国的 CBE 模式的实施步骤是细致且系统的，旨在确保学生能够适应职业岗位的具体需求。这一过程从职业分析开始，逐步深入具体的教学和评估环节。先是职业分析，这一步涉及对特定职业领域进行深入研究，以识别和定义在该职业中成功所需的关键能力。然后进行能力分析，这不仅涵盖了必须具备的综合能力，还包括这些综合能力背后的专业能力。每个专业能力进一步分解为与职业相关的具体知识、态度、经验和反馈，确保教学内容全面覆盖相关方面。接下来，基于能力分析的结果，确定学生的准入条件，以保证进入课程的学生具备基本的能力。随后进行知识性任务分析，这一步骤帮助教育机构明确学生需要掌握哪些专项能力，以及涉及的知识领域，从而制定出符合职业要求的教学大纲。根据教学大纲，教育机构进一步安排具体的学习任务，并开发相应的教学材料，如模块化的学习包和学习指南，这些都旨在引导学生系统地掌握各项技能。成就测验的设计也是此过程的一部分，包括诊断性评价来测试学生的入学水平，形成性评价来提供学习过程中的反馈，终结性评价来确认技能的掌握情况，以及全面检验培训材料和教学流程的适宜性。笔试测验用于评估学生对重要技能相关概念的理解程度。在整个教学过程中，教育机构还会根据学生反馈和测验结果不断调整教学材料，确保教学内容的有效和更新。通过开发和实施学习管理系统，学生能够根据自己的实际情况选择学习时间和顺序，自主定制个人的学习计划。教育机构还会根据教学需求和反馈不断调整和评估课程方案，确保教学活动和材料始终符合职业发展的最新标准。通过这些精心设计的步骤，CBE模式确保学生不仅学习到必要的理论知识，更重要的是掌握实际工作中所需的专业技能，从而顺利过渡到职业生涯中。

（四）澳大利亚的 TAFE 模式

技术继续教育（Technical and Further Education，TAFE），是由澳大利亚政府负责实施的一种被广泛认可的职业技术教育形式，广泛应用于大洋洲、欧洲和东南亚等地区。作为国际上四大职业教育模式之一，TAFE 模式在澳大利亚教育体系中占据重要地位。

1. 澳大利亚 TAFE 模式的资金管理

TAFE 模式的投资体制具有多元化特征，这体现在资金来源的广泛性上，政府、行业、企业及个人都是重要的投资主体。资金来源中政府投资占据了约 50% 的比例，这主要由州政府承担，而联邦政府则负责制定相关政策并提供必要的资金支持，如基础设施建设和专项设备购置。联邦政府还会针对优先发展的领域或专业提供特别资助。TAFE 模式采取了公平竞争的市场机制。将效率高、成本低、教育质量高（如学生留存率、毕业证书获取率、就业率）等条件作为评价指标，州政府采用招标方式分配资金，确保资金的有效使用。这种机制不仅促使教育机构在办学过程中更加注重效率和质量，还强化了其适应地方经济和社会发展需求的能力。通过这样的经费管理和资金分配策略，TAFE 模式能够高效利用教育资源，为当地社会和经济发展提供有力支持。教育机构自筹资金占25% ~ 30%，这部分资金主要通过提供有偿服务和开展海外培训活动来筹集。教育机构被鼓励通过商业化运作，为企业等组织提供定制的培训服务，同时，对海外学员实行全额学费政策，以此来增加收入。学生缴纳的学费占 20% ~ 25%，这部分费用虽然由学生支付，但实际上通过税务部门上缴给政府，再根据具体情况进行返还。①

2. 澳大利亚 TAFE 模式的质量监管

澳大利亚的 TAFE 模式通过一系列有效的质量监控管理措施，确保教育质量。在这一体系中，教育机构充当教育服务的执行者，专注于按照行业需求和教育部门提供的详细教学计划、课程大纲、教材及实习指导书来开展教学和训练。这些机构配置了与实际工作岗位相匹配的先进实验和实训设备，确保教学内容和职业实践紧密联系。教育质量的保障还体现在专家委员会的工作中，这些专家负责确保 TAFE 模式的标准化和规范化，同时关注课程的针对性和实用性。这种专家委员会的介入，为 TAFE 模式质量的稳定性和可靠性提供了坚实的基础。联邦政府和州政府在 TAFE 模式质量监督和评估中扮演关键角色。联邦政府负责整体的质量监督与评估，而各州政府则通过年度培训质量报告跟踪调查 TAFE 模式的培养效果。这些报告详细记录了学生的就业情况和职业发展情况，

---

① 俞浩奇.TAFE 的发展历程、特征及其对我国职业教育发展的启示 [J].教育与职业，2014（36）：97-98.

从而对教育机构的绩效进行评估。①澳大利亚各州实施的招标拨款机制也对 TAFE 模式质量管理有显著影响，教育机构的运营质量直接影响到其在来年获得政府的培训项目招标资格。这种竞争和结果导向的财政激励机制，促使各教育机构持续优化和提升教育质量，以满足严格的政府和行业标准。

3. 澳大利亚 TAFE 模式的证书管理

澳大利亚的 TAFE 模式特别强调了统一的资格框架和证书衔接管理，构建了一个涵盖普通教育、职业教育与培训以及高等教育（大学）资格的一体化体系。这个体系旨在实施终身教育并促进不同教育类型之间的无缝对接，使 TAFE 模式成为各类教育之间的桥梁。澳大利亚设置了十二级证书，包括从高中教育证书到学士、硕士、博士等各级学位，每个级别的证书都要求在内容上实现无缝衔接。澳大利亚的专业证书分为六个等级，从初级证书到高级证书，每个级别的培训目标和技能要求有明确的差异，低级别证书侧重于培养强大的操作能力，而高级别证书则在此基础上增加了技术分析能力、设计能力和解决实际问题的能力。澳大利亚政府通过国家以及各州的教育培训部门对 TAFE 模式进行严格管理，确保教育质量。TAFE 模式的课程都有统一编号②，课程设置既有必修也有选修，不涵盖大学语文、体育、英语基础课程，专注于专业技能的培养。TAFE 模式的教师的聘任也须经过严格的资格审查，包括至少本科学历和相关专业的实践经验，确保教育质量。这种模式有效地连接了教育与产业，不仅培养了具有实际操作技能的技术人才，也培养了能够胜任高级技术应用和管理职位的专业人才。

4. 澳大利亚 TAFE 模式的师资队伍

澳大利亚 TAFE 模式以其强大的教师团队而闻名，这主要得益于其

---

① 任梦，蔡晓棠，槐福乐．澳大利亚 TAFE 发展历程、特点及启示[J].职教通讯，2021（1）：122-127.

② 陈冬英．澳大利亚 TAFE 的发展历程及趋势[J].广州职业教育论坛，2012,11(1)：60-64.

高标准的教师选拔和培养机制。教师招聘不限于高等院校毕业生，更注重从拥有丰富实践经验的专业人员中挑选。应聘教师必须满足两个基本条件：拥有五年以上的相关领域工作经验，持有行业职业资格证和教师资格证双证书。满足这些条件的候选人需先担任兼职教师超过五年，待教学能力得到充分锻炼后才能转为全职教师。①

TAFE 模式的教师在完成日常教学任务的同时，也需积极参与到相关企业的实际工作中，定期参加专业技能培训和行业协会活动，以确保他们的教学内容能够跟上行业发展的步伐。教育机构在管理专任教师的同时，也非常重视兼职教师的选拔和培养，确保所有教师都能够有效地进行专业教学和学生技能训练。这种专兼结合的师资队伍策略，有效保证了教学质量和行业实践的紧密结合，推动了 TAFE 模式的高质量发展。

二、我国产教融合的实践模式

虽然我国产教融合的起步较晚，但在积极探索和努力下，我国在这一领域已经取得了显著的成就。随着教育改革的深入，产教融合的新型教育模式逐渐显现成效，特别是在地方高职院校中，这一模式已经开始展现出独特的发展优势。

众多高职院校通过与地方经济和产业紧密结合，逐渐形成了各具特色的教育模式。例如，"高职院校院系＋科技园区"模式。学校与科技园区的合作，为学生提供了实际的科研和创新平台，使教育更加贴近科技前沿和市场需求。又如，"高职院校专业＋行业企业协会"模式。通过这种模式，学校能够直接对接行业标准和企业需求，培养符合需求的专业人才。再如，"高职院校专业＋龙头企业产业＋企业联盟"模式。这种模式使得教育培养与龙头企业的产业链紧密关联，学生不仅能学到最前沿的技术，还能通过企业联盟了解并适应整个行业的运作模式。这些模式的成功实施，不仅优化了教育资源的配置，也提高了教育的实用性和效

---

① 杨剑静．数字化、国际化发展背景下澳大利亚 TAFE 模式的改革趋向 [J]．中国职业技术教育，2024（3）：52-58.

率。更重要的是，实施这些模式有助于学生将技能与知识更好地与市场需求对接，从而提高了职业教育的质量和社会的认可度。从整体上来看，我国产教融合的实践模式可以分为校企合作模式、现代学徒制模式、项目科技攻关模式、集团式职业教育模式四种类型，如图 1-7 所示。

集团式职业教育模式

校企合作模式

项目科技攻关模式

现代学徒制模式

图 1-7　我国产教融合的实践模式

（一）校企合作模式

校企合作模式是一种在当今教育领域日益受到重视的产教融合实践模式。通过这种模式，学校与企业实践尤其是中小企业实践紧密合作，共同建立工程和技术发展中心、教师技术工作室等平台，不仅促进了教育资源与企业需求的有效对接，还使双方实现互补，进而实现共赢。

在校企合作模式下，学校与企业根据各自的资源和优势进行合理分工。学校侧重于提供理论知识的教育和技术研发，而企业则提供实际的工作场景和项目实践的机会。通过这种方式，双方共同设定技术任务，在项目的不同阶段合理地分配技术资源，确保技术开发与应用的有效结合。

企业通过与高校合作，不仅可以直接应用学校的科研成果，加快新技术的商业化进程，还能够影响课程内容和教学方法的创新。对企业而言，这种直接参与帮助企业培养出符合自身需求的高技能人才，减少了企业对新员工的培训成本和时间。对学校而言，校企合作模式提供了一个将课堂理论知识应用于实际工作环境的平台。学生在企业中参与真实的工作项目，能够提前适应未来的职场环境，增强解决实际问题的能力。

这不仅提升了学生的操作能力和实践经验，也极大地增强了学生的就业竞争力。这一模式还鼓励企业和学校共同参与到新技术的研发中，企业可以提供市场导向和资金支持，而学校则提供技术和人才支持。这种双向互动加速了新技术的研发和推广，同时促进了学校科研成果的市场应用。校企合作模式还可以扩展到师资力量的共享。企业的专业技术人员可以兼职担任学校的教师，将最新的行业知识和技术动态带入课堂，使得教学内容更加贴近实际，更能满足行业的发展需求。同时，学校的教师也可以通过企业的项目来提升自己的行业实践能力和科研水平，实现理论与实践的有效融合。

　　校企合作模式作为一种有效的产教融合实践模式，在推动教育现代化、促进技术创新、提高学生实践能力等方面展示了显著的效果。校企合作模式不仅为企业带来了切实的经济效益，也为学校带来了教育质量的全面提升，是产教融合发展中不可或缺的重要组成部分。

（二）现代学徒制模式

　　现代学徒制模式是产教融合的一种有效形式，其核心在于将学生既视为受教育者，也视为实践中的学徒。这种模式充分结合了理论学习和实践能力培养，让学生的受教育过程不限于课堂内的理论知识学习，而拓展到实际工作环境中的技能训练。

　　在教学实施方面，现代学徒制通过学校教师和企业专业技术人员的紧密合作来实现。学校教师负责向学生提供必要的理论知识，确保学生在专业领域有坚实的理论基础，而企业教师则侧重于传授具体的职业技能，他们通常是行业内的专业人士，能够引导学生在真实的业务环境中应用所学知识，解决实际问题。这种模式能够使学生在理解理论知识的同时，学习如何将这些理论知识应用于实际工作中，从而更好地适应未来职场的需求。这种模式中的课程设计和人才培养方案由学校和企业共同确定。这样的合作不仅涉及课程内容的整合，还包括对学生学习进度的监控和评估。通过这种方式，学生的学习成果得到双重保障，既符合教育部门的要求，也满足企业的实际需要。企业通过参与教育过程，能够直接影响未来员工的技能培养，为自身培养定制化人才。这种做法大大减少了企业新员工的培训成本和时间，提高了企业的整体效率。

现代学徒制的实施还特别强调校企一体化的合作关系。企业不仅在教学过程中提供支持，还为学生提供实习和实训的机会，让他们参与到实际的工作项目中。这种直接参与不仅能让学生体验真实的工作环境，还能帮助他们增加专业技能和工作经验，为未来的职业生涯打下坚实的基础。同时，学生在企业中的表现也为企业提供了评估和选拔人才的依据，使企业能够从源头上获得符合自身需求的优秀人才。

通过这种模式，学生不仅能够获得实用的技能和知识，还能直接对接未来的职业需求，而企业也能通过这种方式培养出更加合格的人才，实现教育资源和社会需求的最优配置。这种模式的成功实施，证明了其在促进教育现代化、增强学生职业竞争力以及推动社会经济发展等方面具有重要作用。

（三）项目科技攻关模式

项目科技攻关模式是一种将学校与企业紧密结合的产教融合方式，特别是在政府支持的生产研究与发展项目中表现尤为突出。在这种模式下，学校和企业不仅共同参与项目的研究与开发，还协同进行技术创新和升级，从而直接推动产业结构的转型和技术创新。

在项目科技攻关模式中，学校和企业通过建立合作平台，共同确定研究主题和目标，整合双方的技术资源和专业知识。这种深度合作不仅促进了学术研究的实用化，也加速了新技术的产业化。学校可以利用企业的实际需求和案例，引导教学和研究工作更贴近实际应用，提升研究的市场导向和应用价值。此模式下的合作通常涉及技术难题的攻关或新产品的研发，这不仅有助于提高学校教师的实践能力和科研水平，也能增强学生的创新意识和解决实际问题的能力。学生通过参与真实的研发项目，能够在学习初期就接触到行业的最新技术和发展趋势，这种经验对于他们的职业发展具有重要的推动作用。

企业通过与学校合作，不仅可以获取最新的科研成果和技术支持，还可以直接参与人才的培养过程，为企业未来的技术需求和人才梯队建设打下基础。这种合作模式还能显著提升企业的研发能力和市场竞争力，因为企业能够更快速地将科研成果转化为生产力。项目科技攻关模式还能有效地促进地区经济的发展。通过聚焦于地方产业的关键技术问题，这种模式不仅能解决当地产业发展中的瓶颈问题，还能促进高新技术产业的集聚和升级，从而推动整个地区经济结构的优化和升级。

项目科技攻关模式通过校企深入合作，为教育界和产业界提供了一个双赢的方案，不仅加强了教育的行业针对性和实践性，也为企业的技术创新和人才培养提供了强有力的支持，是推动产教融合向更深层次发展的有效路径和重要模式。

（四）集团式职业教育模式

集团式职业教育模式是一种具有较强综合性的产教融合实践模式，高职院校、企业以及其他相关机构紧密合作，形成一个互利共赢的教育网络。这种模式的核心在于资源共享、优势互补与共同发展，旨在通过跨界合作提升教育质量和产业发展水平。

在集团式职业教育模式中，参与方通常包括六大类别组织：政府机构、工业组织、企业、培训机构、研究机构和社会组织。这些组织各自承担不同的职能，共同构成多元化的教育和培训网络。例如，政府机构主要负责政策制定、监管和资金支持，工业组织则侧重于行业标准的制定和技术指导，企业提供实训基地和就业机会，培训机构负责具体的教学和技能培训，研究机构提供科研支持和技术创新，社会组织则在连接社会资源和公众参与等方面发挥作用。这些组织通过定期会议、联合研讨和项目合作等方式，进行深入的交流和合作。在这一过程中，各方不仅可以分享资源和经验，还能在解决具体问题和满足行业需求时，提供专业的咨询和支持。例如，企业可以明确表达其对技能型人才的具体需求，而培训机构则根据这些需求调整教学计划和课程设置，确保教学内容与市场需求高度匹配。

　　集团式职业教育模式还强调创新与实践的结合。通过与企业和研究机构的合作，培训机构能够参与到最前沿的技术研发和应用实践中，这不仅丰富了教学内容，也提高了学生的创新能力和实践技能。学生在这种环境中学习，不仅能获得最新的行业知识，还能直接参与实践项目，为将来的职业生涯积累宝贵经验。

第二章　双师型教师的阐释

第一节　双师型教师的概念

一、双师型教师的产生与发展

最初，我国职业技术学校的发展模式与传统学校并无太大差异，主要侧重于理论学习。随着 20 世纪 80 年代末国家经济的快速增长，社会对技术型人才的需求迅速增加。高职院校培养的学生却往往不能很好地适应企业的实际工作环境，不能满足社会对人才的需求，这引发了人们对职业教育人才培养体系的广泛思考。为了改变这种状况，政府和科研机构开始寻求更适合我国的职业技术教育新模式。在这一探索过程中，师资队伍作为高等职业院校教育质量的基础和保障，自然成为讨论的焦点。1995 年，国家教育委员会发布《关于开展建设示范性职业大学工作的通知》，首次提出建设"专兼结合、结构合理"的职业师资队伍，即双师型教师的概念。但当时企业与学校缺乏合作经验，高等职业院校聘请兼职教师面临困难，导致双师型教师主要依赖校内力量，虽然专业教师被鼓励取得专业技术证书以提升技术和实践能力，但整体提升效果有限。此后，我国又经历了多年的摸索，相继出台多项政策以推动双师型师资队伍建设发展，取得了一定的成效。但目前来看，双师型师资队伍的建设仍处于初级阶段，专业教师的理论知识相对扎实，但实践能力有限，兼职教师的比例不足，学校与企业的合作未达理想状态。因此，随着经济的发展和技术人才需求的增加，如何提升职业教育的质量，探索新的发展模式，构建高素质的双师型教学团队，提升师资队伍的整体水平，成为社会广泛关注的课题。

二、双师型教师的定义

双师型教师这一概念最初在我国高等职业教育的改革与实践中提出，是一个富有中国特色的教育术语。① 王义澄是首位提出双师型教师队伍概念的学者，其详细探讨了如何培养双师型教师，并阐释了双师型即"教师 + 工程师"组成的含义。这一定义很快获得了学术界的广泛认可，并在职业教育领域中迅速普及。1995 年，国家教育委员会首次明确提出了双师型教师的概念，并把培养双师型教师定为我国职业教育师资队伍建设的一个重要目标。1998 年，教育部发布了《面向二十一世纪深化职业教育教学改革的原则意见》，首次从国家政策层面将双师型教师纳入职业教育体系中，并赋予了更深刻的内涵。2004 年，教育部发布《高职高专院校人才培养工作水平评估方案（试行）》，双师型教师的要求和标准得到了进一步的明确。评估方案针对高职院校的具体情况，从理论角度界定了双师型教师应具备的资质。②

尽管双师型教师的概念提出多年，学术界对其具体内涵的探讨依然在进行中，目前尚未形成学术共识。这说明双师型教师的定义和理解仍处于动态发展与变化之中。

总结来看，不同理论对于双师型教师有多种解读，主要包括以下几种观点。

第一，双证说。这一理论认为双师型教师应持有教师资格证和与其教学专业相关的职业技能证书。这一观点强调教师应具备正规的教育资质与实际操作能力的证明。

---

① 王义澄.适应专科教学需要，建设"双师型"教师队伍 [J].教材通讯，1991（4）：14-15.

② 姬兴华.《高职高专院校人才培养工作水平评估方案（试行）》解读 [J].淮北职业技术学院学报，2004（3）：64-66.

第二，双能说。这一理论主张双师型教师不仅要具备普通教师的职业素养和能力，还应具有本专业或相近领域的技术人员或中高级专业人士的从业素质和执业能力。这一观点着重于教师的综合职业能力。

第三，"双证＋双能"说。这一理论认为双师型教师应将教师素质和专业技师素质在知识、能力和态度等方面进行有机融合，体现了对教师全面能力的要求。

第四，双职称说。这一理论提出双师型教师应同时具备教师系列中级及以上职称和专业相关的中级及以上专业技术职称。这一观点强调教师的专业地位和资历。

第五，双层次说。这一理论认为双师型教师应满足能力和素质两个层面的要求。在能力层面，双师型教师应具备"经师"（理论教学）和"技师"（实践操作）的能力；在素质层面，应具有"人师"（教育和培养学生）和"事师"（处理教学和实践问题）的素质。既要传授专业相关的基础理论知识，也要进行专业对应的实践岗位操作指导。同时，教师应引导学生树立正确的价值观，帮助学生发展与个人特质和潜力相匹配的职业能力。

第六，"双融合"观点。这一理论强调教师应同时具备"双证书"和"双能力"，即不仅要具备相关的资格证书和专业技能证书，还要具备相应的教育能力和职业能力。

双师型教师具备多重维度的特征。从能力条件来看，这类教师属于真正的复合型人才，需要具备教育教学的能力以及动手实践的能力。实践能力的培养可以通过在企业一线工作、参与科研创新活动或是获得技术技能证书来实现。从组成结构来看，双师型教师不仅包括学校的专任教师，也包括来自企业、行业或科研机构的兼职技术人员。基于国家政策的指导和国内学者的定义，本书认为，高职院校中的双师型教师应是不仅具备高水平的理论教学、科研和实践教学能力，还拥有相关行业工作经验和专业经验的教师。

三、双师型教师的特征

双师型教师具有不同于其他教师的特征，如图 2-1 所示。

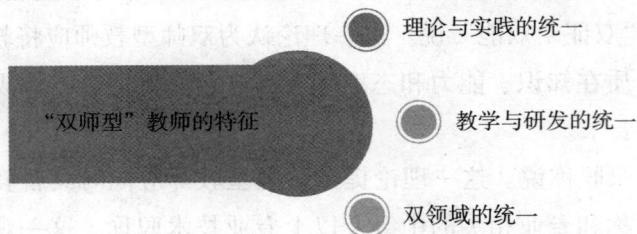

理论与实践的统一

"双师型"教师的特征

教学与研发的统一

双领域的统一

图 2-1 双师型教师的特征

（一）理论与实践的统一

双师型教师的核心内涵之一是理论与实践的统一，这种统一不仅是职业教育的需求，也是保证教学效果的关键所在。这类教师既具备深厚的理论素养，又具有高超的实践技能，能够将理论知识和实践操作有效结合，提高教学的实用性和针对性。

在理论素养方面，双师型教师不仅熟悉其教学专业的基本理论知识，还精通教育学理论知识，能够理解和运用这些知识来优化教学过程和方法。这包括掌握教育心理学的原则、了解学生学习的心理特点和规律，以及设计符合学生认知发展的教学活动。双师型教师能够将专业知识系统地整合并传授给学生，确保学生能够理解并应用这些知识。

在实践技能方面，双师型教师的能力覆盖了与其教学领域密切相关的各种实际操作技能。这不仅包括基本的操作技能，如机械设备的组装、调试和维护，还包括能够运用最新技术和工具软件进行更复杂的工程设计和技术开发。例如，一个机械工程领域的双师型教师可能精通 CAD 软件和 CNC 编程，能够教授学生设计和制造机械部件。同时，这类教师还具有解决实际工作中遇到的技术问题的能力，能够引导学生进行科技创新和技术改进。双师型教师的实践技能还涉及与教育实践相关的教师技能，如课堂管理、学生评估和教学反思能力。这些技能使他们能够在教学过程中不断优化教学策略，实现教学活动的有效和高效。

（二）教学与研发的统一

双师型教师作为一种特殊的教育人才，其核心价值之一在于教学与研发的有机结合。这种统一不仅增强了教学的实际应用性，也使得研发工作更贴近教育的需求，从而促进了技术的实际应用和传承。双师型教师在理论教学和实践教学中的表现已经超越了传统教学角色的界限，同时扮演着应用技术研发者的角色。这意味着他们不仅在课堂上传授知识，还在教学以外的实践中加入与企业或行业相关的研发项目。这些研发活动与普通学术型研究主要聚焦于理论知识探索不同，通常是为了解决特定行业中的实际问题或满足企业的技术需求，更侧重于应用性和实用性。这些研发项目为教师提供了丰富的实践案例，双师型教师能够将最新的技术动态和研发成果转化为教学内容，确保教学的前沿性和相关性。这种教学与研发的统一不仅提高了教学的质量和效果，也使教师能够在教学中更好地引导学生理解和掌握先进技术，培养学生的创新思维和实际操作能力。

（三）双领域的统一

双师型教师跨越了教育领域和行业领域两个领域，实现了两个方面的融合与统一。他们不仅是教育者，在学术环境中传授知识和技能，进行教学活动，同时是行业专家或研究人员，参与具体的实践活动，实现教育与行业的无缝对接。在教育领域，双师型教师持有教师资格证，这证明了他们在教育理论、教学方法、学生评估以及课程设计等方面具有专业能力。他们利用这些知识来构建有效的教学环境，设计与学生职业发展直接相关的课程内容，确保教学活动既系统又实用。在行业领域，这些教师同样具备与其教学专业相关的职业资格证，这不仅证明了他们具备专业技能和实践经验，也表明他们能够在实际工作中应用专业知识解决问题。他们了解最新的行业动态、技术进展和市场需求，这些实践经验可以直接反馈到他们的教学中，使教学内容保持最新，确保学生能够掌握最前沿的知识和技能。

这种双领域的统一赋予了双师型教师跨领域的能力，使他们在教育和行业之间架起了一座桥梁。他们不仅在课堂上教授理论知识和实践技能，而且将行业中的实际问题带入教室，进行案例分析和实践演练。他们的行业经验和见解也促使他们在教学中采用更具创新性和应用性的方法，进一步提高教学的针对性和有效性。

通过这样的跨领域工作方式，双师型教师有效地连接了理论与实践，极大地增强了职业教育的实用性和适应性。他们的存在丰富了教育资源，提高了教育质量，使学生能够更好地适应未来的职业挑战，成为行业中的高质量人才。

第二节　双师型教师的素养能力体系

双师型教师的素养能力体系包括以下几个层面，如图 2-2 所示。

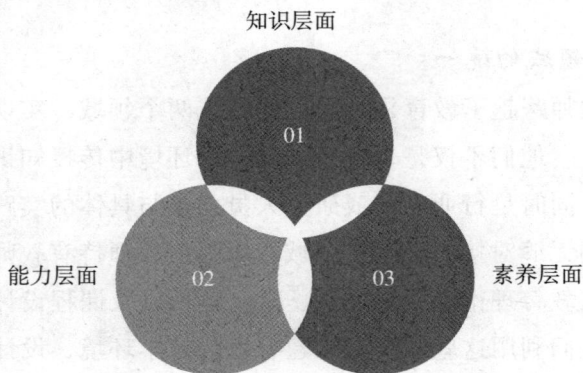

图 2-2　双师型教师的素养能力体系

一、知识层面

双师型教师在专业发展和教学实践中，应具备丰富的理论知识，这不仅有助于提升教育质量，也有助于促进学生全面发展。

（一）职业教育学理论知识

职业教育学理论知识是双师型教师必备的理论基础，涵盖了教育心理学、教育方法学、课程理论以及教育评估等多个方面。教育心理学关注学生的学习心理特点和学习行为，通过对心理和行为的分析，区分高职学生与其他学生的不同之处，帮助教师更好地理解学生的认知发展和情感需求，从而使教师设计出更符合学生实际的教学活动。教育方法学则提供了各种教学策略和技巧，如合作学习、问题解决学习，使教师能够根据不同学科和不同学生的具体需求选择合适的教学方法。掌握这些知识，教师可以将复杂的理论以可操作、易理解的方式呈现给学生，实现课堂教学效果的最大化。课程理论涉及如何科学地设计课程内容和结构，确保课程的连贯性和系统性，同时关注课程如何响应社会需求和技术发展。教育评估则关注如何通过各种评价工具和方法有效地评估学生的学习成果，以及如何利用评估结果改进教学。

（二）学科专业知识

对专业知识的深入理解和应用是双师型教师的核心资质。双师型教师需要掌握本领域的系统理论知识，包括但不限于各学科的发展历史、基本理论、关键概念及其演变。双师型教师对教学领域内的核心理论要有透彻的理解，除了深入了解知识，双师型教师还需具备将这些理论知识应用于实际教学和行业实践的能力。双师型教师应能引导学生不仅仅学会接受知识，更要学会怎样用批判性思维和观念看待和分析现有研究成果，怎样基于证据进行合理推理，以及如何在实际工作中灵活运用这些知识。这些都是双师型教师需要掌握的理论层面的方法论。

（三）行业前沿知识

行业前沿知识在高职教育中具有重要性，涉及对行业最新技术、理论发展以及未来趋势的深入理解。第一，行业前沿知识包括对新兴技术的科学基础的理解。这意味着双师型教师需要掌握新兴技术的工作原理、设计理念以及如何与已有技术相比较方法。例如，在新材料领域，了解材料的微观结构和性能关系，以及如何通过改变材料的组成和加工过程来获得所需的性能，都是双师型教师应具备的知识。第二，行业前沿知识还包括对行业发展趋势的理论分析。这涉及对未来技术发展方向的预测和理解，基于对当前科技进步和市场需求的分析。双师型教师应能理解和解释为何某些技术能够迅速发展并成为主流，而其他技术则可能逐渐淡出人们的视线。这种分析基于对经济、社会和技术多方面因素的综合理论知识的理解。第三，行业前沿知识还包括对相关法规、标准和政策的理解。随着技术的发展，新的法规和行业标准会不断出现，以应对新技术带来的挑战和机遇。双师型教师需要了解这些法规和标准的制定背景、目的和主要内容，以及如何影响行业的操作和发展，并将这些知识运用到教学当中，更好地指导自己的教学活动。这种深入的理论知识使得双师型教师能够在教学中不仅传授技术的操作方法，还能使学生理解这些技术发展的理论基础和行业影响，培养学生的批判性思维和未来洞察力。双师型教师的这种理论深度是他们能够高效传授前沿技术和理论，并正确引导学生理解行业发展趋势的基础。

二、能力层面

在能力层面，双师型教师的能力体系表现为教学能力、实践能力、科研和创新能力，如图 2-3 所示。

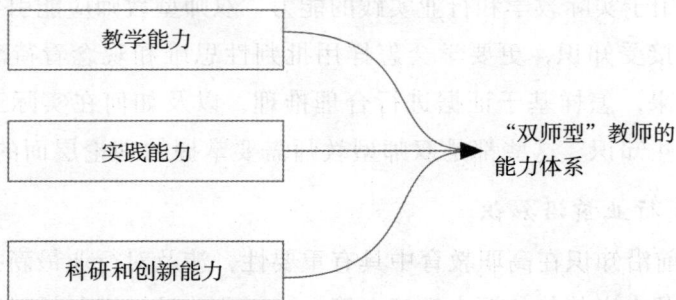

图 2-3　双师型教师的能力体系

（一）教学能力

双师型教师在高职教育中扮演着极其重要的角色，他们的教学能力不仅涉及传统的教学设计和课堂传达，还结合了专业技能与行业经验的传授，以满足高职教育的特殊需求。教学能力的核心在于如何有效地将理论知识与实践操作相结合，培养学生的职业技能和实际解决问题的能力。

教学设计能力是指教师根据教学目标和学生的具体情况，设计合理、有效的教学计划和教学活动。对于双师型教师而言，这种能力尤为重要，因为他们需要将专业知识、技能训练以及行业实践需求融入课程设计中。双师型教师在教学设计时，应能够识别并整合行业标准和职业技能要求，设计出既有理论深度又有实践指导性的教学内容。教学设计还应包括多样化的教学方法，如案例教学、模拟实训、项目导向学习，以适应不同学生的学习风格和需求。

课堂传达能力涉及教师在课堂上如何有效地传授知识和技能。双师型教师不仅要清晰地解释复杂的专业理论知识，还要展示具体的操作技能，甚至引导学生进行实操练习。这要求双师型教师具备高度的沟通技巧和表达能力，能够使用适当的教学媒体和技术，使学生能够直观地理解和掌握知识。例如，双师型教师通过实物展示、实验操作演示的方式，使理论与实际应用紧密结合，提高学生的学习兴趣和实践能力。

在教学过程中，对学生的学习成效进行评估，并根据评估结果提供有效的反馈，是教学能力的重要组成部分。双师型教师应能设计和实施多种评估工具，如实践操作考核、项目评价、自评互评，以全面了解学生的学习进展和存在的问题。有效的反馈不仅能帮助学生认识到自己的不足，还能激励他们探索更多学习方法，改进学习策略。

随着教育技术的发展，教学创新成为提升教育质量的重要手段。双师型教师应掌握最新的教育技术和教学工具，如智能教学软件、在线协作平台、虚拟现实（VR）和增强现实（AR）技术，利用这些工具提高教学效率和课堂互动性。创新的教学方法和技术应用，可以使课堂更加生动、有趣，同时能更好地模拟真实的工作环境，为学生的职业生涯发展提供支持。

（二）实践能力

双师型教师在高职教育中扮演着将理论知识与实践操作相结合的关键角色，这要求他们不仅在理论教学上有深厚的功底，还应具备较强的实践能力。

双师型教师要具备个人专业实践能力，他们要掌握所从事行业的专业技术。这包括对所教授专业领域中工具、设备和程序的深入了解及操作能力。在高职教育中，这种能力不仅是教学内容的重要组成部分，更是教师职业能力的直接体现。教师在实际工作中所展示的专业技能直接影响到学生对技能掌握的理解和模仿，因此，双师型教师必须确保自己的技术操作不仅准确无误，而且符合最新的行业标准。

双师型教师应能独立处理专业领域内的复杂问题。这不仅包括使用标准操作程序来解决问题，还包括在遇到非标准问题时，能够创造性地运用专业知识找到解决方案。这种能力是在长期的职业实践中积累的。双师型教师不仅要有深厚的专业理论基础，还要有丰富的实践操作经验。

在学生实践指导能力方面，双师型教师应能够设计并执行与实际工作密切相关的教学活动，确保学生能够在接近真实工作环境的条件下学习和实践。这种能力要求教师在教学设计中精确地整合理论教学和实践操作，以及能够在实践过程中提供有效的现场技术指导和安全监督。评估学生的实践成果也是这一能力的重要方面，教师需要公正地评价学生的操作技能、问题解决能力及团队合作精神，并根据评估结果提供针对性的反馈，帮助学生明确改进的方向。

除了个人专业实践能力和学生实践指导能力，双师型教师还需要具备高度的行业敏感性和网络建设能力。这意味着教师应当能够理解并预见行业的发展趋势，将这些信息融入教学内容和实践活动设计中，确保教学内容既符合当前的行业需求，也能适应未来的发展变化。同时，教师需要在行业内部建立广泛的联系，利用这些网络资源为学生提供实习、实训机会，为学生职业发展提供指导和帮助。通过与行业的紧密合作，教师可以为学生打开更多了解行业和进入职场的窗口，从而提升教育的实用性和有效性。

（三）科研和创新能力

在高职教育中，双师型教师的科研能力和创新能力不仅关乎个人职业发展，还是推动教育质量提升和行业发展的关键因素。双师型教师具备这两种能力意味着能够将行业经验与学术研究相结合，不断探索和创造新的教学方法、技术应用及解决方案，以应对快速变化的技术和市场需求。

1. 科研能力

双师型教师的科研能力是其职业能力中极为重要的一部分，因为这种能力直接关系到教学的深度、广度以及教学内容与行业实践的紧密结合。科研能力使教师能够深入探索专业领域的新知识、新技术及其应用，进而将这些最新成果融入教学过程中，确保教学内容不仅反映当前行业标准，也能预见未来发展趋势。在高职教育中，双师型教师的科研活动往往是以应用为导向的，这需要教师能够设计与行业需求直接相关的研究项目。这种研究不仅要求教师具备较强的科研能力，如研究设计、数据分析和结果解释，还要求教师能够跨学科整合不同领域的知识，解决实际工作中的复杂问题。

双师型教师的科研能力还体现在其指导学生科研活动的能力上。教师不仅是科研项目的参与者和领导者，还要对学生进行科研指导。通过指导学生参与科研项目，双师型教师能够传授学生科研方法，培养学生的批判性思维、创新意识和解决实际问题的能力。参与真实科研项目的学习方式，对学生了解行业动态、掌握先进技术以及未来职业生涯的发展均具有重要意义。

2. 创新能力

双师型教师的创新能力在高职教育中占据着核心地位，因为这种能力不仅关乎教学方法和内容的更新，还涉及如何将新兴技术、理论及行业发展趋势融入课程中，以培养学生的现代职业技能。创新能力的培养使得教师能够在教学实践中不断探索和尝试新的教学策略，提高教学效果，同时激发学生的创新思维，增强他们的实践能力。

在高职教育的环境下，双师型教师的创新能力体现在教学内容的更新和教学方法的改进上。随着科技的快速发展和行业需求的不断变化，传统的教学内容和方法可能已无法满足学生的学习需求和职业发展需求。因此，教师需要不断学习最新的行业知识和技术，将这些知识和技术通过创新的教学方法，如项目式学习、问题解决学习，融入课程中。这种融合不仅提高了教学的实用性和针对性，还使课程内容更加生动、有趣，从而激发学生的学习兴趣，提高学生的参与度。

创新能力还表现在教师对教学资源的创新使用上。双师型教师可以利用现代教育技术，如虚拟现实、增强现实和在线学习平台，开发新的教学工具和资源。这些技术的应用不仅可以模拟真实的工作环境，提供更加直观和互动性强的学习体验，还可以突破传统教室的时空限制，使教学过程更加灵活化和个性化。

创新能力还需要教师在教学评估和反馈机制上进行创新。随着教学评估理论的发展，传统的考试和测试方式可能无法全面评价学生的学习成果和能力情况。双师型教师应探索更多形式的评估方法，如基于表现的评估、同伴评价，这些方法能更真实地反映学生的学习进程和实际能力，有助于教师根据学生的个性化需求调整教学策略。

双师型教师的创新能力是其职业技能的重要组成部分，对于提升教学质量、满足行业发展需求以及促进学生全面成长具有深远的影响。通过持续的专业发展和对新理念、新技术的积极探索，双师型教师能够培养出更多具备创新能力和实践操作能力的高素质人才。

三、素养层面

在素养层面，双师型教师的能力体系表现为职业道德和专业态度两部分，如图 2-4 所示。

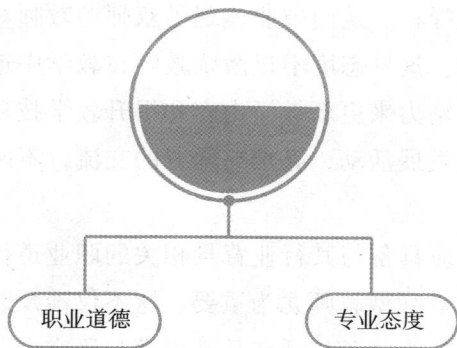

图 2-4　双师型教师的素养体系

（一）职业道德

双师型教师的职业道德不仅需要覆盖教育者应有的伦理标准，还需要涵盖由其行业背景所带来的特定道德责任。

双师型教师遵守的基本教育伦理是他们职业行为的根基，能确保他们在教育实践中表现出最高标准的道德行为。诚实、公正、尊重和爱岗敬业不仅是个人品德的体现，还是建立有效教育环境的关键要素。诚实是教育伦理的基石。双师型教师通过诚实地传递知识和信息，赢得学生的信任和尊重。这包括在评估学生的学习成果时保持客观，诚实地反映学生的真实表现，以及在传达课程内容时坦率地讨论知识的局限性和争议点。诚实还意味着教师在面对自己不确定或不熟悉的知识时，承认并寻求进一步的信息或支持。公正是双师型教师在处理学生事务和评估中必须坚守的原则。教育的公正性要求教师在成绩评定、机会分配以及对待学生的行为上保持一致性和中立性，确保学生都能获得平等的受教育机会。公正还要求教师在课堂管理和学生互动中消除偏见，创建一个包容且支持所有学生的学习环境。尊重是对学生个体差异的认可。双师型教师应认识到每位学生都有独特的学习需求、背景和观点。尊重表现在教师在教学中能够适应不同学生的需求，提供定制化的支持和指导。尊重也体现在教师与学生的交流中，教师应倾听学生的意见和感受，尊重

051

学生的自主性和选择权。爱岗敬业体现了双师型教师对其职业的热爱和对教育事业的承诺。这种态度不仅激励教师在教学中追求卓越，也使他们愿意投入时间和精力来更新教学内容和提升教学技巧。爱岗敬业的教师会主动参与职业发展活动，寻求与同行的交流，不断提高自己的教学质量和专业技能。

双师型教师还应具备与其行业背景相关的职业道德。学术诚信是教育领域的基石，对双师型教师尤为重要。这不仅涉及防止学术造假，如剽窃、伪造数据的行为，还包括在日常教学与研究中坚持真实性和透明性。双师型教师应向学生明确这些标准，通过自身的行为示范，如诚实地引用研究资料、在科研项目中坚守数据的真实性和完整性来践行这些标准。双师型教师需严格遵守行业规范和法律法规。由于他们在特定行业中具有实际工作经验，因此在教学中应传授相关的职业标准、安全规范及法规要求，确保学生在步入职场时能遵守行业规范，维护职业道德。这不仅关乎个人职业生涯的发展，也影响到企业与社会的福祉。

双师型教师在行业与教育的交界处扮演着桥梁的角色。这要求他们在维护教育公正性和客观性的同时，还要处理好与企业的合作关系。例如，在安排学生实习、选择教学材料或参与科研合作时，双师型教师需要严格避免利益冲突，确保教学活动不受商业利益的影响。他们还需在行业实践中展现高标准的职业行为，如诚信、责任感和公正性，以此作为学生学习和模仿的榜样。

双师型教师还应该具备促进学生全面发展的职业道德。这包括培养学生的批判性思维和社会责任感。教师应鼓励学生关注行业对社会和环境的影响，培养学生在职业活动中的可持续发展的意识。

（二）专业态度

双师型教师在高职教育中的专业态度是其教学成功的基石，这种态度反映了他们对教育职责的深刻理解和对学生成长的承诺。专业态度不仅涵盖日常的教学行为，还包括对教育质量、学生发展以及个人职业成长的全面关注。

首先，双师型教师的专业态度体现在对教学科目的深厚热爱及对教育质量的严谨追求，体现在对教育事业的全心投入上。这包括定期更新教学内容和方法，确保所教授的操作技术和理论知识既符合最新的行业标准，又能激发学生的学习兴趣。这种态度要求教师不断从行业实践和科研创新中汲取新知，将创新成果融入教学过程，以提高教学的实用性和前瞻性。严谨则是双师型教师专业态度的另一重要方面，双师型教师应注重细节，保证教学过程的逻辑性和连贯性，以及教学活动的有效实施，使用科学的测试和评估工具，以及根据学生反馈和学习成效不断调整教学策略。双师型教师还需要在教学中实施有效的评估策略，通过持续地对学生表现评估来优化教学策略。这不仅能提升教学效果，还可以帮助学生在专业技能和理论知识上取得实质性进步。

其次，双师型教师在专业态度上还必须展现出对学生的深刻关怀和支持。他们应该认识到，作为教育者，他们的角色远超过知识的传递者还是学生职业生涯、个人发展、道德品质的引导者。这要求教师在尊重每位学生的个体差异的基础上，提供个性化的指导和支持，帮助学生克服学习中的障碍，激发学生的潜力，通过榜样的作用引导学生热爱自己的专业，建立对于专业的认同感和自豪感。同时，双师型教师还应关注学生的职业规划和专业发展，提供实际的职业指导和建议，帮助学生实现从学校到工作的平稳过渡。

最后，双师型教师的专业态度还包括对自身职业发展的认真对待。这意味着教师不仅要在教育领域保持学习和成长，还要在自己的专业领域保持竞争力。通过参与行业研讨、继续教育和专业培训，双师型教师能够持续提升自己的专业技能，改进教学方法，这种终身学习的态度对于教师自身发展是极其宝贵的。

第三节　双师型师资队伍建设的理论基础

在构建双师型师资队伍时，了解和掌握相关的理论尤为重要，这些理论包括教师专业发展理论、人性假设理论、职业生涯管理理论和人的全面发展理论，如图 2-5 所示。这些理论为探讨教师的职业成长、动机激发、个人潜能开发以及职业路径规划提供了关键的理论框架。这些理论可以有效地指导教师的专业发展，尤其是在双师型教师教育和技术双重能力的培养上，从而促进双师型师资队伍的建设和发展，确保教师能在教学和行业实践中都表现出色。

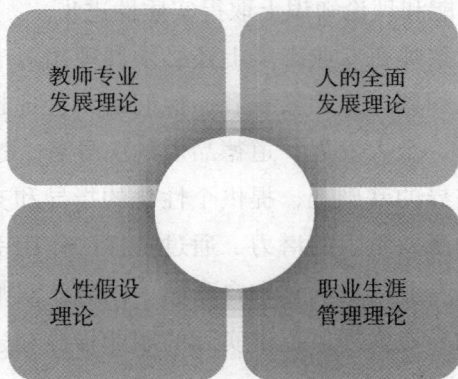

图 2-5　双师型师资队伍建设的理论基础

一、教师专业发展理论

（一）教师职业与专业

在教师专业发展理论的讨论中，需明确"职业"和"专业"这两个概念。职业通常被定义为参与社会分工的活动，通过运用专门的知识和技能，人们可以为社会创造物质财富和精神财富。这种活动不仅提供物质生活来源，同时满足个人的精神需求，并获得相应的报酬。职业是社会分工进程中的一个自然产物，每个职业在劳动对象、工具和方式上都有独特性，从而形成了丰富多样的职业分类。

2022 年的《中华人民共和国职业分类大典》将职业系统分为 8 个大类、79 个中类、449 小类和 1636 个具体职业。这种细致的分类体系反映了我国对职业多样性的认识和尊重。特别是在教师职业方面，教师被进一步细分为高等教育教师、中等职业教育教师、中学教师、小学教师、幼儿教师、特殊教育教师及其他教学人员等，展示了教师这一职业在社会劳动分工中的专业性和重要性。

通过这种精细的分类，社会对教师职业的理解更加全面，也更能体现教师职业的专业性和技术性，从而提升教师职业的社会地位和专业认同度。这种系统的职业分类不仅有助于清晰界定教师的职责，也促进了教育行业的进一步专业化和标准化。

职业与专业之间的联系非常紧密，但二者之间也存在显著的区别。职业被认定为专业通常需要满足三个核心条件，这些条件反映了从普通职业到被广泛认可的专业领域的转变。

第一，专业必须拥有不可替代的社会功能。这意味着专业不仅对社会有着重要的作用和贡献，而且这些作用和贡献是社会继续存在和发展所必需的。专业的服务质量直接影响社会结构和功能的稳定性。例如，医疗和法律领域的专业服务对维护人们的健康和正义至关重要。如果这些领域的服务质量较低或服务供应不足，会直接影响到社会的正常运行和公民的生活质量。第二，专业必须基于完备的专业理论和成熟的技能。这包括详尽的理论框架和技术方法，这些理论和方法是专业身份认定的理论基础和技能保障。专业领域要求从业人员通过长期的教育和专业培训来获得必要的知识和技能，这样才能确保他们有效地完成专业任务。例如，工程师需要深入理解物理和工程原理，会计师则需要掌握财务规则和税法，这些专业知识是他们职业生涯的基石。第三，专业应具备高度的自主权和权威性。这通常体现在专业组织的功能和作用上。专业组织不仅是维护专业标准和权威的核心，还扮演着多重角色，如保障专业人员的权利、制定并维护行业标准，以及提升行业整体的社会地位。这些组织确保专业实践中的统一性和高标准，同时是从业者获取持续教育和职业发展机会的平台。

（二）教师专业化内涵

教师专业化涵盖了两个主要方面：一是教师个体的专业水平提升过程，二是教师群体争取职业专业地位的努力。这包括教师个体的专业发展和教师作为一个职业群体的专业化。

教师个体专业化指的是教师在其职业生涯中，依靠专业组织的支持，通过终身学习和专业训练，习得必要的专业知识和技能，实现专业自主和体现职业道德，从而逐步提升自己的教学水平和专业能力，成为一名优秀的教育工作者。这一过程涉及不断吸收新知识和提升专业能力，是教师成长和发展的重要组成部分。

教师职业专业化则是一个更为广泛的概念，不仅涉及教师个体的成长，还包括教师作为专业成员在教学实践中逐渐成为更成熟和更关键的角色的过程。在职业教育领域，教师职业专业化尤为关键，通过培养教师的专业意识和专业素养，来提升教师的职业地位和教学能力。

教师职业具备独特的理想追求和理论基础，遵循明确的职业规范，并拥有较高的技能和技巧。教师不仅传递知识，还扮演道德引导、思想启迪、心灵开拓，以及情感、意志和信念的塑造等多重角色。教师需要知道如何传授知识，以及如何根据不同学生的需求选择合适的教学策略和方法。教师职业专业化意味着教师的教学过程的专门化和熟练化，旨在提高教师职业活动的质量和效率。

在职业教育领域，双师型教师成为新型师资的重要形态。双师型教师具备"一责二师三能四证"的特点，即承担教书育人的责任，既能讲授理论课程，也能进行专业实践教学，具备教育教学、技能训练及教学研究和课程开发的能力，并持有相关的学历证书、行业技术证书、教师资格证书以及继续教育培训证书。这些特征共同构成了高职院校教师专业化的具体表现，旨在实现教师职业素养的实际提升。

（三）教师专业发展的相关理论

教师专业发展理论探讨了教师在职业生涯中的成长和发展过程，该理论认为这一过程是分阶段的且持续的，会随着时间的推移而逐步深化。教师专业发展理论经过多年的拓展与完善，逐渐形成了庞大而丰富的理论体系，教师专业发展理论框架包括多个研究流派，涵盖了教师关注阶段论、教师生命周期论、教师心理发展阶段论、教师社会化发展阶段论以及综合阶段论等理论，如图2-6所示。研究内容从对职业群体的整体描述转为对教师个体发展的个性化研究，随着社会发展与教师专业化发展的不断推进，教师专业发展将更加个性化与科学化。

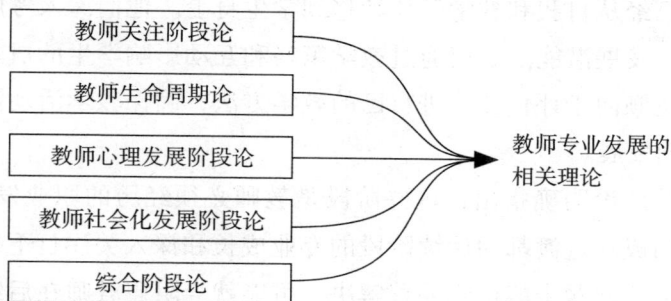

图2-6 教师专业发展的相关理论

1.教师关注阶段论

费朗斯·富勒（Frances Fuller）及其研究团队在教师专业发展的研究中提出了一个关键的理论。该理论分析了教师在其职业生涯中关注的变化和发展。这一理论认为教师的专业关注经历四个阶段，这些阶段体现了教师从初入职场到成熟教育者的转变。

第一阶段是任教前关注阶段，师范生此时主要处于学习和准备阶段，他们的关注点集中在自己的学习和准备上，而对实际教学有限的了解可能使他们对教师角色持有批判的态度。这一时期的师范生通常关注对理论知识的吸收，而对教学实践的具体要求和挑战尚不清楚。

第二阶段是早期生存关注阶段，新教师开始实际的教学工作，这时他们极为关注如何在课堂上维持秩序、获得学生的喜爱及同事和领导的认可。由于缺乏经验，这些教师往往感到压力较大，对自己的表现和教学效果持续不安，这种感觉可能会影响他们的自信心。

第三阶段是关注教学情境阶段，此时教师已经有了一定的教学经验，开始将关注点从个人生存扩展到更广泛的教学环境。他们不仅仍然关注个人的生存问题，如职场适应和自我效能感，还开始关注如何满足教学要求、应对制度限制以及如何优化教学方法和策略，以适应不同的教学情境和学生需求。

第四阶段是关注学生阶段，标志着教师关注的高级阶段，此时教师的关注点已经从自我和教学工作转移到学生身上。他们深入考虑学生的学习需求、发展潜能及如何通过教学策略和互动影响学生的成长。此阶段的教师更倾向于评估和改进自己的教学方法，确保教学活动能够促进学生的全面发展。

富勒的理论明确指出，这些阶段是教师必须经历的职业发展过程，每个阶段的成功过渡都为后续阶段的专业成长和深入关注打下基础。如果早期的关注问题未能得到妥善解决，可能就会阻碍教师在后续阶段的发展和对学生的深入关注。这一理论强调了教师成长的连续性和复杂性，为教师培训和职业发展提供了重要的理论支持和实践指导。

国内学者在借鉴富勒的教师关注阶段论基础上，根据我国的具体教育环境，进一步细化了教师关注阶段，共分为五个阶段。[①]

第一阶段是"非关注"阶段，此阶段指的是个体尚未正式进入教师教育前的时期。在这一阶段，尽管未来的教师可能尚未形成明确的从教意向或职业发展的意识，但他们的生活经验和品格形成为其未来的教师生涯打下了重要的基础。

---

① 新课程实施过程中培训问题研究课题组.新课程与教师角色转变[M].北京：教育科学出版社，2001：77-78.

第二阶段是"虚拟关注"阶段，此时师范生正在接受师范教育。他们接触到的中小学教育实践带有一定的"虚拟性"，他们对专业发展的关注相对模糊不清。

第三阶段是"生存关注"阶段，这一阶段涉及刚开始任教的教师。这些教师非常关注如何在职业活动中"生存"，如维持课堂纪律、激发学生的学习积极性、安排和批改作业、应对学生的个体差异以及与家长进行有效的沟通。在此阶段，教师经常寻求经验丰富的同行帮助，并在实践中不断增进自身的教学技能。

第四阶段是"任务关注"阶段，此时教师在专业方面已逐渐稳定下来，通常能够较好地完成教学任务。教师的关注点从个人的生存转移到更多地关注教学本身，并且渴望在职业生涯中获得晋升和更高的评价。

第五阶段是"自我更新关注"阶段，处于这一阶段的教师已经对外部评价和职业晋升不再过多关注，而将专业发展作为自己的主要关注点。他们能够有意识地进行自我规划，寻求最大限度的个人发展。这些教师特别关注学生的实际学习情况，关注课堂教学的实际效果，并能全面综合地考虑教育教学中遇到的问题。

2.教师生命周期论

教师生命周期论将教师的职业发展比作一个生命过程，从诞生开始，逐步进入成长、成熟、衰退，最终达到职业生涯的结束。学者借助这一概念，探讨了教师专业发展的不同阶段。有的学者认为，教师的职业生涯可以划分为初始教学期、建构安全期和成熟期三个阶段，有的认为可以分为形成期、成长期、成熟期和专业全能期四个阶段，有的认为可以划分为七个阶段，包括入职期（求生和发现期）、稳定期、实验和歧变期、重新估价期、平静和关系疏远期、保守和抱怨期以及退休期。[①] 费斯勒（Fessler）、克里斯坦森（Christensen）更为详细地将教师的发展周期划分为八个阶段，包括职前期、职初期、能力建构期、热情与成长期、

---

① 杨翠娥. 走向生命关怀的教师专业发展 [M]. 北京：知识产权出版社，2015：99.

职业挫折期、稳定与停滞期、职业消退期和离岗期。[①]

　　第一个阶段是职前期，即职前准备阶段，这是教师职业生涯的起始点，未来的教师在此期间接受教育学和教育心理学等培训，为之后进入教学角色做好准备。第二个阶段是职初期，即入职阶段，新教师开始正式的教学工作，这一阶段主要是教师适应教育系统的过程，他们学习如何处理日常的教学任务并努力获得学生、同事及校方的认可。第三个阶段是能力建构期，即形成能力阶段，此时教师开始积极提升自己的教学技能，寻求和尝试新的教学材料、方法和策略，并愿意接受新的教育理念。第四个阶段是热情与成长期，即热情和成长阶段，教师对教育工作保持高度热情，致力专业成长，积极参与教学改革和创新。第五个阶段是职业挫折期，即职业受挫阶段，教师可能会感到教学上的挫败和疲惫，对职业选择产生怀疑，这一阶段工作满足感可能会明显下降。第六个阶段是稳定与停滞期，一些教师可能会显得缺乏进取心，对工作的热情减退，仅满足于完成基本职责。第七个阶段是职业消退期，这是教师开始考虑离开教师行业的时期，他们可能伴随着复杂的情感体验，准备结束自己的教学生涯。第八个阶段是离岗期，即职业生涯结束阶段，标志着教师因退休、自愿离职或其他原因最终离开教育领域。

　　费斯勒、克里斯坦森的理论通过细致的阶段划分，展现了教师职业发展的全过程，从职前教育到职业生涯的终结。这种全方位的视角帮助人们理解教师职业发展的复杂性，为教师生涯规划和获得阶段性支持提供了理论依据。

　　费斯勒、克里斯坦森的教师生命周期论突破了传统的线性发展观点，提出教师的专业发展是一个可循环、可再生的系统。这种发展受到多种因素的影响，包括个人环境，如家庭背景、成长经历、重要生活事件、个性特质和个人经验；组织环境，如学校的自然和人际环境、专业机构、

---

① FESSLER R, CHRISTENSEN J C.教师职业生涯周期：教师专业发展指导[M].董丽敏，高耀明，译.北京：中国轻工业出版社，2005：22-28.

管理风格及社会期待；职业环境，包括职业引导、能力建立、职业热情和职业挫折。教师生命周期论通常从教师正式开始职业生涯后进行划分，但费斯勒、克里斯坦森特别强调了职前期的重要性，这一阶段主要指职前师范教育。费斯勒、克里斯坦森强调，纳入职前培养阶段可以更全面地体现教师职业生命的完整性，从而为人们理解教师的职业发展提供了一个更为细致和全面的视角。

基于国外教师职业生命周期理论，结合我国教师发展特点，可以将我国教师的职后发展分为五个阶段。

第一阶段是适应期，涵盖了教师职业生涯的最初 1 至 3 年。这个阶段的新教师既感到兴奋又感到困惑，因为他们第一次担任教师职位并面对复杂的课堂挑战。在这一时期，教师常常会感受到理想与现实之间的冲突，承受较大的压力，有时甚至会怀疑自己是否适合这个职业。

第二阶段是稳定期，大约在教师职业生涯的第 4 年至第 7 年。教师逐渐适应了课堂教学的节奏，他们的教学技能开始提升，教学压力相对减轻。这个阶段的教师能够根据教学现场的实际需求和自己的个性特点，形成独特的教学风格，并对自己的职业生涯产生了较深的影响。

第三阶段是试验期，从教师职业生涯的第 8 年持续到第 23 年。这是一个充满挑战的时期，教师可能会对自己的职业选择产生怀疑，对教师职业的挑战性和价值性感到不满，重新进行职业评估。在这一时期，一些教师可能会尝试进行教学改革以提升教学水平，另一些教师可能因对教师职业价值产生怀疑而选择离开。

第四阶段是平静和保守期，通常在教师职业生涯的第 23 年至第 31 年。此阶段的教师精力和热情可能逐渐减少，但对自己多年的教学经验感到自信。这使得一些教师对于教学改革持有保守态度，更倾向于维持现状，专注于自己乐意从事的教学活动。

第五阶段是退出教职期，大约发生在教师职业生涯的第 31 年至第 39 年。这一阶段标志着教师职业生涯的结束。教师此时已接近退休，他们的教学活动往往变化不大。一些教师会继续坚守教学岗位，平静地等待退休，另一些教师则可能因懈怠或其他原因选择提前离开。

3.教师心理发展阶段论

教师心理发展阶段论深入探讨了教师的专业成长与心理变化之间的关系，将教师视作成年学习者，并以此为基础来分析教师在职业生涯中的心理成长路径。这一理论借鉴了多个心理发展模型，如皮亚杰（Piaget）的认知发展理论、科尔伯格（Kohlberg）的道德判断理论和洛文杰（Loevinger）的自我发展理论。皮亚杰在《教育科学与儿童心理学》一书中提出个体认知发展理论主要分为四个阶段：感知运动阶段、前运算阶段、具体运算阶段和形式运算阶段。每个阶段都代表了不同年龄阶段的思维和认知能力的发展。洛文杰的自我发展理论则着重于个体自我意识和责任感的成长，从前社会冲动自我保护阶段到尽责和自治阶段。这些理论都为人们理解教师心理发展提供了坚实的理论支持。从这些理论中可以得出个人的发展是由心理结构的变化所驱动的，这些心理过程会随着个体的年龄增长和发展阶段的变迁而发生改变。这种变化遵循一定的顺序和层次性。基于这一假设，人们可以描绘教师专业成长的各个阶段。其中，利思伍德（Leithwood）将这些理论应用于教师发展，提出了教师心理发展的四个阶段。

第一阶段的教师持有简单的世界观，坚持原则，崇尚权威，并倾向于非黑即白的判断方式。在课堂上，这类教师倾向于顺从和机械式学习，强调教师主导的教学方式。

第二阶段的教师通常墨守成规，容易接受外界的预期和标准。他们的课堂传统，规则明确，强调学生必须严格遵守规则，展现出较小的灵活性。

第三阶段的教师开始展现出较强的自我意识，能够识别和处理不同情境下的多种可能性。他们开始关心学生的未来和成绩，精心设计课程，并注重与学生建立良好的人际关系。

第四阶段的教师具有较强的主见，尊重并理解课堂及其他社会情境中的人际关系的相互依赖性。他们能从多角度分析和综合课堂情境，灵活且明智地应用课堂规则。这一阶段的课堂强调学生的有意义学习，激发学生的创造性和灵活性，师生之间形成合作的关系。

教师心理发展阶段论不仅为教师职业生涯的各个阶段提供了心理学视角的解释，也为教育实践中如何支持教师的持续成长提供了理论依据和实践指导。

4.教师社会化发展阶段论

教师社会化发展阶段论聚焦于教师作为社会成员的职业变化，并着重探讨个人需求、能力、意图与教育机构之间的互动。一些学者从这个角度分析教师的职业发展。

王秋绒在《教师专业社会化理论在教育实习设计上的蕴义》一书中对教师专业化的过程进行了细致划分，将其分为三个阶段，每个阶段包含三个时期。第一阶段是师范生阶段。这一阶段主要围绕师范生的适应与成长。初期是探索适应期，师范生新入学时需要适应新的人际环境和专业学习的要求；中期是稳定成长期，师范生在这一时期深化人际关系并积累专业知识，逐步形成自己的教学技能；后期是成熟发展期，此时师范生将多年学习的专业知识与技能转化为实际的教育实践。第二阶段是实习教师阶段。这一阶段标志着师范生过渡到职业教师。初期是蜜月期，新教师体验成为教师的喜悦和挑战；中期是危机期，面对教学的复杂性，教师因缺乏经验而感到压力和危机；后期是动荡期，经过一段实践后，教师开始对教师职业有了更深的理解和认识，一些教师进行自我调整，设定新的职业目标，而另一些教师可能因挫折感而选择离职。第三阶段是合格教师阶段。这一阶段反映了教师职业的深化与发展。初期是新生期，教师通过实习阶段的锻炼积累了经验，逐渐适应教育工作，感受到教学的成就感；中期是平淡期，随着教学技能的提升，工作中的挑战性减少，教师可能感到职业生涯变得平淡；后期是厌倦期或分化期，长期的重复工作让一些教师能够享受教学带来的乐趣，而另一些教师可能因缺乏新的刺激而感到职业疲劳。

有的学者将教师的发展分为四个阶段，每个阶段针对不同的目标和教师的成长需求。[①] 第一阶段是预备教师阶段，这一阶段主要涵盖那些立志成为教师的在校师范生。这些学生专注于学习教育方面的基础理论、学科专业知识，并努力掌握教师必备的各种基本技能，为将来承担教育任务做准备。第二阶段是新手教师阶段，这个阶段的教师通常刚刚开始教学工作，经验尚浅。他们面临的主要挑战是缺乏实际的教学经验，难以将在学校学到的理论知识与实际教学紧密结合，常常在遇到教学问题时感到困惑。因此，新手教师需要向经验丰富的教师学习，以快速提升自己的教学能力。第三阶段是合格教师阶段，这一阶段的教师已具备一定的教学能力，在日常的教学工作中能够游刃有余。为了进一步提升自身的教学水平，这些教师需要加强教育理论的学习和教育科研能力的培养，为成为专家型教师做好准备。第四阶段是专家型教师阶段，这一阶段的教师具有多年的教学经验，不仅在教学上有特殊的专长，教学效果显著，还具有敏锐的洞察力和创造性解决问题的能力。专家型教师的主要任务是进一步提高科研能力，加强对教育理论的理解和总结，持续提升自己的专业水平。

5. 综合阶段论

综合阶段论提供了一个全面分析教师专业发展的框架，强调教师是一个完整社会的个体，由于生命的完整性，其发展不能仅从单一维度来理解，仅依靠单一维度很难全面反映教师的发展全貌。[②] 因此，一些学者尝试从多维度结合的视角来分析教师的职业发展阶段，利思伍德的研究便是这方面的一个典范。他从心理发展、职业周期发展、专业知能发展三个维度综合分析教师的成长过程。

在心理发展方面，利思伍德将教师的发展分为自我保护/依赖、墨守成规、良心/道德和自主/独立四个阶段。在职业周期发展方面，他又将教师的职业生涯划分为入职、稳定、形成专业志向、面临新挑战、达

---

① 郑友训. 教师教育一体化课程建构的理论与实践[J]. 课程·教材·教法, 2006(6): 71-76.

② 吴康宁. 教育社会学[M]. 北京：人民教育出版社, 1998: 215-221.

到职业平台以及准备退休五个阶段。在专业知能方面，利思伍德描述了三个时期，每个时期包含两个阶段：首先是获得基本教学技能，包括提高生存技能和具备基本教学能力；其次是拓展灵活性，涵盖拓展教学灵活性和掌握教学知能；最后是摆脱教学常规的羁绊，包括帮助同事提高教学能力和参与各层级的教育决策。

利思伍德指出，这三个维度既是相互独立的，也是紧密联系的。例如，教师在专业知能发展的过程中需要不断学习新的教学策略，这要求教师在心理发展上至少达到第三阶段，即具备较强的自我意识和道德责任感。同时，教师的职业周期发展的初期阶段与专业知能的初期阶段紧密相关，而专业知能的提升也确保教师能顺利完成职业周期的各个阶段。这种多维综合视角为理解和支持教师的全面发展提供了更为深刻和实用的理论。

二、人性假设理论

双师型师资队伍建设，在本质上其实是一种人力资源的管理和建设，涵盖了经济学、管理学等多个领域。通过分析可以发现，人力资源管理的相关理论专注于通过提升工作者的素质和工作能力，以及充分发挥工作者的潜能，以实现人力资源的最优利用，并通过有效的管理措施，指挥人力实现组织目标。在职业院校中，教师资源被视为一种高级别的人力资源。教师不仅具备专业技能，还掌握丰富的实践经验，是职业院校中专门型人力资源的代表。

将人力资源管理的相关理论应用于职业院校的双师型教师资源管理是一种有效的策略。双师型教师，即具备行业实践经验及教育教学能力的教师，是提升教育质量和学生职业技能的关键。虽然职业院校师资队伍的建设面临诸多复杂因素，如政策变动、资金限制和教师个人发展需求的多样性，这些都可能影响和制约师资队伍的构建和发展。人力资源管理的理论与实践成果，可以有效指导双师型师资队伍的建设，从而提高教育成效和教师满意度。

人力资源管理理论的核心是人性假设理论，基于对人的本质属性的理解才能形成管理理念和方法设计。这些假设认为人们具有潜在的成长可能和创造力，管理者的任务是识别、激励并利用这些潜力。不同的人性假设产生了不同的管理模式和管理思想。国内外众多学者对此进行了广泛研究，并提出了几种有影响力的理论，如图 2-7 所示。这些理论提供了对员工激励和管理的不同视角。通过深入理解这些理论，管理者可以更好地设计适合其组织和员工的管理策略，从而提高整体的工作效率和团队协作能力。

图 2-7 人性假设理论的相关理论

（一）经济人假设

"经济人"，又称为"理性经济人"或"实利人"。经济人假设是一种经典的管理和经济理论，其核心观点来源于古典经济理论和享乐主义哲学。这一理论假设人类行为主要受到追求最大个人利益的驱动，即人们在任何情况下都会寻求自己的最大利益，而工作则被视为实现经济收益的手段。

经济人假设的理论基础来源于亚当·斯密（Adam Smith）关于劳动交换的思想。[①]他强调市场经济中个体追求自身利益能间接促进社会整体福利的提升。在这种观点下，人们被视为理性的经济行为者，他们在决策时会权衡成本与收益，从而选择能带来最大经济回报的行为。

根据经济人假设，组织在管理上应采取严格的规章制度，通过对员

---

① 亚当·斯密.国富论[M].胡长明，译.重庆：重庆出版社，2015：9.

工的控制和经济激励（如薪酬、奖金）来实现组织目标。这种管理方式认为，通过经济奖励可以有效激发员工的工作动机，从而提高工作效率和组织绩效。

经济人假设也面临批评和挑战。批评者认为，这一假设过于简化人的动机和行为，忽视了人的复杂性和多样性。在实际应用中，单纯依赖物质激励可能并不足以长期维持员工的工作热情和创造性。尤其是在教育领域，教师的工作动机往往不只受经济因素的影响，更涉及职业认同、学术成就和对教育的热情。因此，过分强调经济激励可能无法真正激发教师的内在动机，反而可能导致教师专业发展的停滞和教学质量的下降。

经济人假设提供了对人类经济行为的基本理解，但在现代管理实践中，需要结合更广泛的动机理论来更全面地理解和激发员工的潜能，尤其是在需要高度创造性和献身性的职业领域。

（二）社会人假设

社会人也被称作"社交人"。根据社会人假设，人们在职场中获得的物质利益并不是调动他们生产积极性的主要因素，相比之下，他们更加重视与同事和管理层维持良好的人际关系。社会人假设强调，优良的人际互动是激发员工积极性的关键，核心思想在于人是社会性的存在，追求的不仅仅是个人利益的最大化，还包括社交需求的满足。

从管理的角度看，社会人假设建议管理者增强员工间的沟通，强调集体的荣誉感和归属感，采取集体协作和集体奖励的方式来提升工作动力。该理论认为，满足员工的社交需求可以作为激励员工的有效手段，尤其是在需要团队协作的环境中。

这种假设虽然在一定程度上能够激发教师和其他员工的积极性，但并没有全面考虑人的多样化需求。社会人假设并未将员工视为实践的主体，而是将外部的物质刺激转化为满足某种社交需求的手段，这在根本上可能不足以激发教师的深层次主体意识。缺乏对个体主体性的重视可能导致教师和其他员工难以以主体的姿态全身心投入工作，从而影响他们长期的工作表现和职业发展。因此，虽然社会人假设对于理解和改善工作场所的人际关系具有重要意义，但需要被更全面的理论所补充，以确保能够激发员工的全面潜力和创造性。

（三）自我实现人假设

所谓自我实现，是指个体追求发挥自身最大潜能和展示才能的内在需求。这种追求不仅仅是个人成就的表达，还是一种深层次的心理满足感，当个体感觉到自己的潜力得到了充分的实现，其才能也得到了完全的展示时，这种满足感达到了顶峰。这一概念源于麦格雷戈（McGregor）对马斯洛（Maslow）的需要层次理论中最高层次的自我实现需要以及克里斯·阿吉里斯（Chris Argyris）的"不成熟－成熟"理论中所描述的成熟个性的综合与提炼。这一概念的核心思想是，个体渴望从事能与自身能力相匹配的工作，通过这种方式，能够使自己的潜能得到最大限度的发挥，并实现个人心中的理想。

自我实现人假设强调采用以人为本、宽容和民主的管理方式，认为通过满足个体的高层次需要，可以有效地激发个体的主动性和创造力。在教育管理中，这种假设尤为重要，它鼓励教师发挥主体性，通过自我管理和积极参与，实现职业生涯的自我提升。它还强调尊重教师的独立地位，认为这是激发教师内在动力、提高教育质量的关键因素。

这种高层次的激励机制，可以更好地调动教师的工作热情和创新精神，使教育管理更加人性化，更能反映现代教育理念的核心价值。

（四）复杂人假设

复杂人假设的核心观点认为人的需求多样且各不相同，且每个人需求的层次也不尽相同。人们在同一时间可能会有多种需求和动机，这些需求和动机相互作用并整合成一个统一的复杂动机模式。由于人在组织中的工作和生活环境是不断变化的，因此人们会不断产生新的需求和动机。不同的工作单位或同一单位的不同部门可能引发不同的需求。这种假设强调管理者的管理方法和技巧需要灵活变通，随时间、地点、人员和情境而调整。管理者应具备辨别不同情景、分析差异和诊断问题的洞察力，理解员工的能力和需求差异，并据此进行行为上的改变和调整，采用适合不同人、不同情况的管理方法。该假设提倡高职院校管理者应采用权变型领导方式，灵活应对各种情况，兼顾教师间的差异性和特殊性，采用创造性的解决方案激发教师的积极性。

三、职业生涯管理理论

职业生涯管理理论有几个相关理论，分别是职业兴趣论、职业锚理论、MBTI 人格理论，如图 2-8 所示。

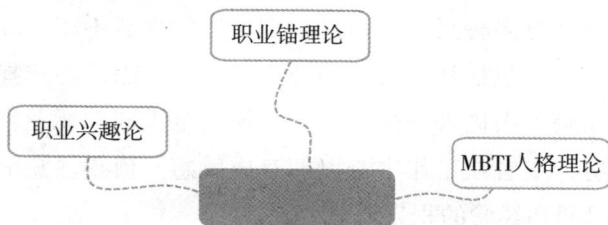

图 2-8　职业生涯管理理论的相关理论

（一）职业兴趣论

职业兴趣论由美国著名职业指导专家霍兰德（Holland）基于人格心理学的概念及广泛的职业咨询实践和研究提出。霍兰德认为，职业选择是影响个人一生幸福的关键决定之一，个人的职业兴趣对职业适配性有着重大影响。他提出，当个人从事与其兴趣相匹配的职业时，更易于展现最佳水平并取得成就；相反，如果职业与兴趣不符，即使取得成功也难以获得成就感。[①]

霍兰德的职业兴趣量表已成为国内外职业机构评估职业选择的首选工具。该理论核心基于四个基本假设：首先，人格多数可以归类为现实型、研究型、艺术型、社会型、企业型和常规型六种，这些人格类型在

---

① HOLLAND J.Making vocational choices: a theory of vocational personalities and work environments[M]. 2nd ed. New Jersey: Prentice-Hall Inc, 1985: 15.

个体与环境的互动中形成，个体倾向于选择与自身类型相匹配的职业环境；其次，职业环境也可以归类为这六种人格类型，通常某一类型的职业环境会吸引相同人格类型的个体；再次，人们寻求的职业环境应能充分发展自身能力，体现自身价值观；最后，个人的行为由其人格和所处环境的交互作用决定。

在职业生涯规划中，职业兴趣论的应用极为广泛。人们倾向于选择与自身兴趣相匹配的职业环境，从而最大限度地发挥个人潜能。然而，在实际的职业选择中，个体不一定非要完全按照自己的兴趣进行选择。由于人们通常具有多种兴趣，而且特别突出的兴趣不多，加上职业选择受多种因素影响，包括社会需求和现实可能性，因此在选择过程中需要综合考虑。如果个人进入一个与自己兴趣完全不同的职业环境，可能会发现难以适应，或者在工作中难以拥有成就感。值得注意的是，职业兴趣可能随着时间和经验的积累而改变。

特别是在教师职业生涯规划中，职业兴趣论的应用强调了对教师职业的选择。人们一般选择了教师职业，在职业生涯中很少转换到其他职业。这种稳定性表明，对教师职业的兴趣和承诺在职业选择和发展中起着至关重要的作用。

（二）职业锚理论

职业锚理论由麻省理工学院的施恩（Schein）基于对 MBA 毕业生长达 12 年的职业生涯研究提出。这项研究通过面谈、跟踪调查、公司调查以及人才测评问卷等方法，深入探讨了职业生涯中个人的核心价值和不可放弃的职业要素，即所谓的"职业锚"。

施恩最初提出了五种职业锚类型，之后经过广泛研究，这些类型在 20 世纪 90 年代被扩展到八种：技术/职能型、管理型、自主/独立型、安全/稳定型、创业型、服务型、挑战型和生活型。[①]这些职业锚代表了

---

① 施恩. 职业的有效管理 [M]. 仇海清，译. 北京：生活·读书·新知三联书店，1992：166.

个人在职业选择和发展过程中的内在动机、能力、需要和价值观。

职业锚理论在职业生涯规划和个人发展中扮演着多重角色。首先，它帮助个体识别并确认自己的核心职业价值和能力，这通常是通过实际工作经验的积累而逐渐明晰的。这种自我认知的过程不仅揭示了个人的潜在需求和动机，也是一个持续的自我探索和职业定位的过程。其次，职业锚可以帮助个体设定清晰的职业目标，根据个人的职业追求和抱负来确定职业生涯的成功标准。例如，对于以管理为职业锚的个体而言，职业成功可能意味着获得更高的管理职位和更大的权力。最后，职业锚有助于提高个人的工作技能和职业竞争力。随着在特定领域的不断工作和经验积累，个人的知识和技能水平将得到提升。

对于教师而言，职业锚特别重要，因为教师职业往往涉及长期性和连续性。通过理解自己的职业锚，教师可以更好地规划职业道路，从而做出更适合自己兴趣和能力的职业选择。认识到职业锚的动态性也很重要，因为人们的职业兴趣和目标可能随着时间和经验的变化而发生变化。因此，教师需要定期反思和评估自己的职业锚，以确保职业选择仍然符合他们的个人价值观和职业目标。

（三）MBTI 人格理论

MBTI 人格理论是基于瑞士心理学家荣格（Jung）的心理类型理论发展而来的。该理论在 1920 年由荣格提出，后由凯瑟琳·库克·布里格斯（Katharine Cook Briggs）和伊莎贝尔·布里格斯·迈尔斯（Isabel Briggs Myers）母女进一步研究并命名为"迈尔斯 – 布里格斯个性分析指标"（Myers–Briggs Type Indicator，MBTI）。MBTI 提供了一种有力的框架，帮助个人和组织更好地理解个性差异，从而优化人才管理和团队合作。[①]

MBTI 将人格分为四个基本维度，每个维度有两个相对的方向，总共包括八种不同的偏好。四个维度如下：外向（E）与内向（I）描述能量

---

① 荣格.心理类型：个体心理学 [M].储昭华，沈学君，王世鹏，译.北京：国际文化出版公司，2018：253.

来源，感觉（S）与直觉（N）描述信息处理方式，思考（T）与感受（F）描述决策方式，判断（J）与感知（P）描述对外界的反应方式。每个人的人格类型根据在这四个维度中的偏好来定义，反映出人们在现实生活中哪些性格特质更为显著、自然和舒适。

在职业规划方面，MBTI 可以揭示个人深层的"真实自我"，帮助人们理解自己本能、自然的思维、感觉和行为模式，以及为何某些工作或活动更能激发个人兴趣和能力。了解自己和他人的 MBTI 有助于提升个人对自身优缺点的认识，更好地接纳自己和理解他人。这种理解可以促进个体在职业选择、团队合作和人际交往中更有效地与他人协作和沟通，避免因理解差异导致的冲突。

MBTI 是一个广泛使用的工具，尤其在职业咨询、团队建设和个人发展领域具有重要作用。然而，该理论也受到一些批评，主要是因为它的类型分类可能过于固定，不能完全涵盖人格的动态性和复杂性。一些研究表明 MBTI 的信度和效度存在争议。尽管如此，MBTI 仍然是一个有用的工具，特别是在帮助人们探索自我和提高自我意识方面。

四、人的全面发展理论

人的全面发展理论是一种综合性的理论，主张在多个维度上提升个体的素质、能力，培养个性和社会关系，以激发个体的最大发展潜力。这种理论认为，一个人的发展不应局限于某单一方面，而应该是一个多维度的、综合性的过程。这种理论不仅关注于经济生产力的提升，更强调个体的幸福感、自我实现以及在社会中的积极角色，旨在帮助个体不仅在职业上取得成功，更在生活中获得充实和满足，可以为文化教育、职业发展以及国家政策提供重要的参考。

素质的全面发展强调个体在生理、心理、道德、文化等各个方面都应获得均衡的提升。这不仅涵盖了基本的生理健康和心理健康，还包括了科学文化素质、审美素质和劳动实践素质。例如，通过接受教育和积累生活经验，一个人可以培养出批判性思维、道德判断力和审美意识，这些都是全面发展不可或缺的组成部分。

　　能力的全面发展侧重于增强个体在多个领域的实际操作能力，包括但不限于体力、智力、物质生产能力、精神生产能力、社交能力、道德修养能力和审美能力。这一理论认为，每个人都应该有机会发展自身内在潜能，无论是在职业技能上，还是在人际交往和自我表达上。发展这些能力不仅有助于个体在职业上取得成功，也有助于个体在生活中实现更大的满足感和幸福感。

　　个性的全面发展关注于培养一个人作为独立主体的独特性和自主性。这包括促进个体自我认知的深化，强化个体的自尊心和自信心，以及发展个体的创造力和创新能力。全面发展的个性意味着支持个体追求个人兴趣，使个体能够在社会中找到自己的位置，并以自己的方式为社会做出贡献。

　　社会关系的全面发展认为个体的成长和发展不仅受内在因素的影响，还深受其所处的社会环境的制约。这一方面包括改善个体的社交网络，培养其在团队中的合作精神和领导能力，另一方面也强调社会结构对个体发展的影响，主张通过改革和优化社会制度来为个体提供更好的发展环境。

第四节　双师型师资队伍的特征

　　探讨产教融合背景下的双师型师资队伍建设，理解其核心特征至关重要。双师型师资队伍特征包括双重性、多元性、流动性、灵活性、融合性，如图2-9所示。每一特征都揭示了双师型师资队伍如何在不断变化的教育环境中发挥关键作用，以及如何通过这些特征的共同作用，促进教育资源的最优配置和使用。分析这些特征可以帮助教育机构更有效地构建符合现代教育需求的师资队伍，从而提升教学质量和学生的职业适应能力。

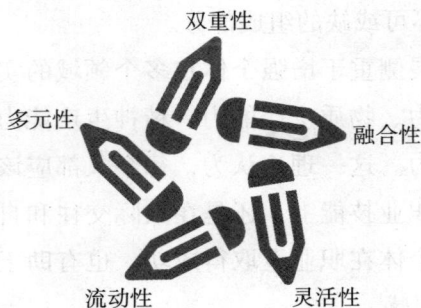

图 2-9　双师型师资队伍的特征

一、双重性

双师型师资队伍最显著的特征就是双重性。教师跨越了教育与行业两个领域，不仅在教学领域专业能力出众，同时具备实际行业的工作经验或相应的职业资格。他们具有双重角色，这些能力和背景使得他们能够在理论教学和行业实践中有效切换。

在理论教学角色中，双师型教师作为课堂上的理论教学者，负责传授专业知识，引导学生理解并掌握必要的理论和概念。他们使用各种教育技巧和方法来激发学生的学习兴趣和批判性思维，确保学生能够在学术环境中获得坚实的知识基础。在行业实践角色中，双师型教师展现出"企业人"的身份，他们带着在特定行业中积累的实践经验和专业技能，直接参与到相关行业的工作中。这样，他们可以高效、有针对性地指导学生习得实践经验，不仅包括顶岗实习的指导，也涉及项目管理、技术创新和解决实际工作中的复杂问题。他们不仅能够为企业创造价值，也能够使教学内容更加贴近行业实际，增强了教育的应用性和实效性。

这种双重角色的要求，使得双师型教师必须具备高度的专业灵活性和较强适应能力。他们需要不断更新自己的专业知识和技能，与行业发展保持同步。同时，他们的经验和见解也为教育培养方案的设计提供了宝贵的素材，确保教育培养方案的内容和方法既科学又切实可行，能够满足社会和经济发展的需求。双师型教师的双重性不仅强调了教育与实践的结合，更突出了教师在理论教学与行业实践之间的桥梁作用。这种跨界的专业能力是现代教育对接行业需求的关键，为学生的全面发展和职业准备提供了坚实的基础。

二、多元性

多元性是双师型师资队伍的重要的特征之一，特别是在职业教育和产业实践合作模式中更为明显。多元性不仅体现在教师的专业技能和教育背景上，还体现在他们的来源和组成上。这不仅丰富了教学内容，也提高了教育的实际应用价值，更好地适应了快速变化的产业需求和社会服务的目标。

产教融合视域下，高职院校旨在打造一个集教学、科研、社会服务、学生实习实训与创新创业为一体的综合教育体系。这种体系要求教师不仅要在理论知识传授上有专长，更要在专业技能和专业实践上具有深厚的背景。因此，双师型师资队伍的组成变得更为多元化，不再局限于传统的学术型教师，还包括产业界的专家、技术人员、在职或优秀退休技术人员以及其他相关的产业领域的专业人士。这些成员具有相关行业的丰富的实际工作经验，懂得最新的行业技术和工作方法，是产教融合背景下的师资队伍建设的重要补充力量。这种多元化的师资队伍构成能够使教育更加贴近市场和行业的实际需求，强化了教育的实用性和针对性。通过引入不同背景的教师，整合来自不同领域和行业的专家和技术人员，职业院校能够提供更广泛的课程和训练项目，覆盖从基础技能到高级技术的各个层面。同时，这使得教学团队能够从多个角度解读和传授知识，为学生提供更多与行业接触的机会，如实习、项目合作，丰富学生的学习经验，从而增强学生就业的竞争力，使得教育体系和模式也更加多元化。

三、流动性

流动性也是双师型师资队伍的显著特点之一，流动性主要由师资来源的多元性和产教融合模式的动态性所驱动。在这种环境下，教师团队的组合和调整常常随着合作项目和教学任务的变化而变化，特别是在兼职教师中更为明显。

首先，职业院校的教师来自多个领域，包括来自企业的专业技术人员、行业内的资深专家以及学术界的研究人员，教师可以根据项目需求进行灵活调配。例如，一个涉及先进制造技术的校企合作项目可能在初期需要更多来自工程背景的教师参与，而在项目后期可能更多依赖于具有项目管理和产品测试经验的教师。其次，这种流动性使得教师团队可以根据人岗相适原则进行优化配置。随着项目发展和任务需求的变化，教师的专业技能和经验可以被更合理地利用，从而提高教学和项目执行的效率。这种流动不仅满足了项目的具体需求，也促进了师资队伍的专业成长和经验积累。师资队伍的流动性促使职业院校更灵活地应对外部环境的变化，如市场需求的波动、新技术的引入。通过周期性地调整教师组合，职业院校能够确保教学内容与行业标准和最新技术相一致，同时为教师提供了跨领域工作和持续学习的机会。

双师型师资队伍的流动性可以使教师适应快速变化的教育和行业需求。这种流动性不仅加快了教育项目响应的速度，还为教师个人职业发展提供了丰富的机会，使他们能够在实践中不断学习和成长，最终提升了整个教育体系的质量和效果。

四、灵活性

灵活性是产教融合背景下双师型师资队伍的关键特征之一，主要体现在教师团队能够根据教育需求和行业变化迅速调整其成员结构和教学结构上。这种灵活性确保了师资队伍可以有效地响应教学目标的变化，适应行业技术的进步和市场需求的演变。

在结构上，双师型师资队伍通常包括全职和兼职教师，以及来自相关行业的专家。这种组合允许教育机构根据具体的课程需求和学生的学习需求灵活调动资源。例如，对于特定的技术课程或项目，学校可能会临时聘请具有特定技术专长的行业专家，以确保教学内容的专业性和实时性。

在教学职责上，双师型师资队伍的灵活性还体现在能够根据行业发展和教育政策的更新调整教学方法和内容。随着技术的迅速发展，新的工具和方法不断出现，教师需要快速掌握这些新技能并将其融入教学中。这不仅要求教师个人保持高度的专业灵活性，也需要整个教师团队能够支持和实施这种灵活的教学策略。而产教融合下的师资队伍恰恰能够满足这一点，来自产业或者行业的教师具有丰富经验，可以根据市场、项目、学生的需求灵活地进行课程内容和课程进度调整，这种灵活性是保持教育质量的关键。特别是在信息时代快速变化的行业环境中，这种灵活性不仅能提高教育的适应性和效果，也为学生提供了与实际工作密切相关的学习体验，帮助他们更好地为将来的职业生涯做准备。

五、融合性

在产教融合的环境中，双师型师资队伍展现出显著的行业融合性特征，这使得教学不限于理论的传授，还更加注重实际技能的培养和最新技术的应用。双师型师资队伍的成员往往拥有深厚的行业背景，不仅在教育机构担任教学职务，同时在各自的专业领域扮演着活跃的角色，如参与行业的研发项目，为企业解决技术难题，或是进行新产品的开发。这种教师的行业经验和当前的行业参与使得他们能够实时地将行业的最新动态、技术进展及市场需求引入课堂。他们的教学内容富有前瞻性和应用性，能够迅速反映行业标准的变化和技术革新，使学生的学习始终与实际工作环境保持紧密联系。例如，某一新技术或工具在行业中被广泛采用，具有相关实践经验的双师型教师可以迅速将这些技术纳入教学大纲中，设计相应的实验和实训项目，让学生在真实的应用场景中学习和掌握这些新工具。这种行业融合性也使得教师能够根据行业的实际需求灵活调整教学策略和内容，确保教育的适应性和即时性。通过实时更新教材和引入行业专家进行客座讲座或研讨，教师可以不断提升教学的相关性，帮助学生更好地掌握如何将理论知识应用于解决实际问题。

双师型师资队伍的融合性是双师型教师在产教融合教育模式中的显著优势，教师不仅可以增强教学内容的实用性和时效性，而且可以通过直接从行业实践中汲取知识和经验，极大地提高学生的职业技能水平和创新能力，为他们未来的职业生涯打下坚实的基础。

第五节　双师型师资队伍建设的意义

只有教师具备特色化专业技能，学生才能够掌握特色技能，学校才能形成鲜明特色。在高职院校中，培养双师型教师已成为师资队伍建设的关键方向。这不仅反映了高职院校人才培养的核心要求，也符合人才市场对高职教育的期待，具有多方面的意义，如图 2-10 所示。

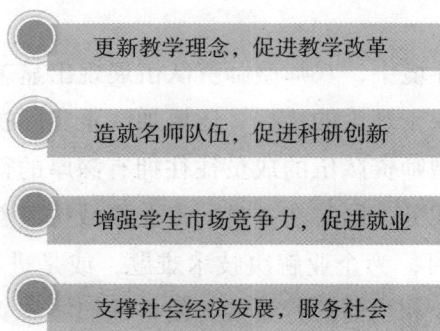

更新教学理念，促进教学改革

造就名师队伍，促进科研创新

增强学生市场竞争力，促进就业

支撑社会经济发展，服务社会

图 2-10　双师型师资队伍建设的意义

一、更新教学理念，促进教学改革

双师型教师能够整合教师的理论知识与实际工作经验，使教育内容与行业实践的紧密结合，促进教学理念的更新，促进教学内容的实用化，并且促进教学方法的革新。

第一，双师型师资队伍建设能够促进教学理念的更新。双师型师资队伍的引入，体现在其能够引导教学理念的根本变革上。传统的教育模式侧重于理论知识的传授，往往忽视了对学生实际操作能力的培养和现代职业技能的需求。双师型教师既具备行业实践经验，又拥有教学理论背景，他们能够深刻理解行业需求与教育培养之间的差距。因此，这种师资构成有助于教育者重新审视和调整教学目标和内容，从而使教育目标聚焦于对学生的实际应用能力和创新能力的培养。这种理念的更新不仅提升了教育的适应性和前瞻性，而且使教育更加贴合社会和行业的发展，这是教学改革的核心。

第二，双师型师资队伍建设能够促进教学内容的实用化。双师型师资队伍能够直接增强教学内容的实用性。这些教师通常具备深厚的行业背景，他们能够将最新的行业知识、技术发展和市场趋势直接引入课堂。例如，他们可能会将最新的编程软件、工程管理方法或者市场营销策略作为课程的一部分，使学生能够在真实或模拟的职业环境中应用所学知识。这种实用化的教学内容不仅提高了学习的针对性和有效性，也极大地提升了学生将理论知识转化为实际操作能力的可能性。

第三，双师型师资队伍建设能够促进教学方法的革新。双师型师资队伍是教学方法革新的强大动力。这些教师倾向于采用更加具有互动性和参与性的教学方法，如项目驱动学习、问题基础学习、"翻转课堂"。这些方法能够使学生在解决实际问题的过程中主动学习和思考。双师型教师常常利用自己的实践经验设计实验和实习项目，通过这些直接的实践活动，学生可以在真实的工作环境中测试和改进他们的技能，这种教学方法的创新不仅增强了教学的趣味性和参与感，更重要的是提高了教学的整体效果和效率，促进了学生综合能力的提升。

三方面的改革相辅相成，共同推动了教育质量的提升和教育目标的现代化，确保了高职教育体系更好地适应经济社会的快速发展。

二、造就名师队伍，促进科研创新

双师型教师不仅拥有深厚的理论知识，还具备丰富的实际工作经验，使他们在教学和研究上具有双重优势。这种双重优势使双师型师资队伍建设不仅可以显著提升教育教学和研究的水平，有助于造就名师队伍，还能促进科研，推动科技创新。

第一，双师型教师在教学中能够提供与众不同的视角和方法。他们直接参与过相关行业的实际工作，能够将抽象的理论知识具体化，以实际案例驱动教学，这种理论结合实际的方法能够使学生更好地理解和吸收知识。同时，这些教师能够根据行业的最新动态更新教学内容，使得教学内容始终保持前沿性。双师型教师具备实际行业背景，能够在教学过程中不断反思和优化自己的教学方法，这种自我完善的过程是造就名师队伍的重要条件之一。他们不仅传授知识，更注重培养学生的思考能力和问题解决能力。这种教学效果的提升，自然也会提高教师本人的教学声誉，从而为教育领域造就名师队伍奠定基础。

第二，双师型教师因独特的行业背景与学术训练，能够将复杂的行业问题转化为科研课题，使得科研不局限于理论探索，而紧密结合实际应用的需求，从而推动科学研究的深入和创新。双师型教师还可以利用自己在行业中建立的网络，为科研活动引入新的资源。这不仅包括实验设备和工具，还包括大量的实际操作数据，这些数据对于进行实证研究尤为重要。双师型教师能够通过自身的行业和学术双重视角，吸引更多的研究资金和合作项目到教育教学中。他们的行业经验不仅使他们在申请与实际应用相关的科研资金时更具有说服力，同时能够吸引行业合作伙伴共同参与研究。双师型教师与企业的合作不仅为科研项目提供资金支持，还可能引入新的研究问题和应用场景，进一步推动科研的深入和创新。

三、增强学生市场竞争力，促进就业

双师型教师通常具备丰富的行业经验，他们能够将实际工作中的经验和实践技能直接带入教室，这种教学不仅包含理论知识的传授，还包含如何将这些理论知识应用于实际工作中。双师型教师通过运用更接近行业实际的教学方法，如项目驱动、案例研究、实操演练，使学生在模拟真实的工作环境中更好地理解职业要求和工作流程，让学生在安全的环境中学习和总结经验，从而获得成长，在技能上得到锻炼。通过这种方式，学生在还未步入职场之前，就已经实践并掌握了必要的职业技能和工作流程，具备职场要求的基本的工作能力，与传统教学模式下培养出的学生相比，双师型教师培养出的学生更加具有市场竞争力，能更快在就业市场中站稳脚跟，获得就业单位的青睐，这会显著提高他们的就业率。双师型教师理论结合实践的教学模式能够削弱学生在进入职场时的不适应性，因为学生在学习期间已经感受到与实际工作环境类似的压力和挑战，提前适应了工作场景，当他们在职场中遇到类似的问题时，在学校学习获得的技能能够帮助他们快速找到解决策略，有效处理工作中遇到的挑战，灵活地应用理论知识解决实际问题，从而缩短职场初期的适应期，提高工作效率以及就业稳定性。

双师型师资队伍的教学方法通常更为灵活和创新，因为这些教师在自己的职业生涯中已经习惯于适应快速变化的环境和解决实际问题。这种教学风格不仅激发了学生对学习的兴趣，也培养了他们的创新思维和自主学习能力，这些都是当今职场高度重视的素质。双师型教师在教学中，鼓励学生面对复杂的问题，并找到解决方案。这不仅增强了学生的问题解决能力，也锻炼了他们的决策能力，这些能力都有助于提升学生的市场竞争力。

双师型师资队伍建设有助于优秀的双师型教师通过专业表现和教学成果，提升职业教育的品质和形象，吸引更多学生投身于各类职业技能的学习，这种优秀的表率和示范作用有助于提高职业教育的社会认可度和吸引力，提升职业院校毕业生在行业中的就业率。

四、支撑社会经济发展，服务社会

双师型教师通过理论结合实践的教学方式，在教学过程中精准对接市场人才需求，对接经济的发展需求，实时调整教学内容，确保教学与行业最新标准和技术发展同步，有效地弥补了学校教育与行业实际之间的差距，显著地提升了职业教育的实用性和针对性。这种人才培养方式，为学生个人职业能力发展奠定了坚实基础。这些受过良好职业教育的学生进入各行各业，能够直接投入生产和操作中，成为促进地方经济发展的即战力技术人才，满足经济发展对高技能人才的迫切需求。

双师型教师注重职业实践的人才培养模式提高了学生的职业适应性和技能实用性，学生能迅速融入职场，缩短企业人才培养周期，减少企业在新员工培训上的时间和经济成本，解决行业领域人才培养周期长、人才培养难的问题，从而促进人才资源的合理配置和优化，进一步实现社会公平性和促进经济高质量发展。

双师型教师通常具备丰富的行业经验，他们能够将行业中的最新发展趋势和技术创新带入课堂。这些实践经验是单纯的理论教学所缺乏的。这种教学模式帮助学生理解如何将理论应用于实际，如何在现有技术基础上进行创新。这样的教育体验能够有效培养学生的创新能力以及批判性思维，使学生在实践中遇到问题能够创新性解决，从而推动学生在相关领域的创新和研究，使学生为企业和行业的技术创新做出贡献，一批批具有创新能力的人才步入社会，能够形成社会发展的良性循环，他们服务企业和社会，成为推动技术革新的重要力量，从而推动产业结构优化升级，推动经济的转型升级和持续发展，为现代化社会进程提供有力支撑。

双师型教师通过自己的职业经历和实践案例，在实现个人职业目标的同时，会给学生传递所从事的行业对社会发展以及对环境的影响，从而培养学生的社会责任感。这使得学生在步入社会后，不仅成为经济建设的中坚力量，还在推动社会公正和可持续发展方面发挥作用。

第三章　产教融合视域下高职院校
双师型教师的专业化发展

第一节　双师型教师专业化发展的影响因素

教师专业化发展受到多种因素的影响，这些因素既包括外部因素，也包括内部因素。从内部因素来看，教师的认知能力、人际交往、职业道德、职业发展动机、自我评价等都对其专业发展产生重要影响。从外部因素来看，教育政策、校园文化氛围、学校管理、教师团队文化都是关键影响因素，它们为教师的成长提供了必要的物质和精神支持。在产教融合背景下，这些因素相互作用，在很大程度上影响双师型教师专业化发展。探讨这些因素，有利于更好地支撑双师型师资队伍建设。

一、内部因素

内部因素主要有以下几个方面，如图 3-1 所示。

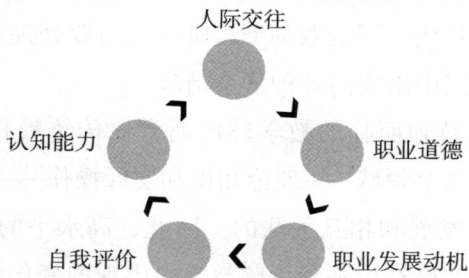

图 3-1　影响双师型教师专业化发展的内部因素

（一）认知能力

1.认知能力对教学活动的影响

在产教融合的背景下，双师型教师不仅需要具备传统教学的能力，还必须掌握与行业实践相关的专业知识和技能。教学活动本质上是一种复杂的认知过程，教师的认知能力会直接影响到其教学内容的设计、教学策略的选择以及与学生互动的效果。双师型教师具有较强的认知能力会使他们在教学目标的确立、教学内容的设计以及学生特点的分析中表现出更高的精确度和适应性。例如，在制订教学计划时，教师需要从复杂的实际应用场景中提取关键信息，设计与行业标准相符的课程内容。这不仅要求教师具备深厚的学科知识，还要求教师能够理解和应用行业的最新技术和方法，这样确定的目标、做出的设计才会更加有针对性。

双师型教师的认知能力影响教学方法和策略的选择，必须考虑到理论与实践的结合。双师型教师的认知能力应支持他们灵活运用多种教学手段，如案例分析、模拟实训和项目导向学习，以提高教学的实用性和互动性。高水平的认知能力还使得双师型教师在教学过程中快速识别和解决问题，调整教学策略以适应学生的学习进度和理解水平。

教师的认知能力也决定了他们在教学情境中的应变能力。在双师型教师的教学模式中，教师常常需要在理论教学与实际操作之间切换，高水平的认知能力可以帮助教师在不同的教学场景中保持教学的连贯性。

2.认知能力对教育机制的影响

在双师型教师的专业化发展中，认知能力对于教育机制的形成和发展起着至关重要的作用。因为双师型教师不仅需要处理常规的教学任务，还需要应对行业实践中出现的各种复杂情况。

第一，双师型教师面临的教学环境通常比传统教育更为复杂多变。他们需要处理来自两个领域——理论知识和实际操作——的教学内容，这些内容往往是动态发展和相互关联的。因此，高水平的认知能力使得双师型教师能够迅速准确地识别和理解教学中出现的变化及其背后的联系，包括学生的不同需求和反应。

第二，双师型教师在课堂上遇到的随机事件或学生的特定行为，要求教师具备即时做出教学调整的能力。这种能力依赖于教师的认知能力，如信息筛选、优先级排序和问题解决策略的选择。例如，面对学生的问题或课堂上的突发情况，教师需要快速决定是继续当前的教学计划还是进行调整以适应新的教学需求。

教师的经验与其认知能力密切相关。经验丰富的双师型教师，能够更好地理解和预测课堂动态，有效地管理和引导学生的学习。他们能够在掌握教学内容的同时，灵活应对学生的行为和反应，保证课堂秩序和教学效率。

3.认知能力对学生成长的影响

教师的高认知水平不仅体现在其专业技能、教学质量和应对能力上，还体现在他们能够为学生创造一个积极的学习环境和广阔的成长空间上。具有高认知水平的教师通常在教学中表现出更大的灵活性和创新性。例如，这些教师在教材的改进上倾向于使用较少的权威性和惩罚性方法。研究教师的观念层次可以发现，抽象思维能力较强的教师更加善于思考，能有效激励学生提出问题和进行假设。[①]

高认知水平的教师在思考问题时，往往能进行跳跃式的思维，这包括对未知事物进行创造性的推测。这类教师特别强调尊重学生，采取灵活和宽容的态度对待学生，理解学生间的个体差异，并致力促进学生的个人成长。教师的认知能力和水平在很大程度上决定了他们对教育目标、教学任务和教学策略的理解与应用，以及对特定学科领域和学习背景下教育机会的深刻洞察。

（二）人际交往

与他人的交往是人们生活、学习和发展的基本方式。正如马克思所指出的，"一个人的发展取决于和他直接或间接进行交往的其他一切人的

---

① 瞿葆奎.教师[M].北京：人民教育出版社，1991：232-233.

发展"①。人际交往不仅是个人获得必要的社会化和职业化发展的途径，也是深化教师专业知识和技能的重要环节。教师的职业生活涉及广泛的社会关系网，包括学生、同事、家长及更广泛的社会成员。这些交往关系对双师型教师的职业表现、情绪状态和心理健康都有深刻影响。

1. 教师与学生的交往

对于双师型教师来说，与学生的有效交往是教学成功的基石。这种交往超越了传统的教育角色，要求教师认识到学生不是教育过程中的被动接受者，而是具有独立人格的主体。这要求教师在教学过程中实现真正的师生对话和互动，确保师生之间的相互尊重和价值平等。例如，教师应鼓励学生表达自己的观点，积极参与课堂讨论，这不仅有助于学生建立自信，也能促使教师接受学生反馈，调整教学策略。双师型教师更需理解学生的专业发展需求，将理论与实践相结合，引导学生在学术研究和职业技能上获得成长。

2. 教师与同事的交往

教师在专业发展中，与同事的交往同样重要。这种关系的建立基于相互尊重、理解和支持，对教师个人的情感健康和职业成长至关重要。在双师型教育环境中，教师需要与来自教育和行业不同背景的同事合作，共同设计和实施跨学科的教学计划。良好的同事关系可以帮助教师获得新的教育资源，在面对教学挑战时获得必要的支持和建议。例如，教师可以通过定期参加团队会议、联合研讨和协作项目，与同事共同探索更有效的教学方法，这不仅增强了团队的凝聚力，也促进了每位成员的专业成长。

3. 教师与家长的交往

双师型教师在专业化发展中，与家长的关系是一个关键的人际交往领域，这种关系直接影响教师的教学效果和职业成长。双师型教师与家长有效交流和合作可以极大地提升教育活动的连贯性和效果，尤其在联

---

① 马克思，恩格斯．马克思恩格斯全集：第八卷 [M].北京：人民出版社，1961：515.

系学校教育与学生家庭教育方面发挥至关重要的作用。

第一，教师与家长良好的关系有助于双师型教师更全面地了解学生的背景和需求。家长对孩子成长过程有直接的影响，他们对孩子的性格、行为习惯以及学习能力等方面有深入的了解。通过与家长的有效沟通，教师可以获取关于学生的重要信息，这些信息对于制订符合学生实际情况的教学计划和策略至关重要。例如，教师可以根据家长提供的信息，调整教学内容和方法，以适应学生的个性化学习需求。

第二，教师与家长建立良好的合作关系能显著提高教育的整体效果。家长的支持和参与可以增强学校教育的延续性，使教师在课堂上的讲授得到家庭的配合和加强。例如，在双师型教育模式中，教师不仅需要传授理论知识，还需要引导学生进行实践操作和项目实操，家长的理解和支持可以为学生在家里继续进行相关实践活动提供便利，这样的家庭学习环境将直接促进学生技能的提升。

第三，教师通过与家长的良好交流，也能增强自己作为教育者的自信心，提升职业满足感。家长认可教师的教学效果并给予积极反馈，可以极大地激励教师的教学热情和创新精神。这种正面反馈不仅提高了教师的职业稳定性，还促进了教师在专业领域的持续发展和成长。

（三）职业道德

职业道德是与个人职业活动紧密相关的道德规范、情操品质的集合，它规定了从业者在职业行为中应遵循的行为标准以及对社会所承担的道德责任。教师的职业道德，通常称为"师德"，是教师在自我约束和道德规范下对职业行为的自觉控制，表现为对职业角色的认真履行和对学生的高度责任感，包括爱岗敬业、关爱学生、教书育人、为人师表以及以自律为核心的专业精神等。这些道德品质在教师的日常教育和教学实践中逐渐内化和形成，成为满足其生存需求、职业成长需求和自我价值实现需求的基本条件。在专业发展中，教师必须遵循社会和教育体系对其设定的道德标准，担当道德模范和教育者的角色，通过自己的道德行为影响学生，以人格的力量促进学生的品德形成和知识学习。

第一，职业道德对教师教学效果和学生发展产生深远影响。一个具有高尚师德的教师能够通过个人行为的示范，激发学生的学习兴趣和道德感。例如，通过与学生的有效互动，尊重和理解每个学生的独特性，教师不仅传授知识，还通过自己的生活态度，影响学生的世界观、人生观和价值观。因此，教师的职业道德不仅仅是遵守规范的外在表现，更是一种内在的职业信念和道德自觉，这种自觉是通过长期的教育实践和个人修养逐渐形成的。

第二，职业道德是教师实现角色认同的基本前提。对于新教师来说，其进入教育领域意味着需要逐步接受并执行"教师"这一社会角色所带来的责任和期望。在这个过程中，职业道德起到了核心的指导作用。教师角色不仅包括个人在社会中的地位和身份，还包括社会对教师行为模式的期待。这些行为模式涵盖了对学生的关怀、对教育质量的追求以及对教育公平的维护等方面。教师的职业道德不仅指导他们在职业活动中的表现，也帮助他们理解和实现对教育的深层次承诺，这是成为一名合格教师的基础。

第三，职业道德是教师敬业乐教和职业发展的驱动力。教师拥有坚定的职业道德观，才更可能对教育工作抱有热情，持续寻求自我提升和专业成长的机会。敬业的教师通常会深入研究教学方法，探索更有效的学生互动策略，并致力提升教育质量。他们会在教学过程中实践高标准的道德行为，如诚实、公正、尊重和同情，这些行为不仅提升了他们的教学效果，也正面影响学生的道德发展。通过这种方式，职业道德成为教师在教育实践中追求卓越和践行内心使命的关键。

第四，职业道德对教师处理人际关系及集体利益具有重要指导作用。教师在日常工作中不可避免地会遇到利益冲突和道德困境，如何平衡学生的不同需要，如何在同事间的争议中保持公正，以及如何处理家长的期望和学校政策之间的矛盾。一个具备强烈职业道德感的教师能够在这些复杂的社会交往中做出合理的决策，他们会将学校的集体利益和学生的福祉置于个人利益之上。这种职业行为不仅有助于建立同事间的信任和尊重，也有助于在学校内部形成一个积极的工作氛围，进而提高整个教育体系的教育质量和效率。

双师型教师的职业道德是教师专业成长的基石，它塑造了教师的职业身份，驱动了他们的敬业精神，并指导他们在复杂的社会关系中做出正确的选择。教师的职业道德直接影响他们的教学实践、教育质量，以及学生成长。

（四）职业发展动机

教师的职业发展动机是推动他们在职业生涯中持续成长和提升的重要心理驱动力。这种动机可以分为内部动机和外部动机两种。内部动机源于教师对教学活动本身的兴趣和满足感，如对知识的好奇、对教学成就的追求，以及与学生和同事的互助合作。这些内在推动力使教师享受教学过程，追求教学卓越。外部动机则通常涉及外在的奖励或压力，如薪酬、职业晋升或社会和家庭的期望，这些因素促使教师为了达到外界标准而努力。

职业发展动机对教师而言至关重要，因为它直接影响教师的教育质量和职业满足感。拥有强烈职业发展动机的教师更可能在教学中实现创新，持续自我提升，从而达到较高水平。这不仅能提高学生的学习成效，也能增强教师的职业成就感和自我价值感。

职业发展动机在教师的职业生涯中起着至关重要的作用，不仅直接影响教学质量和创新，还对教师的个人成长、职业满意度、学生的学习态度和成绩，乃至整个教育系统的持续改进都有深远的影响。当教师具有强烈的成就动机和对教学工作充满热情时，他们更倾向于探索新的教学方法、更新课程内容，并应用最新的教育技术，从而显著提升学生的学习体验和成绩。这种动机还鼓励教师参与专业发展培训、阅读教育研究，以及参与教育创新项目，这不仅丰富了他们的专业知识，提升了他们的技能，还使他们保持了对教育工作的新鲜感和热情。教师的职业满意度通常与其感受到的职业成长机会和实现个人目标的能力直接相关，较高的职业满意度可以减少职业倦怠，提高留职率，对教育机构来说极为重要。积极的、充满激情的教师能够有效激发学生的学习兴趣，提高学生参与度，提高学习效果。双师型教师的职业激情和专业成长为学生树立了积极的榜样，能够有效提升学生的专业认同感和职业认同感，激励学生追求更大进步，实现职业理想。教师的创新和改进不仅提升了教育质量，也推动了教育政策的改革和教育体系的整体提升，显示了职业发展动机对教育领域持续进步的推动作用。

（五）自我评价

自我评价是教师专业化发展中一个关键的因素，涉及教师如何在自我意识的基础上，通过对自身能力和发展状态的反思来提升职业技能和教育实践水平。这种评价不是教师个体的内省过程，还需与外部的评价机制相结合，通过对比和参照他人以及社会对自己的看法来进行。

自我评价对教师的发展至关重要，能帮助教师内化其职业角色，使教师加深对教育职责、规范和价值的理解，并与个人的职业目标和行为结果相结合。这一过程不仅是教师对自身教学能力的分析和评价的过程，也是教师自我教育、自我提升和自我实现的过程。例如，通过自我评价，教师可以更清楚地认识到自己的职责范围、行为规范和教育目标，从而更有效地调整和提升自己的教学实践水平。

自我评价也能显著激发教师的内在动机。通过自我教育机制，教师在个人发展中不断追求自我实现。这种自我激励来源于自我评价中发现的差距和挑战，促使教师不断追求卓越。尽管外部压力可以推动教师达到基本标准，但真正的优秀表现往往源自教师的自我激励。自我评价使教师的自觉性和积极性得到提升，创新意识也因此得到增强。

自我评价还有助于增强教师的自我意识，促进教师的自主发展。自我评价的本质是主体对自身的评价，这不仅涉及对"我是什么"的认识，也涉及对这一认识的理性理解。黑格尔认为，自我意识是人认识自我和超越自我的基础。[①] 双师型教师在职业发展中，自我评价活动不仅是对自身教学能力的分析和判断，也是一种自我认识和自我发展的持续过程，使教师能够在不断思考、反省中创造适合自己的教育实践方式。这样的过程不仅有助于教师个人的成长，也对提升教育质量产生积极影响。

二、外部因素

外部因素主要有以下几个方面，如图 3-2 所示。

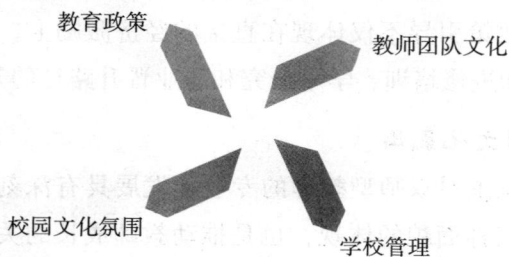

图 3-2　影响双师型教师专业化发展的外部因素

（一）教育政策

教育政策作为影响双师型教师专业化发展的外部因素之一，具有重要的影响力，它通过多种方式塑造教师的专业轨迹和发展环境。

第一，教育政策通过明确将双师型教师作为高职教育的发展目标，为教育系统内部的人力资源配置和职业规划指明了方向。这种政策指导确保高职院校积极引进具有实际行业经验的专业人士，同时鼓励现有教师提升自己的行业技能和积累实践经验。这样的政策设置构建了一个理论与实践相结合的师资队伍，增强了教学内容的行业相关性，提升教学内容的实用价值。

第二，国家的教育政策直接设定教师职业的标准和要求。例如，教师资格证书制度不仅定义了教师资格的获取标准，也规定了教师必须达到的基本教育水平和技能水平，从而确保师资队伍的质量与专业性。教

---

① 黑格尔 . 小逻辑 [M]. 贺麟，译 . 2 版 . 北京：商务印书馆，1980：92.

育政策通过制定具体的行为规范和行动准则，对教师的日常教育活动和职业行为进行指导和约束。这些规范形式如行政法规、规范性文件及规章制度，不仅明确了教师应履行的职责，也明确了教师在教学过程中应避免的行为，促进教师职业行为的规范化和标准化。

第三，教育政策还通过支持、激励和促进机制，影响教师的职业发展动机和发展方向。例如，政策中关于提升教师待遇和地位的规定，不仅直接改善教师的工作和生活条件，也间接影响教师的职业满意度和教育质量。这种政策引导不仅体现在直接的经济激励上，还体现在职业发展的机会上，如进修培训、学术研究和职业晋升路径的开放。

（二）校园文化氛围

校园文化氛围对双师型教师的专业化发展具有深刻的影响。这种氛围不仅是学校精神面貌的体现，也是推动教师成长的关键环境因素。它包含了学校的价值观念、道德规范、思想信念以及工作和学习的风格，共同塑造了教师的行为模式。

在积极的校园文化氛围中，教师更容易感受到职业的价值，从而激发出教学和行业实践的潜能。校园文化氛围提供的开明、民主且开放的环境，使得教师能够自由表达观点，参与学校决策，这对教师的积极性和创造力的发挥至关重要。

校园文化氛围中的团结、协作和互助精神为教师提供了一个支持性的社群环境，教师可以在此环境中分享经验、讨论问题并共同寻找解决方案。这种集体的智慧和力量不仅促进了教师的个人成长，还增强了整个教师团队的凝聚力。

校园文化氛围还通过良好的竞争和激励机制，鼓励教师追求卓越。这包括对教师劳动的充分尊重、发展性的评估机制以及严谨而活跃的教学和学习风气。这些共同构成了一个高效率、高质量的教育环境，使教师能够在教学和行业实践中追求更高标准。

开放性的校园文化氛围特别重视教师的教育创新和学术研究，学校支持教师参与国内外研讨会、交流和学习，扩展了教师的视野。这种氛围不局限于校园内部，还鼓励教师将教学活动和研究成果与更广阔的教育和行业领域接轨，从而不断提升教师的专业地位和影响力。

在这样的校园文化氛围中，双师型教师能够感受到自己的工作被高度重视和认可，这种认可感和归属感极大地增强了教师的责任感和使命感。教师会更加自觉地将个人目标与学校的发展目标相结合，努力为学校的荣誉和学生的成长贡献力量。这种文化氛围不仅有助于提升教师的工作满意度，还有助于吸引和保留有才能的教师，为学校带来持续的发展动力和创新动力。

（三）学校管理

学校管理对双师型教师专业化发展的影响表现在多个方面。

首先，有效的学校管理涉及对学校内部人力资源和物力资源的高效组织与使用，这直接关系到教师的日常教学条件和工作环境。

其次，积极的管理风格不仅能促进教师之间的合作，提升教师的工作效率，还能极大提升教师对学校的忠诚度和归属感。校领导的管理风格在教师心目中的重要性表明，学校管理的人性化因素对于激发教师的积极性和保证教育质量具有重要影响。领导者的行为方式不仅影响教师的日常教学活动，还影响教师在课堂上实施教学策略和应用行业知识。支持和鼓励创新的领导风格可以激励教师积极探索新的教学方法，更好地将自己的行业经验和技能转化为对学生有益的教学内容。

再次，学校管理还包括为教师提供先进的教学资源和良好的工作条件。通过确保教师能够获得必要的教学设施和技术支持，学校管理为教师的专业化发展提供了物质基础。这包括从教室设备的管理到实验材料的配置，都需要精心规划，以确保教师可以顺利进行教学和实践操作，从而提高教学的互动性和实用性。

最后，学校通过制定明确的规章制度和管理条例，为教学活动的有效进行提供了制度保障。这些规章不仅有助于维护教学的标准性和一致性，也有助于保证对教育质量的监控和评估，使得教师在遵循教学规范的同时，也得到了行为上的引导和支持，这对于他们将行业实践与教学过程有效整合尤为重要。

（四）教师团队文化

教师团队文化是双师型教师专业化发展的又一重要影响因素。教师团队文化包括教师共享的价值观、信念、行为规范及态度，深刻影响教师的职业行为和个人发展。在一个具有凝聚力的教师团队中，个人为了获得团队的接纳与赞赏，通常会按照团队的规范行事，表现出符合团队期望的职业态度。

劳蒂（Lortie）通过对教师日常工作的观察指出，尽管教师在物理空间上彼此接近，他们在职业活动中却往往表现出相对隔离的状态，其认为学校是一个"蛋结构"，每个教室就是一个蛋篓，教师在不同的蛋篓里。[①] 这种隔离主要源于教师职业的结构和文化特点，教师在教室内独立工作，缺乏与同事定期和系统的专业交流。这导致了教师在遇到教学问题时，往往依赖于个人的资源和努力来解决问题，而较少寻求同事的协助或反馈。

哈格里夫斯（Hargreaves）进一步分析了这种现象的深层次原因，他指出，传统的教师文化往往倾向于个人主义和短期目标，教师避免长期的计划和与同事的合作以获得时间和资源上的边际改善。[②] 这种文化不仅使教师在教学中被孤立，而且限制了他们在更广泛的教育社区中寻求合作和支持的可能。

开放互信的团队文化是双师型教师专业化发展的先决条件。教师专业化发展需要基于合作的文化环境，教师围绕教育实践中的问题进行深

---

① 劳蒂. 学校教师的社会学研究 [M]. 饶从满，于兰，单联成，译. 北京：人民教育出版社，2011：126.
② HARGREAVES A, DAWE R. Paths of professional development: Contrived collegiality, collaborative culture, and the case of peer coaching[J]. Teaching and Teacher Education, 1990, 6（3）：227-241.

入探讨和交流。这种文化支持教师在相互尊重和信任的基础上共享知识，提供反馈，而且积极参与到解决方案的探讨和实施中，共同寻找创新的教学策略。这样的互动不仅是知识分享的过程，鼓励教师围绕教学内容、方法和学生学习的核心问题进行深入的对话和讨论，还是个体思想成长和教学策略创新的平台。

互动性的环境不仅促进了知识的交流，还强化了教师之间的联系，形成了团队精神。教师在这种文化中能够感受到自己的意见和经验被重视，从而更愿意分享自己的见解和创新思路。这种开放和支持的氛围有助于教师从同事那里获得新的启发，拓宽自己的教学视野，同时为自己可能遇到的挑战寻找到有效的解决策略。

合作的教师文化使教师通过定期的同行观摩、工作坊和教研活动，有机会在实践中学习并实时反馈。这种结构化的互动不仅增强了教师实施新教学策略的信心，而且通过群体的力量使教师解决了复杂的教育问题，增强了教师解决问题的能力和自我效能感。

鼓励开放的、富有合作精神的教师团队文化为教师提供了充满活力的专业化发展环境。在这一环境中，教师不再是孤立工作的个体，而是打破了传统的孤立状态，成为积极互动、共同成长的专业群体的一部分，相互激励和支持成为推动每个成员前进的动力。教师团队文化的建立，使教师能够在日常教学中运用集体的智慧，推动教育创新，提升教育实践的整体效果，提高教师的专业化发展速度和质量，对双师型教师的专业化发展起到了至关重要的作用。

第二节　双师型教师专业化发展的原则

双师型教师在专业化发展的过程中要遵循原则，如图3-3所示。这些原则为教师个人职业生涯规划提供指导，理解并实施这些原则有助于提升教育质量和学生的学习效果。分析这些原则，可以更好地揭示双师型教师在职业技能与教育理念上的双重需求，进而为教师提供更为精准和实用的支持措施。

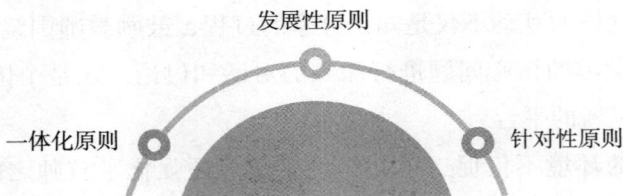

图 3-3 双师型教师专业化发展的原则

一、一体化原则

一体化原则是指在双师型教师的培养和专业发展中，必须将理论教学能力与实践教学能力融为一体。这种原则要求教师不仅精通所授专业的理论知识，同时熟练掌握相关的实践技能，并实现在教学中无缝对接这两方面的能力。在职业教育中，这一点尤为重要，因为职业教育的核心目标是培养学生在实际工作中直接应用所学知识和技能的能力。

第一，一体化原则能确保教学内容与行业标准和实际工作需求保持一致。由于技术条件和工作环境的快速变化，仅凭传统的理论教学已无法满足学生的学习需求。一体化原则的核心在于使双师型教师的专业化发展不再是理论与实践的简单并列，而是二者的有机融合。在职业教育中，教师不仅需要传授理论知识，还要引导学生在实际工作中应用这些知识。因此，一体化原则要求教师具备双重身份：一方面作为知识的传递者，另一方面作为技能的指导者。教师遵循一体化原则，将理论与实践紧密结合，不仅可以提高教学的现实相关性，还能增强学生的职业技能，使学生在毕业后能够更快地进入并适应职场。

第二，一体化原则还能显著提升教学效果。当教师能够展示理论知识如何转化为实践操作时，学生的学习动机和效率通常会得到提升。这种教学方式帮助学生建立起更加牢固的知识结构，从而使学生在面对职场的各种挑战时，能够更加自信和有效地应用其技能。同时，这促使教师在教学过程中不断反思和优化自己的教学策略，从而提升自身的教学水平和职业成就感。

第三，一体化原则的实施对教师自身的专业成长也有着重要影响。教师在整合理论与实践的教学过程中，不仅加深了对专业知识的理解，而且提高了处理实际问题的能力。这种双重技能的提升使得教师在职业发展中具有更强的竞争力和适应性，能够面对教育行业内外的各种挑战。因此，一体化原则不仅提升了教育质量，还为教师提供了持续学习和成长的机会，这对于保持教师在职业生涯中的活力和满意度至关重要。

要实现这一目标，需要对教师进行全面且深入的培训。这包括但不限于提升教师的专业理论水平，同时强化他们的实践教学能力。例如，教师在接受培训时，不仅要学习最新的专业理论知识，还要参与到实际的工作环境中，如实习工厂、模拟教学场所，这样可以确保他们在教学中结合理论与实践。

第四，一体化原则还意味着教学内容的设计必须反映出理论与实践的融合。课程设置应当有针对性地覆盖必要的理论知识，也要提供充足的实际操作机会，让学生在实践中深化理解。在课程实施过程中，教师应当根据学生的具体情况调整教学策略，使教学活动既能够传授理论知识，又能够指导实践操作，确保学生能够在真实的工作环境中应用学到的技能。

一体化原则的推行还需教师持续更新自己的专业知识和技能。随着行业技术的快速发展，新的工作方法和技术工具不断涌现，教师需要学习和适应这些变化，以保证教学内容的时效性和实用性。高职院校应当为教师提供定期进修的机会，如参加专业研讨会、行业培训，使教师能够持续增强自己的专业能力，提升教学水平。

二、发展性原则

高职院校在双师型教师专业化发展过程中应当坚持发展性原则，这不仅是提升教师专业技能和教育质量的需要，也是适应社会经济发展和教育政策要求的必然选择。遵循这一原则能够使教师与时俱进，不断提升自己的教学水平和行业技能，从而更有效地培养符合行业需求的技术技能型人才。

在快速变化的现代社会，各行各业都在经历着前所未有的变革，尤其是技术领域的更新迭代速度极快。高职院校作为培养技术型人才的重要基地，教育质量和教学水平直接影响到学生的就业能力和职业发展。教师作为教育的实施者，必须不断更新自己的知识和技能，以保持教学内容的先进性和适应性，确保学生能够掌握最新的技术技能和理论知识，满足社会和行业的实际需求。

职业教育的本质和特性决定了双师型教师专业化发展必须紧密跟随行业标准和技术发展的步伐，职业教育的目标就是要培养职业导向型的人才，高职院校的教师如果不能持续地进行专业化发展，将无法有效地传授新的技术和工艺，导致教学内容与行业需求脱节，最终影响学生的就业率和职业发展，不符合高职教育的本质要求。

提升职业教育质量、加强师资队伍建设是我国当前和今后一个时期职业教育工作的重点。这不仅是政策导向的需要，也是社会对高质量教育的期待。因此，高职院校在执行这些政策时，必须注重教师的专业化发展，使教师通过持续的学习和实践，不断提高教学能力和专业水平。

第一，双师型教师不仅要在教学技巧上持续进步，还要在专业技能上与行业标准保持同步，不断更新和丰富自己的理论知识和实践技能的知识库。技术的快速发展和行业技能的不断演化要求教师必须不断更新自己的知识库和技能集，以保持教学内容的相关性和前瞻性。例如，随着人工智能和机器学习的广泛应用，相关职业的技能要求也在迅速变化，高职院校的教师需要了解这些新兴技术，才能有效地传授给学生，确保学生的技能能够满足未来就业市场的需求。

第二，双师型教师既要具备行业实践经验，又要具备教育教学能力，其专业化发展不局限于传统的教育培训，还需要深入行业，实时了解最新的行业发展动态和技术进步情况。这种深入行业的专业化发展活动有助于教师建立起更加实用和现代的教学策略，更好地将理论与实践结合，提升学生的实操能力和解决实际问题的能力。

发展性原则会促进高职院校双师型教师与行业实践的紧密结合。教师不断接触和学习最新的行业发展动态，可以将这些最新的行业知识和技术技能直接应用于教学过程中，使教学内容更加贴近实际工作需求。这种教育与实践的紧密结合不仅可以极大地提高学生的实际操作能力和问题解决能力，还可以传授给学生将来进入职场时所需的实际工作经验和技能。

教师的专业化发展也有助于其个人职业满意度的提升和职业生涯的持续发展。教师在专业化发展的道路上不断前进，不仅可以提高自己的教学水平，还可以获得更多的个人成就感和职业满足感。这种个人成就感和职业满足感是教师保持教学热情和教育质量的重要动力。教师在职业生涯中体验到成长和进步，将更有可能投入更多的热情和资源到教学中，从而形成良性循环，推动整个教育系统的发展。

发展性原则的实施对于优化教育资源配置、提高教学效率也具有重要意义。通过鼓励和支持教师参与各种专业化发展活动，如继续教育、行业研讨会、技能提升训练，高职院校可以有效地利用现有教育资源，促进教师间的知识共享和技能传承，从而提升教师团队整体的教学水平和专业能力。这种内在的教育质量提升是实现职业教育可持续发展的关键。

三、针对性原则

在高职院校中，双师型教师的专业化发展必须遵循针对性原则。这一原则要求职业教育系统在师资队伍建设过程中，不仅要找准发展方向和明确目标，而且要精准把握培养的力度和对象，合理安排教师的专业成长路径，确保教师培训和发展活动与职业教育的具体需求紧密对接。针对性原则的实施是确保教师有效应对不同职业岗位需求的关键，也是提升教育质量和教学效果的重要保证。

针对性原则体现了职业教育的核心需求——培养符合特定行业需求

的技能型劳动者。由于不同职业岗位对专业技能、知识水平和职业素养的要求各不相同，教师的培训和发展也必须紧密结合实际需要，进行有针对性的设计和实施。例如，工程技术类的教师需要具备深厚的技术理论知识和较强的实际操作能力，而医疗护理类的教师则更需具备较强的实践技能和严谨的职业态度。因此，高职院校在进行教师培训时，需要根据不同学科的特点和行业要求，选择具体的培训计划和目标。

针对性原则还强调教师专业化发展的个性化和差异化处理。高职院校应当根据每位教师的具体背景、专长和教学需求，制订个性化的发展计划。这种做法不仅有助于发挥每位教师的独特优势，还有助于有效提高培训的实效性和教师的职业满意度。例如，对于具有实际行业经验的教师，高职院校可能会重点加强其教育理论和教学方法的培训；而对于理论知识较为丰富的教师，则可能更注重提升其实际操作技能和对行业最新技术的了解。

针对性原则的实施还体现在教师的持续教育和终身学习上。职业技术的快速变化要求教师必须持续更新自己的知识和技能，以保持教学内容的时效性和专业性。高职院校需要提供持续的学习资源和机会，如定期的研修班、在线课程、行业交流会，帮助教师不断提升自身的教学水平和职业技能，确保他们能够满足行业发展的最新需求。

通过针对性原则的有效实施，高职院校不仅能够提升师资队伍的整体素质和专业能力，还能更好地实现教育与行业需求的紧密结合。这不仅有助于学生获得更为精准和高质量的职业教育，还能显著提高毕业生的就业竞争力。最终，高职院校学生获得悉心培养，成为促进国家经济发展、社会进步的高素质技能型人才，为国家、为人民、为社会提供高质量、高标准、高起点的服务。

第三节　双师型教师专业化发展的定位

职业领域的技术和需求不断进步和变化，明确教师的专业化发展方向不仅有助于指导教师达成目标，也有助于确保教师的培训和发展计划与教育目标和行业需求紧密对接，提升教师发展与教师培养的质量和效果。双师型教师专业化发展定位应包括以下几个层面，如图 3–4 所示。

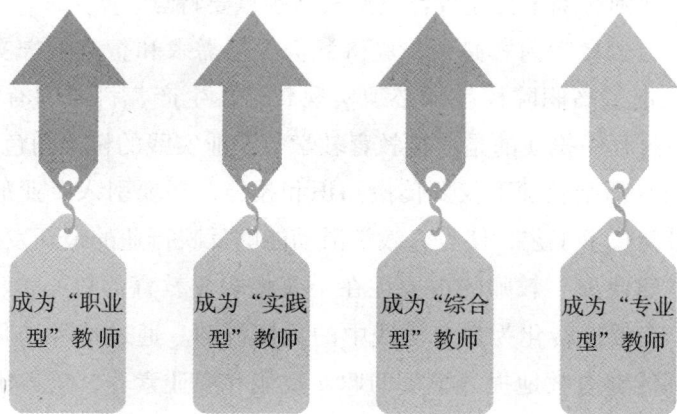

成为"职业型"教师　成为"实践型"教师　成为"综合型"教师　成为"专业型"教师

图 3–4　双师型教师专业化发展的定位

一、成为"职业型"教师

成为"职业型"教师是高职院校双师型师资队伍建设的重要价值取向之一。这一定位不仅突出了职业教育的核心特性——以就业为导向和以技能培养为目标，还强调了教师角色在培养技能型人才中的重要性。职业教育区别于普通教育的显著特点在于其明确的职业属性，这种属性不仅规范了职业劳动的维度，也规范了职业教育的课程内容和评价标准。因此，"职业型"教师的培养和发展必须紧密结合这些特性，以确保教育质量和教育目标的实现。

教师在专业化发展过程中，必须深刻理解职业教育的职业性质。职业不仅是个体获取的职业资格和经验所从事的工作，还是个体与社会融合的重要载体。在这一过程中，教师的角色不仅是知识和技能的传授者，还是职业精神和职业道德的塑造者。高职院校教师需要通过专业训练和终身学习，不断提高自身的教学技能和教育素质，展现出高标准的专业道德。

成为"职业型"教师还意味着教师需要动态地运用教育思想来指导技能和操作程序的教学。这要求教师能够深入理解技术背后的原理，并能够根据实际情况调整教学方法和内容。这种深度的理解和灵活的应用是职业教育教师区别于其他教育类型教师的重要特点。

高职院校的教学内容必须与经济社会发展需求和企业生产实际紧密联系，这决定了高职院校教师必须实现教学、生产、科研的有机结合。教师在这一过程中扮演的是连接教育教学与产业实践的桥梁角色。因此，高职院校的双师型教师不仅要传授知识和技能，还要引入企业的先进管理理论和最新技术工艺，使教育教学活动能够反映行业的最新发展。

成为"职业型"教师的重要性在于要将职业教育的核心价值——职业属性——有效地转化为教育实践中的具体行动。通过这种转化，高职院校的教师能够有效地提升学生的职业技能和职业素养，培养出真正符合市场需求的技能型人才。这不仅是对教师自身职业发展的要求，也是确保职业教育目标实现的关键。

二、成为"实践型"教师

"实践型"教师的特点在于其教学实践与直接的职业操作经验的紧密结合，这不仅是为了提高教学的实用性和有效性，而且是为了更好地满足产业和社会发展对高技能人才的需求。

高职院校的教学目标主要是培养学生在生产、操作、产品质量等方面达到社会经济发展的要求。为实现这一目标，教师的教学内容必须与实际工作紧密相关，而非仅仅停留在理论知识的传授上。满足这种教学要求，教师不仅要有扎实的学科理论知识，还要有丰富的实际操作经验和对企业一线的技术应用的深入了解。通过这种方式，教师能够向学生提供现场的示范和指导，使学生能够看到理论知识在实际操作中的应用，从而更好地适应职业领域。

在国际上，德国、美国、日本等国家在职业教育方面的实践特别强调教师的实际工作经验。例如，德国要求职业教育教师必须具备至少五年的相关行业工作经验才能获得教师资格。这样的规定确保了教师在进入教育领域之前，已经深入了解并实践了其教学领域的实际工作内容。同样，在澳大利亚，职业教育教师也被要求具备至少三到五年的行业实践经验，以保证他们在教学过程中能将实际工作经验转化为教学内容。

日本不仅强调教师的学历背景，更注重其实际的工作经验和实习情况。在日本，成为高职院校教师之前必须有相关行业工作经验，并通过实践经历来达到成为职业教师的资格要求。这一做法确保了教师在进入教育行业之前，有足够的实际操作和问题解决经验，能够有效地指导学生在真实的工作环境中应用学到的技能和知识。

从国际实践经验中可以看到，成为"实践型"教师的重要性不仅在于其能够提供具有实际应用价值的教学活动，而且在于通过这种教学方式可以极大地提升学生的职业技能和就业能力。"实践型"教师通过教学活动，不仅传授专业知识，还将实际工作中的经验、技巧和行业最新发展趋势带入课堂，使教学内容更生动、实用，更贴近行业标准和工作实际。

高职院校的双师型教师成为"实践型"教师是提高职业教育质量和效果的关键。这种类型教师的培养不仅使职业教育应对快速变化的社会和经济发展需求，还使学生在职业领域中具有竞争力。通过强化教师的实践经验和实际操作能力，高职院校能够培养出更多具备高技能、适应性强的专业人才，满足社会和经济发展需要。

三、成为"综合型"教师

在高职院校中，成为"综合型"教师是双师型师资队伍建设的又一核心定位。这一类型教师不仅具备专业的学科知识和实践技能，还在社会交往、组织协调、管理创新等多方面具有较强的能力。职业教育的目标是培养不仅具有专业技能，同时具备广泛生活技能和社会适应能力的人才，这要求教师自身也是具备多方面能力的综合型人才。

职业教育的综合型人才培养目标不仅聚焦于技术和操作层面，还强调将学生培养成为既有专业技能又具备良好社会适应能力的人。教师在这一过程中扮演的角色不仅是技能的传授者，更是价值观的引导者。这种培养模式要求教师不仅要有深厚的专业理论基础和实践经验，还要具备较强的人际沟通能力、协调管理能力以及创新能力。

双师型教师成为"综合型"教师意味着他们需要在多个层面上具备高水平的能力。首先，教师要有能力理解并应用与专业相关的最新科技和管理理论，这不限于教学领域的技术操作，还包括将理论知识与实际工作需求相结合的能力。其次，教师还需要具备良好的社会交往技巧，能有效地与学生、同事、行业专家及企业人员进行沟通与合作。最后，教师还应具备一定的管理与创新能力，能够在教学与实践活动中发现和解决问题，引导学生进行创新思考和实践操作。

在高职院校的实际教育活动中，教师的综合性素质尤为重要。教师不仅是知识的传递者，还是培养学生职业技能、人际交往能力和社会适应能力的重要导师。例如，在进行职业教育和技能训练时，教师需要能够整合来自不同领域的知识，将企业的最新管理理论和实际工作中的技术技能结合起来，为学生提供一个全面的学习视角。

"综合型"教师还体现在其能力的持续自我更新上。随着科技的快速发展和市场需求的不断变化，教师需要不断地学习新知识，更新教学内容和方法。这不仅能保持教学内容的前瞻性和实用性，也能激发学生的学习兴趣和创新潜能。教师在这一过程中应成为学习的榜样，展现出不断学习新知识和适应新技术的能力。

四、成为"专业型"教师

建设"专业型"师资队伍是高职院校双师型教师发展的又一重要目

标。这突出强调教师在其专业领域内的深度知识和技术技能，同时要求教师能够在专业教育中展现出高水平的教学专业性和学科领导力。"专业型"师资队伍建设不仅提升了教育质量，还形成了学校的专业特色，是职业教育成功实施的关键因素。

"专业型"教师的定义包括了对专业知识的精深掌握和对专业技能的高水平运用。这一类型教师通常在其专业领域具有深厚的理论基础和丰富的实践经验，能够准确理解并传授最新的行业知识和技术。在职业教育中，教师的这种专业性尤为重要。高职院校的教育目标是培养学生满足特定行业的技术和操作需求，这直接关系到学生的就业能力和职业发展。

"专业型"师资队伍建设重点在于教师专业化发展的持续性和系统性。教师需要通过定期的专业培训、学术研讨和行业交流等方式，不断更新和深化自己的专业知识。例如，教师可以参与相关行业的研究项目，或者与企业合作，参与真实的工作场景，这些经验不仅能够增强教师的实践能力，还能使他们的教学内容更加贴近实际，更具前瞻性和创新性。

"专业型"教师还应具备良好的教学能力，能够将复杂的专业知识以适合学生理解的方式进行讲解。这需要教师掌握多种教学方法和技巧，包括但不限于项目式学习、案例分析、模拟训练等，以适应不同学生的学习风格和需求。教师的这种教学专业性能够显著提高教学效果，帮助学生更好地理解和掌握专业知识，增强学生解决实际问题的能力。

"专业型"师资队伍建设还包括对教师专业道德和职业责任感的培养。作为职业教育的承担者，教师不仅要在专业技能和知识传授上达到高标准，还应展现出对教育事业的热情和对学生成长的责任感。这种专业道德的树立是保证教育质量，实现教师职业发展的基础，也是构建学生正确职业观和价值观的关键。

建设"专业型"师资队伍对于高职院校而言至关重要。这不仅涉及教师在专业知识和技能上的深化和提升，更关乎教师如何通过高水平的教学活动和道德标准，有效地指导和影响学生。通过这样的师资队伍建设，高职院校能够有效地实现教育目标，培养出既具备专业技能又有良好职业素养的高素质人才，满足社会和行业的发展需求。

第四节　双师型教师专业化发展的标准

一、国外高职教育双师型教师的标准要求

部分国家职业教育的发展和研究起步较早，并且在师资队伍的专业化建设方面积累了丰富的实践经验及系统化的研究成果。值得注意的是，虽然国际上通常不使用双师型这一术语，但从对职业教育教师素质的内涵及其研究来看，国外对职业教育教师的要求与我国提出的双师型教师的标准在很多方面是相似的。这种相似性为开展比较研究提供了新的视角和方法。

（一）德国

在德国，职业教育教师的培养和认证制度极为严格，确保教师具备高度的专业化和高水平的实用技能。为了推进职业教育教师的专业发展，德国制定了包括《职业教育法》《职业培训条例》《标准考试条例》《手工业条例》等多项法律法规。这些规定不仅明确了职业教育的标准和教师的资格要求，还为教师的职业道路提供了法律保障和指导。

德国的职业教育教师分为理论教师和实践教师两大类，各自的培训和资格认证要求有所不同。

理论教师必须在与其教学专业相同或相关的企业中至少实习或顶岗工作一年。这一要求旨在确保教师能够从实际工作中深入理解企业的生产经营和组织制度，以及掌握所需的实际技能和知识。

实践教师要求则更为严格。这类教师不仅需要经过严密的专业技能培训，以熟练掌握各种实训设备的操作，还必须学习职业教育学和相关的劳动教育学知识。通过这种层级分明的师资培养模式，德国确保了职业教育教师在理论知识和实践技能上都能达到高标准，有效地支持职业

教育的发展。

（二）日本

在日本，职业教育的快速发展与对教师的严格要求息息相关。日本的职业教育教师，通常被称为"职业训练指导员"，在成为教师之前，通常会在职业能力开发大学接受系统化的培训以获得全面的技能提升。职业能力开发大学是一所四年制的高等教育机构，它不仅要求学生完成普通的工科课程，还对未来的职业教育教师提出更高的专业要求。这些要求包括学习专门的职业教育课程和进行专业的技能培训。学生只有达到了二级技能标准后，才能获得指导员的资格证书。

为了保证双师型教师的持续发展，日本还特别重视通过定期的交流和继续培训来提升教师的教育和技能水平。这种持续的专业发展确保了教师能够不断更新其教学方法和专业技能，从而更有效地培养学生的实际操作能力和职业素养，进一步推动职业教育质量的提升。这种融合职前和职后教育的全方位培养和提升模式，体现了日本对高质量职业教育标准的不懈追求。

（三）美国

美国的职业教育系统强调师资队伍建设，被视为是其职业教育乃至整体经济快速发展的关键因素之一。在美国，职业教育教师的来源是多样且稳定的，教师的专业标准设定相对较高，特别是在与普通学校的对比中，职业教育教师的专门化程度更高。职业道德标准是对职业教育教师的基本要求之一。

美国的职业教育教师不仅要具备深厚的专业理论知识，还必须具备实际操作技能和解决问题的能力。实际上，他们往往同时扮演着教育者、工程师和高级技工的角色。这种"三位一体"的标准确保了教师能够从理论与实践两个层面有效地指导学生，使学生能够在职业领域中快速适应并具备竞争力。这种教师标准的设置不仅提高了教育质量，还促进了技术的创新和传承，显著地推动了行业和经济的发展。

（四）韩国

韩国的职业教育体系为国家经济的快速崛起提供了重要的人力资源支持，这在很大程度上得益于韩国对职业教育教师素质的高标准。在韩国，职业教育教师不仅需要具备通用的职业素质，还应拥有特定的专业能力。

韩国对职业教育教师的一般素质有明确的要求。首先，教师应热爱教师职业，认为这是他们的荣耀。其次，教师应具备良好的人品，得到学生和家长的认可和尊敬。最后，教师还需要与时俱进，不断更新知识以适应未来的挑战。创新意识、合作精神、专业问题解决能力、高尚的思想道德观和行为举止也是必不可少的。

除了一般素质外，韩国还特别强调职业教育教师应具备的特殊能力。这包括深厚的专业理论知识、高超的实践技能、丰富的工作经验，以及卓越的操作技巧。教师应持续学习新技术，掌握行业动态，并不断改进教学方法，使得专业知识和技能能够科学而有效地传授给学生。同时，教师还要适当地指导学生的学习和生活，日常行为也应体现高尚品德和专业地位。

通过这种一般与特殊能力并重的教师标准要求的实施，韩国的职业教育不仅促进了学生的全面发展，也为国家的经济发展提供了关键的技术支持。这种教育模式的成功对韩国经济发展起到了重要的作用。

二、国内高职教育双师型教师的标准要求

在我国，高职院校双师型教师的专业化发展存在多种理解和认识，尚未形成一个全国统一的标准。教育行政机构、高职院校以及相关领域的专家学者提出了各自的标准。这些标准旨在引导和规范双师型教师的专业化发展，以更好地适应职业教育的需求。

（一）教育部标准

《教育部办公厅关于做好职业教育双师型教师认定工作的通知》发布，对职业教育双师型教师的基本标准设定较为明确，主要包括以下几个方面。

实践经验要求：教师需要在其专业领域的基层工作两年以上，并具备中级或以上的职称。这样的要求确保了教师在实际工作中积累了足够的经验，能够有效地指导学生。

科研能力要求：教师应主持或主研两项应用型技术课题，并且其研究成果需要被社会广泛接受并产生明显效益。这一要求强调了教师在科研和技术应用方面的能力，体现了双师型教师不仅要有实践技能，还要具备创新和研究的能力。

资格与职称要求：教师需通过教师资格认定，并持有中级或以上的专业技术职称。这一标准的设定是为了保证教师具备必要的教育教学能力和专业技术水平。

通过这些综合性的标准，教育部意在提升职业教育教师的整体素质和专业能力，以期更好地满足职业教育的发展需求和社会的实际需要。这些要求不仅促进了教师专业化水平的提升，也为职业教育质量的提高奠定了坚实的基础。

（二）职业院校标准

在我国的职业教育体系中，不同高职院校根据自己的特定需求设定了各自的双师型教师标准，以更好地适应学校的发展方向和教育目标。这些标准旨在确保教师既具备必要的专业理论知识和深厚的学术背景，又拥有相应专业的实际工作经验和实践能力。

一般情况下，高职院校制定的双师型教师标准包括以下几个关键要求。

职业教育的热忱与职业道德：教师应热爱职业教育事业，能够身体力行地教书育人，为人师表，展现出良好的职业道德。

教学与实践经验：教师需在高职院校从事教学工作满3年，具备丰富的专业实践经验和较强的实际操作能力，能够胜任本专业一门或以上的课程教学。

专业资格与技术等级：教师应持有与其教学专业相关的中级或以上的非教师系列专业技术资格证书，或是高级工以上的技术等级证书。

这些标准不仅强调了教师的理论知识和实践技能，也突出了对教师在职业道德和教育热情方面的要求，确保教师能够在教学和技术指导中提供高质量的教育。通过这样的标准，高职院校能够培养出符合行业需求的高技能人才，从而有效地推动教育和相关行业的发展。

（三）专家学者标准

在职业教育领域，一些专家学者对双师型教师的专业化发展进行了深入研究，并提出了具体的标准和建议。他们认为，高职院校的双师型教师应具备综合的职业素质和全面的职业能力，不仅能从事专业理论和知识的教学工作，还能够有效地指导实习和实训，同时参与教育科学研究及校本课程的开发与建设。具体包括以下几个方面。

综合职业素质：双师型教师应具有高水平的职业道德、教育热情以及对所教专业的深入理解。他们应能够在教育和培训中展示出高效的沟通和人际交往技能，以激发学生的学习兴趣，促进学生的职业发展。

全面的职业能力：除了专业理论知识，教师还需具备实际操作的能力和技能，能够在实践中提供专业的技术指导。教师应具备科研能力，能够参与或主导教育科学研究，以及开发符合行业需求的校本课程。

专业化发展的演变：初期的双师型教师标准多采用"双证书"模式，即教师资格证书和行业技能等级证书。这一模式在早期被广泛认可。随着时间的推移和教育实践的深入，对双师型教师的要求已不再局限于持有"双证书"，而是趋向于更为复杂和全面的职业化、专业化标准，强调教师在理论与实践、教学与研究等多方面的能力整合。

通过这些分析可以看到，高职院校双师型教师的专业化发展标准正在从简单的资格认证向更深层次的能力和素质要求演变，这不仅有助于提升教师自身的职业水平，也有助于提高职业教育的整体教学质量和效果。

三、高职教育双师型教师专业化发展的标准制定

在我国职业教育快速发展的情况下，传统的"双证书"标准逐渐不

足以应对教师职业能力的全面评估需求。特别是在技术迅速更新和职业角色频繁变化的当下，证书数量已不能全面反映教师的专业能力和教育质量。因此，从教师的专业化发展角度出发，高职院校双师型教师专业化发展应侧重于提升教师的专业素质和实践能力。高职教育双师型教师专业化发展的标准制定具体可以分为三个阶段，如图3-5所示。

制定职前能力标准

制定职中培训标准

制定职后评价标准

图3-5　高职教育双师型教师专业化发展的标准制定

（一）制定职前能力标准

一是教学能力。这是双师型教师资格标准的首要考量点。教师不仅需要有坚实的专业理论基础，能够胜任专业课程的教学工作，还应熟悉课程内容并能应用现代教育技术进行有效教学。教师应具备指导学生进行专业实训和毕业设计的能力，这不仅体现了教师的理论教学能力，也显示了其将理论与实践有效结合的能力。

二是教研能力。教师应有能力承担和开发综合性课程，积极探索和改革职业教育的教学方法。这包括教师要具备较高的学术研究水平，能够指导专业建设和解决教学过程中遇到的实际问题。教研能力的提升有助于教师在不断变化的教育环境中保持教学内容的前瞻性和创新性。

三是专业实践能力。教师必须具备实际的操作能力和创新开发能力，以适应行业技术的更新和职业技能的需求变化。这种能力不限于基本的操作技能，还包括设计和实施新的实践项目，丰富学生的实操经验，提升学生解决实际问题的能力。

（二）制定职中培训标准

随着行业内新技术和新工艺的不断演进，双师型教师的专业发展亟须与这些变化保持步调一致。尽管双师型教师通过职前教育获得了基础的教学和技术技能，但这些需要通过在职培训不断得到更新和深化，以适应行业的快速发展。因此，建立和加强在职培训体系是提升双师型教师职中能力的关键。

当前行业的快速发展带来了对教师不断更新专业知识和技能的迫切需求。为此，必须建立一个专门的在职培训体系，这一体系不仅要提供理论知识的更新，还要加强实践技能的培训。这种系统的继续教育能够确保教师掌握最新的技术和方法，从而有效提升教学质量和学生的实际操作能力。

与企业和行业的紧密合作对于教师的在职培训同样重要。通过建立职业教育基地和实施企业实践制度，教师可以直接在企业中进行学习和实践，这不仅有助于他们理解和掌握新的生产组织方式和工艺流程，也使他们能够将这些最新的知识和技能应用到职业教育教学中，从而提升教育的实用性和效果。

这样的在职培训体系，可以系统地提升双师型教师的职业能力，确保他们的教学内容和方法始终与行业标准和技术发展保持同步，进一步提高职业教育的质量和效果。

（三）制定职后评价标准

教师职业需要持续学习，不断更新知识结构和提高教学水平，这是教师职业生涯的核心部分。因此，教师的职前教育与在职教育应当紧密整合，以满足终身学习的需求，确保教育的持续性。职业教育紧密联系经济社会的发展，社会需求的变化经常会引起职业的内涵和外延的调整。这就要求高职院校双师型教师根据各个职业的发展状况，及时调整教学内容和方法，并且根据社会产业结构的变化及时更新自身的专业知识和职业技能。只有这样，高职院校双师型教师才能始终站在知识创新和技术进步的前沿，帮助学生掌握信息社会的关键能力。

双师型教师的资格并非终身不变的。随着新工艺、新设备和新标准在生产和服务一线的不断涌现，高职院校的教师必须加速更新自己的专业知识。他们需要在教学岗位上不断学习和实践，确保不会落后于时代。因此，教师的专业化发展不是一劳永逸的，他们的资格认证也应当是有时效性的，需要定期进行更新和验证。

加强高职院校双师型教师的职后进修和学历提升工作是至关重要的。建立并完善高职院校教师资格继续教育体系，不仅是提升高职院校教师综合素质的迫切需求，也是确保职业教育科学有序发展的核心要求，更是推动职业教育更好地服务于经济发展的必要条件。这些措施将确保高职院校教师适应经济和社会发展的需求，持续优化教育质量和专业能力。

第四章 产教融合视域下高职院校双师型教师的培养模式

产教融合视域下，高职院校双师型教师的培养模式具有多样性和复杂性，本节着重介绍自主成长模式、校本培养模式、校企合作培养模式、文化生态模式，如图4-1所示。每种模式各具特色，高职院校以及教师可以根据实际情况灵活采纳。

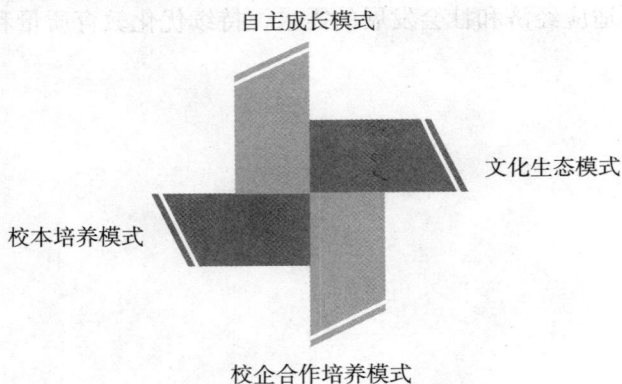

图4-1 产教融合视域下高职院校双师型教师的培养模式

第一节 自主成长模式

"自主成长模式"是高职院校双师型教师培养模式之一，其核心在于赋予教师个体在职业发展过程中更多的自主权和更高的灵活性。在这一模式下，教师不仅参与传统的培训和教学活动，还主动探索和实践新的教学方法、教师技能,进行学术研究,以适应快速变化的教育需求和行业发展。这种模式鼓励教师根据个人兴趣和职业目标制订个人发展计划,并持续追求专业成长和技能提升。

自主成长模式主要强调教师的主动性和自我驱动力,使教师能够在职业生涯中自行设计和调整其成长路径。这包括自我评估、自我监督以及自我反馈的过程,教师通过这一过程确定自己的成长需求,选择合适的学习资源和发展机会,从而实现个人和职业的成长目标。

一、自主成长模式的优势

自主成长模式的优势可以归纳为五方面,如图 4-2 所示。

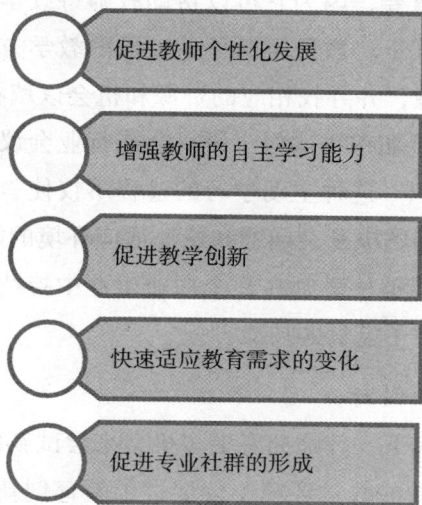

促进教师个性化发展

增强教师的自主学习能力

促进教学创新

快速适应教育需求的变化

促进专业社群的形成

图 4-2 自主成长模式的优势

(一)促进教师个性化发展

自主成长模式赋予教师更高的自由度来规划自己的职业路径,允许他们根据个人的兴趣、强项和职业愿景制订个性化的发展计划。这种模式背后的理念是,当教师能够探索对自己有意义的领域时,他们的内在动机会得到显著增强。例如,一个对机械工程充满热情的教师可能会选择专注此领域的最新技术和教学法，一个对信息技术感兴趣的教师则可能深入研究编程语言或软件开发。

这种个性化的发展途径不仅提升了教师的职业满意度，还增强了他们在教育实践中的创新能力。教师因为能够做自己感兴趣的事情而感到更加充实和满足，这种积极的情绪也能传递给学生，从而提高教学效果。当教师根据自身特点规划成长路径时，其更可能成为所学领域的专家，这种专业深度对提高教师的教学质量和学生的学习效果至关重要。

（二）增强教师的自主学习能力

在自主成长模式下，教师被鼓励采取主动探索和自我引导的学习策略，这种策略至关重要，因为它可以帮助教师持续学习，获得自我提升的能力。在这种模式下，教师不断评估自己的教学方法和专业知识，识别出需要加强的领域，并寻找相应的资源和机会以填补这些空白。例如，一个教师可能通过参加在线课程、研讨会或行业会议来学习新的教学技术或更新其专业知识。这种主动学习的过程不仅使教师保持在其领域的前沿，也培养了他们解决复杂问题和快速适应环境的能力。从长远来看，这种自主学习能力能够使教师在整个职业生涯中持续进步，也为他们在其他领域的发展提供了宝贵的技能。

（三）促进教学创新

在自主成长模式下，教师拥有更多机会来尝试新的教学方法和技术。这种开放性和实验性的教学环境不仅促进了教育创新，还为学生提供了更加丰富和动态的学习体验。教师可以根据学生的具体需求，设计和实施各种创新的教学活动，如项目式学习、"翻转课堂"或混合学习模式。

这种教学创新不仅增强了学生的兴趣，还有助于培养学生的批判性思维、创造力和解决问题的能力。教师在教学实践中的这些创新尝试，可以引导学生了解多种解决问题的途径，从而在未来的职业生涯中更加灵活地适应环境。

（四）快速适应教育需求的变化

自主成长模式赋予教师迅速适应教育需求变化的能力。由于教师可以自主决定其专业发展的方向和速度，因此他们能够更灵活地调整教学内容和方法，以满足当前的教育趋势和市场需求。这种灵活性尤其在技术快速发展和行业需求持续变化的今天尤为重要。

如果市场对某种新技术的需求增加，具备自主成长能力的教师可以快速通过自学或参与专业培训来掌握这项技术，然后将其融入课程中，确保学生掌握最新的行业知识和技能。这不仅提高了教育的及时性和相关性，也增强了学生的就业竞争力。

（五）促进专业社群的形成

自主成长模式鼓励教师在专业发展的过程中寻求同行的支持和与同行建立合作关系。这种模式倡导的是一种协作和共享的专业文化，教师在追求个人成长的同时，会参与到更广泛的专业社群中。这样的社群不仅为教师提供了资源共享的平台，还有助于形成持续的职业支持网络。

在这些社群中，教师可以交流教学经验，分享教学资源，共同解决教育实践中遇到的问题。这种交流和合作有助于丰富教师的专业知识，提升教师的教学技能，增强教师的职业身份感和归属感。通过这种社群活动，教师能够获得来自同行的反馈信息，进一步获得专业成长。

二、自主成长模式的实施步骤

（一）明确培养理念

在双师型教师的自主成长模式实施过程中，高职院校首要步骤是确立清晰的培养理念。明确培养理念就可以保证该模式在实施过程中方向的正确性。

高职院校应明确，该模式的实施是为了激发教师的主动性和自驱力，促进教师自主发展。实施该模式，高职院校需认识到，教师的主动发展是教育质量提升的关键，依赖于外部的强制性培训和传统教育方法驱动教师成长并非长久之计，因为这些方法往往不能全面应对快速变化的行业需求和技术更新。尤其是在高职教育实践中，双师型教师不仅需要掌握专业技能，还需要具备前沿的行业知识和技能，这些都是无法通过高职院校单一的培训方式实现的，仅靠外部的力量无法使教师全面掌握这些复杂多变的能力。如果教师具有自主成长意识，认识到自身行业的快速发展和专业领域的多样化要求，就能够主动、持续更新自身的知识和技能，这就使得教师的成长变得更加积极。

高职院校还需要明确，实施该模式并不意味着完全依靠教师个人的自主成长，高职院校应为双师型教师的发展构建一个支持性、包容性的环境，促进教师的个人和专业成长，以及职业的持续发展。例如，高职院校需提供一个开放向上的文化氛围，让教师感受到他们的专业成长是学校发展不可或缺的一部分，从而增强教师的归属感和自主学习的动力。同时，高职院校提供平台和支持性资源，鼓励教师通过实践、反思和同行交流，不断探索和适应教育领域的新趋势和新技术，从而实现自我更新。

（二）确定培养目标

对于双师型教师而言，仅依赖职前教育和职后培训获得的知识和经验是不够的。在自主成长模式下，双师型教师必须增强自身可持续发展能力。这种能力是指教师在个体发展过程中不仅要适应当前的需求，还要为未来的发展创造有利条件，并提供必要的支持，这是个体发展的重要需求。具体来说，可持续发展能力主要包括自主成长意识、自主学习能力、自我反思能力。这也是实施自主成长模式，进行双师型教师培养的目标。

第一，自主成长意识。在当代科技迅猛发展的背景下，知识更新迭代速度加快，双师型教师需要不断成长以适应技术和知识更新的步伐。要想实现自我成长，先要具备强烈的自主成长意识。这种意识并非简单的外部驱动，而是教师内在自觉的结果，是一种内在的觉醒，促使个体意识到不断学习和发展的必要性。这种意识是行动的动力的源泉，激励着人们在工作和生活中不断追求进步和完善，克服日常教学和职业发展中遇到的困难和挑战，保持职业热情和教学质量。

具体来说，双师型教师的自主成长意识要建立在对职业发展、对自我发展的正确认知上。教师需要认识到在不断变化的教育环境中，自己的专业技能和知识体系必须与时俱进。这种认识不仅包括技术或方法的更新，还包括教育理念和策略的革新，教师持续关注行业动态，主动学习新的教育技术和理论，可以增强自己的教学效果和职业竞争力。教师还要具备自我认知的能力，准确理解个人需求与专业技能发展目标之间的关系，不断激发自我学习的动力，并明确自己职业生涯的发展方向。从自我认知、自我批评到自我超越和自我创新。自主成长意识的建立，还要求双师型教师深刻理解自我发展的重要性。这种理解促使教师从内心深处认同终身学习的价值，不仅仅是为了应对外部环境的变化，更是为了实现个人职业生涯的持续发展。通过这种自我驱动的学习和成长，教师能够不断提升自己的教育实践能力，同时能够更好地引导和激励学生发展其自主学习能力。

第二，自主学习能力。目前双师型教师的成长经历可以概括为"学校职前教育—教师培训—企业学习"的过程。在自主成长模式下，这一过程需要进行转变，将教师作为学习的主体，对教师的主体地位和价值进行肯定。未来的在职培训支持和鼓励每位教师根据自己的需求增强教学能力。教师作为教学的主导需要具备学习的主动性，自主成长模式下的学习不是简单等同于传统意义上的"自学"，而是一种激发教师主体性和内在动力的活动。

第三，自我反思能力。经验＋反思＝成长。双师型教师如果仅仅依赖经验而不深入反思，发展将受到限制。反思型教师能成为终身学习者，具备反思意识和能力的教师能够持续对自己的教学实践进行反思，从而不断提升自我。这种反思能力也是他们实现教学可持续发展的关键能力。通过自我反思，双师型教师能够重新认识自己的教学行为和理念，深化对职业教育教学活动的理解，提升教学质量和效果。尤其是在双师型教师的职业实践技能方面，有些知识难以用语言表述，需要通过长期的实践和反思来掌握。教师要将这些知识传递给学生，同样需要进行深入的自我反思。

（三）提供支撑性环境

1. 提供职业生涯规划支撑

在我国高校中，传统的教师职业生涯发展路径通常遵循"助教—讲师—副教授（高级讲师）—教授"的模式。然而，这样培养的教师往往缺少企业或行业所需的技术和实践能力，难以完全满足职业教育的特殊要求。双师型教师的成长路径应更加强调生产实践和技术水平，因此，适合的职业生涯路径可能是"助理工程师—工程师—高级工程师—教授级高级工程师"。这种路径与传统学术职称的提升相结合，能更好地体现双师型教师在生产实践能力提升中的学识水平发展。因此，双师型教师在自主成长过程中，职业生涯规划显得尤为重要。学校要提供支撑性环境，支持双师型教师的职业生涯规划。例如，允许教师进入企业进行代岗等，这是支持教师发展的重要环境支撑。

2. 提供实践能力课程支撑

双师型教师的知识结构独特，融合了职业实践知识、教育实践知识和专业实践知识，这些都是通过教师在实践中的不断内化和反思获得的。这种实践性的知识不是简单通过他人传授或书本学习可以获得的，而是基于实际操作的反思而形成的个体化经验。因此，在双师型教师的职前培养、职中工作和职后培训中，实践案例课程的学习至关重要。这类课程能使职前双师型教师借鉴实践经验，使职中双师型教师通过对比自身的实践探索进行取长补短，同时帮助职后双师型教师增加实践经验。只依靠教师个人的力量可能很难获得一些资源。例如，教师个人一般难以取得企业代岗的机会，这时学校应该积极联系资源，搭建平台，为双师型教师提供实践能力课程支撑。学校还可以建立一个支持性的资源网。通过与企业或者其他教育机构的协作和交流，分享最新行业发展信息、教学资源和创新教学方法。这种互助协作不仅可以提升教师个人的教学能力，还能促进整个教师团队的专业成长。

3. 提供自我认知课程支撑

传统高职院校中的双师型教师培养往往缺乏专门针对教师自我认知的教育课程。教育课程集中于对外部世界的认知，而忽视了对教师自我认知的培养。为了加强对双师型教师的自我认知意识和能力培养，学校可以设置专门的自我认知课程，帮助教师自主理解和评估自己的专业发展方向。这类课程应围绕三个核心方面展开：一是对自己过去发展历程的认知，二是对当前发展状态和能力水平的评估，三是对未来职业规划和目标的设定。教师只有进行正确的自我认知，了解自身的不足和努力的方向，才能激发出强大的内驱力，实现自我成长。

4. 提供微格教学课程支撑

微格教学是一种反思性的教师培训方法，它通过录制教师的教学活动并在课后回放，提供一个平台让教师和其他参与者一同分析和讨论。这种方法特别强调教师观看自己的教学录像，从而发现自身的优势和不足，并在此基础上进行深入反思。这种自我观察和反思过程非常重要，有助于教师形成自主发展的思路。同时，其他参与者作为旁观者，能提供客观的意见和建议，帮助教师改进教学实践。这种课程不仅增强了教师的自我认知能力，也促进了教师的专业成长和教学技能的提升。这是一种促进双师型教师自主成长的有效支撑。学校可以根据自身的经费条件，配备相应的软硬件设施，方便教师运用该方法进行自我反思和成长。

三、双师型教师自主成长的路径

自主成长模式的实施在很大程度上取决于教师个人的努力，学校提供了支撑性环境之后，教师在个人层面也要实现自主成长。以下是双师型教师自主成长路径的几点建议。

（一）确定详细的职业规划

对双师型教师来说，确定详细的职业规划是自主成长的关键一步，有效的规划可以帮助教师事半功倍。教师需要分析自身素质不足之处，确定提升的领域，设定短期和长期的学习目标，并规划职称评定、技能提高、学历提升及企业经历等关键发展阶段的实现方式。持续的自我分析，特别是在教育教学能力和职业实践能力方面的自我分析，是必要的。基于这些分析，教师可以确定发展目标和行动策略，明确发展的方向和实施途径。

双师型教师的成长具有一定的阶段性和连续性。教师通常会经历从新手型到熟练型，再到专家型的职业生涯阶段。每个阶段都应有针对性的成长目标和策略。新手型教师应专注于基础的教育教学能力和职业实践能力的培养，熟练型教师应致力经验提升、技术更新和智慧积累，而专家型教师则应关注在企业应用技术研发、技术服务和教育创新能力的发展。这种分阶段的培养策略有助于教师从被动发展转向主动发展。

（二）积极参加各种促进自主成长的活动

双师型教师应积极参与学校的教学研究、专业建设和课程开发工作，通过校本教研活动提升自身素质。教师可以通过行动研究来解决在教育教学过程中遇到的问题，并在此过程中提升理论水平，增加实践经验。这种主动的研究和探索活动是教师持续成长和知识积累的重要途径。双师型教师具有一定的行业背景，因此他们可以通过与企业的合作项目，在企业中的实习指导和实际工作体验来加深对专业实践的理解。这种直接的行业经验不仅增强了教师的实践能力，还可以使教师将新的行业技术和方法直接引入课堂，使学生受益。

（三）不断进行自我反思

反思是教师自主成长中的一种重要活动。通过反思，教师可以定期审视和评估自己的教学管理和生产实践行为。这种自我反思可以促进教师教育教学方法的转变，提高教育教学质量，并帮助教师总结经验、提升自身素质，如编写教学日志、参与同行评审或加入专门的教学发展小组。通过这些活动，教师能够深入分析教学过程中的成功经验和遇到的挑战，从而识别出需要改进的领域。

第二节　校本培养模式

双师型教师的校本培养模式是一种专门在高等院校或机构中培养教师的策略，旨在系统性地进行教师培养，使教师不仅具备必要的教育学背景和教学能力，而且拥有相关行业的实践经验和专业技能，能够适应职业教育的高素质要求。在此模式下，教师接受的培训既包括传统的教育理论和教学方法，也包括专业技能的实际操作训练，确保他们在职业教育中提供理论与实践相结合的教学内容。

一、校本培养模式的优势

校本培养模式的优势，如图 4-3 所示。

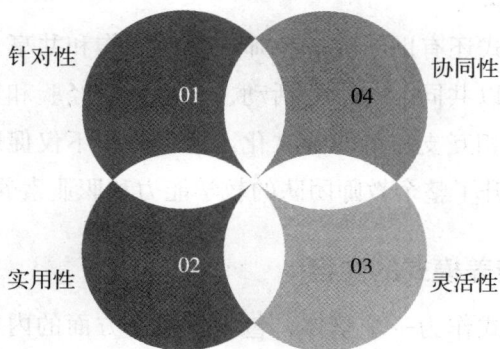

图 4-3　校本培养模式的优势

（一）针对性

校本培养模式最大优点是较强的针对性。学校可以根据自身的教育目标、学生需求以及教学环境的特定要求，定制教师的培训内容和培训方法。这种定制化的培训使得教师能够获得与日常教学活动直接相关的知识和技能，从而更有效地支持学校的教育策略和提升教学质量。

（二）实用性

在校本培养模式中，教师接受的培训直接关系在校的教学实践，这确保了培训内容的实用性。教师能够学习如何在具体的教学情境中应用新的教学技术和方法，如何处理教学中遇到的具体问题，以及如何评估和改进教学策略。这种紧密结合实际教学需求的培训不仅增强了教师的教学能力，也提高了学生的学习成效。

（三）灵活性

校本培养模式允许学校根据教育需求的变化快速调整培训计划。教学环境和学生需求是不断变化的，这种灵活性要求学校及时更新和调整教师的培训内容，确保教师的教学方法和技能始终处于最前沿。校本培养模式的灵活性还体现在可以根据教师个人的发展需要提供个性化的培训，从而更有效地支持每位教师的职业发展。

（四）协同性

校本培养模式还有助于促进教师之间的协作和共享。通过在校内进行培训，教师可以共同参与学习活动，分享教学经验和策略，从而建立起一种协作的和相互支持的职业文化。这种协作不仅促进了教师之间的互相学习，也提升了整个教师团队的教学能力和职业素养。

二、校本培养模式的内容

校本培养模式作为一个整体，包含了多个方面的内容，具体可以分为以下几项，如图4-4所示。

树立科学的教育理念

明确教师培养目标

规划系统的课程设置

精准实施教师培养

构建质量保证体系

图 4-4　校本培养模式的内容

（一）树立科学的教育理念

在双师型教师的校本培养模式实施过程中，第一个且最关键的步骤是树立科学的教育理念。这一理念的树立是整个模式成功的基础，直接影响到教师培训的方向和质量。科学的教育理念涵盖对双师型教师应具备的知识和能力的清晰认识，以及如何在高职院校中实现这些理念的具体策略。

科学的教育理念明确了双师型教师的核心职责和发展目标。双师型教师不仅需要具备深厚的专业理论知识，同时应掌握教育学的方法和技巧。这一教师群体被视为专业知识与教育知识双重素质的集合体。他们的教学活动既包括专业知识的传授，也涉及如何有效地教学和促进学生的全面发展。

科学的教育理念的形成应基于对教育本质的深刻理解。职业教育的目标不仅是传授知识，更重要的是培养学生的职业能力和实际操作技能。因此，双师型教师的教育理念需要超越传统的教育理念，强调理论与实践的结合。在这种理念指导下，教师的专业发展不再仅仅依赖理论知识的积累，更侧重于如何将这些理论知识应用于实际教学中，以及如何通过教学实践来不断提升自己的教育技能和专业水平。

　　树立科学的教育理念还意味着对教师角色的重新定位。双师型教师在职业教育体系中扮演着极为重要的角色。他们不仅是知识的传递者，更是技能训练的指导者和学生职业发展的促进者。这要求教师在职业发展过程中不断更新自己的专业知识和教育技巧，以适应教育的最新需求和发展趋势。

（二）明确教师培养目标

　　明确教师培养目标在双师型教师校本培养模式中同样至关重要，核心是确立一个综合学术知识、技术能力和职业技能的教师培养目标，以实现学、技、职相融合的教育模式。

　　在定义双师型教师的培养目标时，先要明确期望培养什么样的教师，需要具备哪些关键素质。双师型教师不仅要有能力在学术领域进行深入研究，还要将理论知识应用于实际的职业教育场景中，解决实际生产和工作中的问题。这一教师群体的特点是理论与实践的高度融合，他们能够将复杂的理论知识转化为可操作的技术指导和解决方案。

　　双师型教师的培养目标可细分为三大类：学术性目标、技术性目标和职业性目标。学术性目标侧重于教师的理论知识和研究能力的培养，旨在增加教师在学术领域的深度和广度。技术性目标则关注教师的技术实践能力，强调教师应具备将理论知识转化为实际操作技能的能力。职业性目标强调教师在职业教育环境中的实际工作能力，包括解决工作场所实际问题的技能和与职业相关的态度和价值观。

　　通过明确培养目标，双师型教师的校本培养模式能够全面覆盖教师职业发展的各个方面。这不仅包括了理论的学习和研究，还涵盖了技术的应用和职业的实践。这种全方位的培养策略确保教师能在不同的教育和职业背景下发挥最大的作用，从而更有效地支持和促进学生的学习和职业发展。

（三）规划系统的课程设置

　　在双师型教师的培养过程中，课程设置与实施是一个关键环节，直接关系到教师未来在职业教育领域的表现。课程的设计要确保教师能够在理论与实践中找到平衡，同时培养他们解决实际问题的能力，最终达到培养高层次、应用型双师型教师的教育目标。

1."职业课程 + 教育课程 + 专业课程"

职业课程主要集中于行业特定的知识和技能。这些课程不仅提供了必要的职业背景知识，还培养学生的实际操作能力和对行业动态的敏感度。

教育课程则着重于教育理论和教学方法，包括教育基本理论专题、教育科学研究方法论和职业教育心理学等。这些课程旨在培养教师的教育理解力和教学技巧，使他们能够有效设计课程、评估学生进展和应对教育中的挑战。

专业课程强调学术领域内的最新进展和技术，如机械工程学科新进展和机械设计制造领域的新技术专题研究。这些课程为教师提供了深入的专业知识，支持他们在教育环境中传达最前沿的科学和技术。

整合三类课程的目的是构建一个互补的教育体系，确保双师型教师在职业素养、教育能力和专业知识方面的全面发展。通过这样的课程结构，教师不仅能够掌握所需的专业知识，还能够理解和实施有效的教学策略，并具备在真实职业场景中应用这些知识的能力。

这一课程结构的成功实施还需要教育机构综合考虑行业需求、教育理论和科技进步情况，确保课程内容的时效性和实用性。这也要求教师培训计划在设计时能够灵活调整和更新，以适应快速变化的教育和技术环境。通过系统性和综合性设计，双师型教师能够在教学和行业实践中展示卓越的能力，有效推动职业教育的创新和发展。

2."技能实践 + 工程实践 + 教育实践"

在双师型教师培养的课程设置中，加强实践环节是至关重要的。这一环节通过结合技能实践、工程实践和教育实践，确保教师全面掌握和应用专业知识与技能。

技能实践主要通过相关的理论培训与实际操作训练相结合，使教师不仅能学习专业理论知识，还能掌握具体职业技能，并获得相应的职业资格证书。这一过程通常在行业专家或企业人员的指导下进行，以确保技能的正确性和实用性。

工程实践环节要求教师深入企业一线，参与到实际的产品开发和生产工艺中。通过这种方式，教师能够将在课堂上学到的理论知识应用于实际工作中，同时熟悉和掌握相关的技术技能。这不仅有助于增强教师的实际操作能力，还有助于他们进行科学研究和技术创新。

教育实践则在高校环境中进行，教师参与到相关专业的教育教学活动中，包括专业建设和课程开发。通过这种实践，教师能够提升自己的教学方法和策略，完成教学实践研究报告。这一环节不仅强化了教师的教育技能，也为他们进行教育科学研究提供了机会。

3. "校内导师 + 校外导师"

双导师制在双师型教师的培养中发挥着核心作用。这一制度通过校内导师和校外导师的结合，形成了一个全面的指导体系。校内导师主要负责理论教育和学术研究的指导，而校外导师则提供实际工作经验和技术培训，确保学生能够在理论学习与实际应用中都得到充分的支持。

在实际操作中，由于校外导师和校内导师均有各自的职责和任务，可能会导致时间和资源上的限制，这在一定程度上影响了学生的培养质量。因此，双导师制需要进一步规范和加强，以确保能够充分发挥集体培养的优势，同时弥补传统教育中理论与实践分离的不足，从而提高双师型教师的培养质量。

（四）精准实施教师培养

1. 职业技术师范院校的专业化培养

职业技术师范院校自20世纪70年代末至80年代初陆续成立以来，一直是职业教育师资培养的主力军。职业技术师范院校不仅标志着我国职业教育师资培养新篇章的开启，而且在其几十年的发展历程中，从创立到迅速成长为职业教育师资培养的骨干和示范，展示出重要的教育力量。

这些院校具有独特的高等教育模式，不同于传统的工科或普通师范学院，职业技术师范院校专注于培养学术性、技术性与师范性相结合的职业教育师资。这些院校重视实训基地的建设，强调学生的动手能力与教师的资格，以促进教育学与工学的有机融合。经过多年的努力，这些院校已经构建了一个较为完整的职业教育师资培养体系，并在经济教学论、技术教学论等学科领域取得了显著成就。

当前，高等教育师资队伍中双师型教师短缺，职业技术师范院校的存在和发展对于弥补这一缺口至关重要。一些高校在发展高层次教师和学科带头人方面存在局限，职业技术师范院校的规模化和专业化培养成为解决师资短缺问题的关键策略。这些院校不仅为职业教育系统提供了宝贵的师资资源，还积累了大量的培养经验，为我国高等职业教育的持续发展和质量提升打下了坚实的基础。针对现有的师资培养策略，高校目前主要采用"送出去"和"引进来"的方法。将本校教师送至企业进行实践锻炼的做法常常效果不佳，原因在于教师和企业双方的积极性不高，教师在企业中的实践锻炼待遇和工作量问题未能得到妥善解决，同时企业对参与教师培训的热情也不足。直接从企业引进的工作人员则常常缺乏必要的教育理论知识。

面对这些问题，职业技术师范院校的专门培养显得尤为关键。这些院校通过专门化的培养方案，能够系统地解决双师型教师的培养问题，确保教师既具备专业的技术能力，又掌握必要的教育技能。这种专门化的培养不仅能提供数量充足、质量优良的职业教育师资，还能明显提升职业教育的整体教学质量和效果，是摆脱当前师资困境的有效策略。

2.综合性高校等附设职业教育教师培养机构的培养

在我国职业教育师资培养体系中，综合性、工科性和技术性高校设立的职业教育教师培养机构扮演着至关重要的角色。这些机构在学科深度、师资力量、技术设备及实验条件等方面具有显著优势，为职业教育双师型教师的培养提供了坚实的基础。

综合性、工科性和技术性高校各有独特之处。一些高校在学科与师资方面尤为突出，能够提供广泛的学术资源和研究平台，这对理论教育和教师专业发展极为有利。而另一些高校则在技术设备和实验条件上占据优势，这不仅有助于增强教师的技术教学能力，还有助于提高他们的实际操作技能。这些优势不仅吸引了优秀生源，也为职业教育教师提供了完善的教育基础设施，从而培养出能够适应现代职业教育需求的高质量教师。

国际上，多个国家采取了类似的模式来培养职业教育教师。例如，日本和美国通常在综合性大学内部设立教师培养机构，而德国和英国则倾向于在技术类师范大学或多学科大学中设立专门的师范或教育系，专注于教师的培养。这些模式强调了教师培养的专业性和针对性，确保教师教育既有理论深度又有实践广度。

从20世纪80年代末开始，我国也逐步在普通高校和师范院校中设立职业技术教育学院，借鉴了国内外的成功经验。这些机构的建立不仅促进了职业教育师资培养体系的多样化，还提高了教师培养质量，使得教师教育更加符合职业教育的特点和要求。这种模式可以整合各类院校的资源和优势，为职业教育师资的持续发展和创新提供强有力的支持。

（五）构建质量保证体系

在双师型教师培养模式中，质量保证环节是确保教师培养质量和效果的关键所在。质量保证体系要根据双师型教师的特征和本质，强调理论学习与实践能力的平衡，特别是在提升教师的专业实践能力方面。

质量保证的第一步是改变职前培训中学科化倾向，提升实践教学的比重。这包括提高企业的参与度，引入现代企业的新技术、新工艺和新方法。这种方式不仅可以保持教学内容与科技发展的同步，还可以确保教师的技能培训更贴近实际工作需求，从而有效提高教师的专业实践能力。

职后培训应明确企业与应用型高校合作的义务性，确保教师和学生能够真正进入企业进行实习和锻炼。这种实践不仅让教师接触并掌握新技术、新方法和新工艺，而且能显著提高他们的实际操作能力。实践机会的增加，尤其是让双师型教师参与到实际的生产工作中，是提高教师实践能力的有效途径。

建立相关的平台使教师能深入企业进行实践非常关键。这些平台应包括但不限于实习基地、工作坊、实验室等，这些都是教师能够实际操作和提升自己技能的重要场所。同时，建立相关的制度和评价机制也是必要的。这些制度和评价机制应该考核和评价教师赴企业实践的实效性，确保每次实践都能带来实质性的提升和进步。

通过质量保证体系，双师型教师的培养过程可以确保教育质量的提升和教师的全面发展，使教师在理论知识和实践技能上都能达到职业教育所需的高标准。这不仅是对教师个人职业发展的投资，还是对提升整个职业教育系统质量的重要贡献。

第三节　校企合作培养模式

双师型教师培养的校企合作培养模式是一种职业院校与企业紧密联系、合作育人的教师培养方式。在这种模式下，教育机构与行业企业共同参与教师的培养过程，以确保教师教育既符合学术标准，又满足实际工作需求。教师不仅接受传统的教育学和学科专业知识的培训，还需参与到实际的企业环境中，学习和实践行业最新的技术和方法。这种模式通过实际操作和企业文化的融入，培养具备专业技能和教育能力双重素质的教师。

一、校企合作培养模式的优点

校企合作培养模式具有结合教育界与产业界的独特结构，能够有效促进双师型教师在实践技能和理论知识上的双重提升，具有显著的优点，具体如图4-5所示。

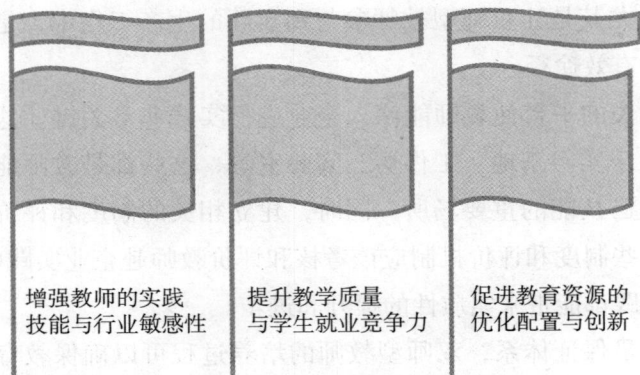

图4-5　校企合作培养模式的优点

（一）增强教师的实践技能与行业敏感性

双师型教师校企合作培养模式允许教师在真实的工作环境中进行学习和实践，这种亲身体验不仅加深了教师对专业知识的理解，还极大地提升了他们的实践技能。通过直接参与企业的日常操作和项目管理，教师能够获取最新的行业知识和技术，能够教授学生最前沿的技能。这种密切的行业接触也培养了教师的行业敏感性，使他们能够预见到行业的变化并相应地调整教学内容和方法，确保教学内容始终与行业标准和需求保持同步。

（二）提升教学质量与学生就业竞争力

校企合作培养模式将企业实际需求和先进技术直接融入教学中，不仅提升了教学内容的质量和实用性，还增强了学生的就业竞争力。教师在企业中的实践经验能够转化为更具体、更实用的教学方法，使学生在学习期间就能接触并掌握实际工作中所需的核心技能和操作流程。学生通过与具备实际工作经验的双师型教师互动，还能够更好地理解职业道德和工作场所的行为规范，为将来步入职场做好准备。

（三）促进教育资源的优化配置与创新

校企合作培养模式鼓励教育机构和企业共享资源，包括实验设备、技术和人才等。这种资源共享不仅降低了教育成本，还促进了教育资源的优化配置。企业可以根据自身需求直接对教育内容和方式进行反馈，推动教育机构在课程设计和教学方法上进行创新。同时，企业参与教师培养和课程设置的过程，也有助于教育机构更准确地定位教育目标，以符合行业发展的实际需求。这种密切的合作关系还能促进新技术和新方法的应用，加速教育内容的更新换代，确保教育质量的持续提升。

二、校企合作培养模式的内容

（一）明确培养理念

在双师型教师校企合作培养模式中，首要步骤是明确培养理念。教师培养过程应该秉承"产学研结合"理念，该理念强调在教育过程中实现产业、学术和研究的深度融合。

传统教育常常侧重理论教学，而忽视了对实践能力的培养。产学研结合理念突破了这一局限，强调理论学习与实践应用的紧密结合。学校提供理论基础，而企业则提供实际操作的平台。通过这种方式，教育更加贴近实际工作需求，大大提高了教育的实效性。

在这种培养理念下，企业的需求直接反馈到培养过程中，使得教育内容和方向更加符合市场和行业的实际需求。企业不仅提供实习基地，还参与到课程设计、技能认证等环节，确保教育成果能够即时响应市场变化，提升学生的就业竞争力。通过与科研机构的合作，教育机构还能够获得最新的科研成果和技术，将这些前沿知识和技术融入教学和实践中。同时，学生和教师参与实际的科研项目，不仅提升了自身的研究能力，也推动了科技成果的转化和应用。

产学研合作培养理念支持形成跨学科、多技能的综合性人才培养体系。这种体系不仅注重专业技能的培养，还关注学生的创新能力、团队协作能力和问题解决能力的发展，全方位提升学生的综合素质。

这种以产学研结合为核心的培养理念，具有重要的指导意义。它不仅为双师型教师的培养提供了清晰的方向和方法，也为职业教育领域的发展提供了新的视角和动力。通过实现教育内容、教育方式和教育目标的现代化，这一理念有效地连接了教育与经济社会发展的需求，为培养适应未来挑战的创新型人才奠定了坚实的基础。

（二）定位培养目标

在双师型教师校企合作培养模式中定位培养目标是具有指导性的一环，这一目标旨在培养"理实一体"的复合素质教师。这一培养目标是根据产学研结合的培养理念设定的，强调在专业素养、教育素养和职业素养三个方面实现融合，同时在理论知识、实践应用和研究创新三个层面上展现层次性。

这一培养目标要求教师在专业素养方面不仅要深入掌握专业的基础理论体系，还要在实际工作中熟练地应用这些理论知识，展现出较强的专业实践能力，并具备在该专业领域内进行科研创新的能力。教师在教育素养方面需要掌握扎实的教育理论，能够高效地从事专业教育工作，同时具备开展教育研究的能力，能在专业教学论、专业课程论、专业教育心理等方面做出贡献。教师在职业素养方面应该了解并掌握与所教专业相近的职业信息，能够将最新的职业动态和技术变革信息融入自己的教育实践中，同时具备应对技术变革和职业发展过程中挑战的能力。

这样的培养目标定位显示了一种"理实一体"的复合素质培养方向，不仅仅是传授知识，还是培养能够适应快速变化的职业环境、能够进行创新研究，并且具备高度教育责任感和职业道德的复合型人才。通过这样的培养目标，产学研结合的教育模式不仅旨在满足生产的需要，也在培养能够推动科学技术知识创新和促进人的全面发展的教师，从而实现教育的深层次目的，满足社会的广泛需求。

（三）整合课程设置

在双师型教师校企合作培养模式中，整合化的课程设置与实施是基于双师型教师的复合型人才特征设计的。这一设计体现了专业课程、教育课程与职业课程的全面整合，旨在构建一个涵盖理论知识与实践技能、教育方法与职业发展的综合性知识体系。

　　整合化的课程设置要求将专业课程、教育课程和职业课程紧密结合。这种结合不是课程内容的简单叠加，而是一个深度融合的过程，旨在充分发挥教育学的理论指导作用和工学的实际应用优势。例如，教育学课程使教师能够掌握设计和实施教学计划，理解学习心理和教育评估；而工学课程则强调专业知识和技能的实际应用，使教师能够在职业技术领域保持前沿状态。这样的课程整合，可以构建一个"职业课程＋教育课程＋专业课程"的复合型课程结构，使教师在理论和实践之间建立有效的桥梁。

　　整合化的课程设置还体现在基础性课程、研究性课程和应用性课程的有机融合上。基础性课程确保教师具备坚实的专业知识、教育理论和职业发展的基本素养；研究性课程旨在培养教师的职业教育研究能力，包括教育方法的创新、课程内容的研发等；应用性课程则专注于提升教师的职业教育实践能力和职业技能，如通过实习、模拟教学和工作坊的形式，使教师在实际教学中熟练应用所学知识。

　　这种课程设置的整合不仅促进了教师在知识广度和深度上的全面发展，也为其未来的职业生涯提供了强大的支持。整合化的课程设置使教师能够在多变的职业环境中灵活应对，不断更新自身的专业知识和教育技能，同时根据行业需求进行教育创新，最终形成一个能够实现理论与实践、教学与研究无缝对接的教师培养体系。这种课程设置的复合功能实现，显著提升了教师的综合竞争力，有力支撑了教育目标的实现和教育质量的提升。

（四）建立多元化的培养途径

　　多元化培养途径依赖于高职院校、企业等多方的参与。双师型教师的培养需要学校和企业的联合力量。这类人才的培养不限于单一领域，由于其复合特性需要多元主体参与，是一种跨界性的培养。

　　高职院校在这个培养体系中扮演着基础性的角色，主要负责构建和传授专业的学术理论知识，为双师型教师的专业发展奠定坚实的理论基础。这不仅包括传统的学术教育，还通过职业教育课程的开设，将最新的职业教育发展趋势、研究课题及教育理念整合进课程中，从而提升教师的职业教育素养。

企业在此培养模式中提供了实践平台，不仅提供职业技能训练，还引入了职业发展的最新信息。这种实践经验的提供，特别是在生产、技术应用及技能实施方面的深度参与，确保了教育内容的前沿性和实用性。企业的参与使得教师能够直接接触到行业最新的技术和市场动态，这对于教师的专业成长及教学内容的实时更新至关重要。

虽然高职院校和企业各自在双师型教师培养中扮演了重要角色，但在实际操作中常常面临资源和时间投入的限制。高职院校的教学和科研任务繁重，而企业则主要关注生产效率和经济效益，这些因素都可能导致双方难以有效协同。因此，建立一个多元化合作的培养制度显得尤为重要。这种制度可以规范和加强不同培养主体间的合作，从而有效提高双师型教师的培养质量。

双师型教师的培养是一个综合素质的内化过程，需要通过一体化的培养方式来实现。这种一体化不仅仅是理论和实践的简单结合，而且是一个深度融合的过程。它包括理论与实践的一体化、学术与工作的一体化、研究与学习的一体化等多个层面。在这一过程中，教师不仅是知识的传递者，还是实践的参与者和创新的推动者，他们通过在教学中不断融合理论和实践，能够提供更为丰富和生动的教学内容，更好地满足学生和行业的需求。

（五）完善质量保障

完善质量保障要求在双师型教师的培养过程中加强双师型教师培养的政策支持和制度完善。

1.完善政策和激励措施

这旨在通过多层面的政策和激励措施，确保职业教育教师能在企业环境中获得有效的实践经验，同时提升专业素质和实践技能。

加强对校企合作培养模式下双师型教师培养的政策支持，包括完善教师在企业实践的制度安排，确保教师在校内外的待遇公正合理。具体措施可包括为教师提供明确的校内待遇、合理的校外补贴以及对于实践锻炼成果的奖励机制。这些具体政策可以激励教师积极参与到企业实践中，增加教师的实践经验，提升其职业技能。

建立一个有效的监督和考核制度是提高教师实践活动有效性的关键。这种制度可以确保教师定期到企业挂职锻炼，并通过奖励政策鼓励教师的定期企业实践，从而提升他们的专业素质。制定激励政策，鼓励企业技术人员到应用型高职院校兼职，也是促进校企合作的一种有效方式。这不仅可以加强学校与企业之间的互动，还可以通过政府的支持，为相关活动提供资金保障，确保校企双方及兼职教师的利益得到均衡。

借鉴国际经验，如国外的教师学术休假制度，也是推动高职院校教师深入企业实践的一个创新途径。通过这种制度，符合条件的教师可以利用学术休假，全身心投入企业实践中，不受常规教学任务的干扰。这种做法不仅有助于教师获得宝贵的行业经验，还有助于其更新教学内容和方法，以贴合实际工作需求。

2. 搭建产学研相结合的共同体实践基地

搭建产学研相结合的共同体实践基地，着重建立一个多方参与的实践平台，可以促进双师型教师的综合培养。这主要通过三个关键环节实现：成立双师型教师培养委员会、明确和实施产学研合作项目以及建立公共实践基地。

其中，成立双师型教师培养委员会是确保培养活动顺利进行的关键。该委员会具有协调人才培养、科研开发和社会服务等多个职能，定期召开产学研合作会议，保持高职院校和行业企业之间的紧密联系和通畅沟通。通过搭建这样的合作桥梁，该委员会不仅引导高技能人才进入高职院校，还为高职院校提供双师型教师的培养支持，同时组织和发布科研项目，以促进相关领域的研究发展。

明确和实施产学研合作项目对于提升双师型教师的科研水平和技术能力至关重要。这些项目不仅应侧重于开发实用技术和提供技术服务，还应保证双师型教师能够始终站在行业技术的前沿。实施这些合作项目，既可以推动技术成果的产生，也能为企业提供创新服务，形成教育和产业的双向促进。

建立公共实践基地也是实现教育与产业深度融合的重要环节。这样的基地不仅为双师型教师提供直接接触生产第一线的机会，让他们能够获得最新的技术、知识、工艺、材料及方法，还能获取相应的职业资格证书。同时，基地中的高技能人才可以承担实践教学任务，确保师资队伍的高素质和稳定性。

这要求校企合作不应是表面的互访，而应是一种深入的、多层面的合作。例如，课程体系的构建就需要高职院校和企业等多方的共同参与和协作。这种合作可以确保双师型教师培养既具备企业实践的第一手经验，又深入了解高等教育的教学理论和操作，以及专业领域的系统文化，实现教育内容的持续更新和深度整合。

第四节 文化生态模式

文化生态模式与其他培养模式关注技能和知识不同，其他模式关注个体的认知和操作技术，往往强调理性和标准化的教师发展观，缺少对双师型教师在不同文化背景下的独特性和异质性的文化关怀。文化生态模式强调人文关怀的倾向，更关注个体与社会文化环境的互动，强调个体发展是一个与文化共融从而转变的过程。

文化生态模式强调双师型教师的成长不仅是个体努力的结果，而且是个体在特定社会文化环境中，与其他教师和社区成员相互作用的动态过程。在这一模式中，教师的专业发展被视为生态变革，依赖于他们所处的环境和文化群体。教师的专业实践、教学策略和风格的形成，并非单靠个体孤立努力，而是通过与同行的合作、与社会文化环境的互动。

在此模式下，教师的专业发展不限于学习某些学科知识或进行个人反思，而是创建一个合作的教师文化。这种文化环境鼓励教师共享资源、经验和策略，通过群体性的文化来促进每个成员的发展。因此，文化生态模式下的双师型教师培养强调校企合作、工学结合以及理论与实践的融合，使教师在合作互助的文化环境中实现个人与群体的共同成长。

一、文化生态模式的优势

文化生态模式的优势展现不同的双师型教师培养风格，通过识别和理解文化生态模式的优势，如图4-6所示，教育决策者和高职院校管理层可以采取更加有效的教师发展策略，确保教师培养计划与教育目标的一致性。

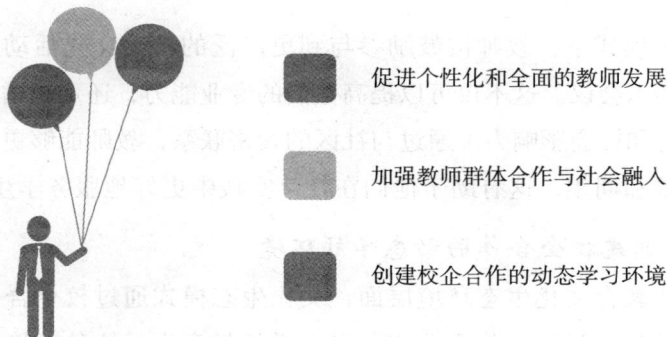

促进个性化和全面的教师发展

加强教师群体合作与社会融入

创建校企合作的动态学习环境

图4-6　文化生态模式的优势

（一）促进个性化和全面的教师发展

文化生态模式通过整合个体、群体和环境三个层面的互动，为双师型教师提供了一个全面发展的平台。在个体层面，该模式重视教师的个人成长经历、认知方式、思维模式、价值观念等，允许教师在多元化的文化活动中找到自我成长的路径。这种方法帮助教师理解并吸收多种教育理念和文化属性，从而成为一个独立而全面发展的教育者。

文化生态模式强调教师的教育观念和知能结构是在特定的社会文化环境中形成的，这种环境依赖的是持续的文化交流和社会互动。教师不仅仅是知识的传递者，还是文化的参与者和创造者。在这种培养模式下，教师能够通过实际参与到文化构建中，不断调整和优化自己的教育方法和教学风格，以适应教育环境的变化，这有助于提升他们的教育质量和职业满意度。

（二）加强教师群体合作与社会融入

文化生态模式通过强调教师群体间的互动合作，极大地促进了教师之间的经验分享和知识传递。这种人际层面的合作不限于传统的师徒关系，还包括同行间的协作与支持。教师与同行交流合作，可以共同解决教学中遇到的问题，共同创新教学方法和策略。这种群体合作方式对教师个体来说是一种职业上的支持，可以减少教师职业孤立感，增强其职业归属感。

在这个模式下，教师被鼓励参与到更广泛的社会文化活动中，如社区服务、学术会议。这不仅可以提高他们的专业能力，还可以增强他们的社会责任感和社会影响力。通过与社区的紧密联系，教师能够更好地理解社区的需求和期望，这有助于他们在教育实践中更好地服务学生和社区。

（三）创建校企合作的动态学习环境

在职业教育文化生态环境层面，文化生态模式通过校企合作创造了一个动态的学习环境，将企业文化融入学校教育中。这种环境不仅为学生提供了实践学习的机会，也为教师提供了持续职业发展的机会。通过实际参与企业的日常运营和项目管理，教师可以直接从业界获得最新的技术知识和市场动态，这些经验可以转化为课堂教学内容，增强教学的实用性和前瞻性。

校企合作模式下的一体化教室和生产流水线不仅仅是硬件设施的改变，更是教学理念和方法的革新。通过产教结合，教师能够设计出更符合工业标准的课程，同时能够通过实际操作来验证和调整自己的教学策略。这种理论与实践的紧密结合有助于教师更深入地理解职业教育的本质，提高教育的有效性和针对性。

二、文化生态模式的内容

（一）确定教育理念：多维度文化生态发展

双师型教师的成长和发展是一个复杂的文化生态过程，涉及个体、群体和环境三个互动层面。

1.个体层面

在这一层面上，探讨双师型教师如何通过参与文化活动实现个人成长。这包括他们的认知方式、思维模式、价值观、处世态度和生活方式的发展。分析特定社会和文化环境如何影响教师的教育观念、知能结构和文化性格，可以提供个性化的发展视角。

2.群体层面

教师群体中的合作交往对教师专业成长至关重要。特别是传统方式，可以有效促进教师的职业技能和教育理念的传承与创新。

3.环境层面

教师的工作和生活环境对其专业发展产生显著影响。在文化生态模式下，双师型教师的职业成长深受职业技能熏陶和职业文化涵养的影响。为了促进这一过程，学校需要构建融合校企特点的文化环境，如将企业文化融入学校教育中，营造企业化的氛围。这可以通过建立企业格言墙、励志墙，与企业合作在校园内设立生产流水线，运行校办工厂，生产和加工产品，以及建立一体化教室和实施一体化教学来实现。这种产教结合的模式不仅加深了学生的学习体验，也显著提升了双师型教师的专业发展水平。

（二）定位培养目标：形成双师型文化

双师型教师的培养不仅侧重于教学技能和职业技能的提升，还重视在文化层面的深入发展。有效的教学策略对一位教师而言可能适用，对另一位教师而言则可能不适用。因此，教师的专业成长需要更多在专业精神、信念、价值观等文化层面进行培养，这有助于教师形成独特个性和深厚内涵。

教师的专业核心，或称为专业精神的驱动力，应当是其所承载的文化。只有当这种文化足够强大时，才能成为教师专业能力和专业素质的坚实基础。教师文化，作为一种组织文化或群体文化，是教师群体在共同的教育环境中通过教育教学活动创造的物质和精神成果的总和。这种文化可以分为三个层次：思想观念、价值体系和行为模式。三者共同构成了教师文化的整体。

在这种文化生态模式下，独特的双师型文化形成。这种文化不仅深入教师的信念、态度和对工作的理解中，还渗透到他们的教育教学行为中。这种深刻的文化影响能够极大地促进双师型教师的培养和发展。

1. 坚定尊重技术技能的双师型教师职业教育信念

信念是个人对某些观点、原则或理想形成的内心真诚的信仰。只有当个体深信其职业的价值时，他们才能全身心地投入这项工作中。对双师型教师而言，信念是他们成长和发展的思想基石，直接影响他们的行为。信念在个体的专业或职业发展中占据最高层次，支配着个体素质结构的其他方面。因此，双师型教师的职业教育信念构成了一种深层次的文化结构。

双师型教师应始终坚持重视职业教育的信念，坚信技术技能在国家和社会发展中的重要性，坚信职业教育在推动国家社会经济发展中的核心价值。这种信念的确立是教师文化形成的基础，也是双师型教师文化生态模式的关键组成部分。

2. 塑造行动导向传递技术技能的双师型教师行为

双师型教师文化是基于深层信念形成的，并由此向外表现，最终体现在教师的专业态度和教育教学行为上。这种文化通过教师的具体行为得以外显，其中，双师型教师的行为特别强调技术技能的教育和传承。这包括采用适合特定学生特征的教育方法、在与学生的交流互动中运用技术技能以及与同事和企业生产有效联系。

双师型教师的行为改变不仅仅是传统教学的调整，而且是一种行动导向的教学方法，这种方法着重于技术技能的传授而非单纯的理论知识教学。这种行动导向的教师行为不仅区别于普通教师，而且强调了双师型教师所特有的教育活动性质——教授实用技术技能。通过这样的实践，教师能更有效地将理论与实践结合，提高教育的应用性和实效性，从而更好地满足学生和社会的需求。

（三）构建双师型文化的培养体系

双师型教师代表了一种独特的文化形态和象征，他们的培养和成长过程本质上是一个文化形成的过程。这一过程需要依托于双师型文化的培育，这本身是一个复杂的系统工程。要有效地培养双师型教师，就要建立一个由政府、高职院校、教师及双师型群体参与的多维网络。

双师型教师的成长依赖于学术文化、企业文化和教师文化的有机融合。这种融合可以在学校中创造一种企业化的氛围，强化校企合作的文化特征。这种文化环境不仅有助于促进双师型教师的专业发展，还有助于加速他们的职业技能成熟。实现这一目标的关键在于采用跨界的教育策略，融合"学校与企业、工作与学习、理论与实践"的元素，以培养具有复合型知识结构的教师。

在具体操作上，应开设相关课程以促进这种文化的融合。专业课程开发需要吸纳职业文化的元素，使课程内容与职业实践紧密对接。潜在课程的文化影响也不容忽视，这涉及课程环境和教学方式的设计，都应当强化文化传递的功能。

鼓励企业技术人员加入高职院校的师资队伍，不仅能传递技术知识，还能将企业的价值观念和文化带入校园，实现企业文化与学术文化的深度融合。这种方式可以构建一个整合学术文化、企业文化和教师文化的综合课程文化理念，从而有效地推动和促进双师型教师的全面发展。

三、文化生态模式的实施途径

在文化生态模式下，教师的发展总是在特定的文化生态系统中实现的。学校作为这一系统的重要组成部分，需要为教师的成长创造一个良好的文化生态环境，通过人与文化的相互建构来推动学校和教师的主动发展，可以从以下几个途径着手实施，如图 4-7 所示。

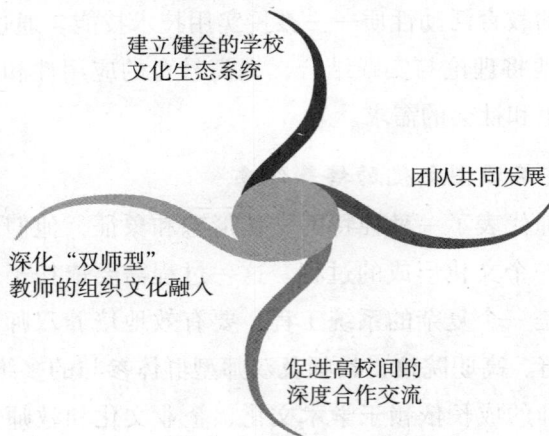

建立健全的学校
文化生态系统

团队共同发展

深化"双师型"
教师的组织文化融入

促进高校间的
深度合作交流

图 4-7　文化生态模式的实施途径

（一）建立健全的学校文化生态系统

在文化生态模式中，要认识到双师型教师的成长本质上是一个文化过程，重点应放在技术文化、职业文化、企业文化等内在力量的培养上。教师的价值观和行为模式的改变往往不是通过外部强制灌输实现的，而需要在适当的文化环境中自然发生。因此，双师型教师的成长依赖于真实的企业文化环境。只有当教师深入并融入真实的企业环境中，他们才能更容易和更深刻地内化职业教育的价值观和行为准则。通过这种方式，教师不仅能学习具体的技术技能，还能吸收企业的工作态度和职业精神，这些都是双师型教师成功的关键因素。

教师信念与教师教学行为之间不是单向因果关系，而是动态互动关系。教师的信念不仅由教育实践和生存环境塑造，还指导和影响教学实践。教师在教学过程中的反思和经验积累，反过来又能够塑造和改变其现有的信念。学校应无界化整合校内资源，促进双师型师资队伍的建设，通过创建包容和支持的文化环境，使教师在实践中不断学习和成长。

（二）深化双师型教师的组织文化融入

组织文化是影响双师型教师发展的关键文化之一。在这种环境中，教师与具体情境的互动显得尤为重要。强化教师之间的交流合作和知识共享是构建有效的组织文化的核心，通过这种互助模式，教师可以相互借鉴和吸收宝贵经验。双师型教师在"师傅带徒弟"的模式下获得成长，这种方法对新教师特别有效。新教师可以选择一位经验丰富的老教师作为专业课教学的指导教师，通过一对一或一对多的指导，新教师不仅能获得知识的传授，还能在实际教学中学会独立解决问题。老教师应毫无保留地传授知识和经验，而新教师则需积极吸纳并敢于面对教学中的挑战。通过这种师徒互动，新教师的专业知识和教学能力能够得到提升。除了师徒制外，教师间的日常合作和知识交流也是双师型教师发展的关键。教师应定期进行听课、交流和探讨，这种互动有助于教师内化各种信息，完善自身的认知、态度和行为。各科目的带头人应发挥领导作用，通过技术研发和生产实践的参与来引领其他教师的发展。构建以学科带头人为核心的技术研发和培训体系，定期派遣学科带头人到国内外高职院校和企业进行考察和研修，可以使他们掌握职业教育和企业生产的最新动态。为这些学科带头人创造参与技术改革和产品研发的条件，可以有效提升整个教师团队的专业水平和教学质量。实施这些措施，可以构建一个积极的组织文化，不仅能提升双师型教师的职业技能，还能激发其对职业教育的热情，从而提升整个教育组织的教学效果和专业发展水平。

（三）促进高校间的深度合作交流

双师型教师培养具有高成本和复杂性，高职院校之间需要建立一个优势互补、资源共享的合作平台。加强纵深合作，可以确保双师型教师培养的资源得到充分且有效的利用。例如，高职院校可以选拔一批专业带头人和教学科研骨干，派遣他们到普通高校或科研单位，以此提高他们的专业理论水平。

　　高职院校之间应定期组织交流访问活动，互派双师型教师到对方学校担任兼职教师，参与教学活动如公开课和示范课，以及参加教学研讨会等。这种跨院校的合作不仅增进了教师之间的相互了解，还促进了经验与技术的交流，提高了教育质量和教师的专业发展水平。

（四）团队共同发展

　　在双师型教师的成长和发展过程中，缺乏团队依托是一个常见问题，这可能导致教师发展缺乏动力和方向。设定共同的团队目标不仅激发了教师参与专业实践的积极性，而且在团队目标实现和共担责任的过程中，提高了教师对实践能力在人才培养中的重要性的认识，增强了教师对自身素质和能力的自我认识。

　　团队带头人的作用也至关重要，他们可以引导团队与相关企业建立互补的稳定合作关系，为团队成员提供稳定发展的基地。团队建设不仅促进了教师之间的协作和教师创造力的发挥，还为教师提供了一个支持和成长的环境，从而有效提升了整个团队的教学和实践能力。

第五章 产教融合视域下高职院校双师型师资队伍建设的保障体系

第一节 双师型师资队伍建设的制度体系保障

在当今知识经济和技术迅速发展的背景下，社会对技能型人才的需求大量增加，职业教育的重要性日益显现。而职业教育的有效发展离不开国家的政策支持和社会保障。国家可以从宏观和微观等多方面入手，引导职业教育发展，支持双师型师资队伍建设，如图5-1所示。

提升职业教育的社会认同	加大资金支持和资源投入力度	规范相关立法和完善标准框架	深化对于行业合作的宏观调控

图5-1 双师型师资队伍建设的制度体系保障

一、提升职业教育的社会认同

职业教育的有效发展离不开国家的政策支持和社会保障。以德国和日本为例，这两个国家之所以在职业教育方面取得卓越成就，是因为国家和社会对技术的尊重及对技术人才的重视，这种对于职业教育尊重的文化氛围建设对于职业教育的发展至关重要。

在传统观念中，人们往往偏向于重视理论知识的学习，而对技能和技术教育则重视程度不够。这种"重文轻工"的观念根植于历史深处，导致职业教育在很长一段时间内未能获得应有的重视。经济全球化和经济结构的变化，以及对技能型人才的需求增长，要求社会用人观念必须发生根本变化。政府需要通过政策引导和公共教育来推动社会观念的转变。这包括在公众媒体、教育系统和社会活动中加大对职业教育重要性的宣传力度，强调技能型人才在现代经济中的核心作用。例如，政府可以利用电视、广播、互联网等多种媒介，开展全方位的宣传活动，提升公众对职业教育价值的认识。这种宣传不仅要介绍职业教育的实用性和效益性，还要展示那些通过职业教育成功转型的个人和企业案例，以实际成功故事激励更多人参与和支持职业教育。政府还可以设立"国家职业教育日"，通过一系列活动促进公众对职业教育的认知和尊重，提升职业教育的社会地位，增加可供选择的人才资源。

二、加大资金支持和资源投入力度

在高职教育中，双师型师资队伍的建设是提升教育质量的关键。而政府的资金支持是高职院校双师型师资队伍建设不可或缺的部分。直接的财政投入、设施与资源的升级、创新与研发的支持、产学研合作项目的资助，以及长期的激励机制，可以有效地提升双师型教师的专业水平和教学质量，从整体上提高职业教育的教学效果和社会认可度。

第一，政府可以增加对高职院校双师型师资队伍建设的直接资金投入。这包括为双师型教师提供具有竞争力的薪酬和福利，吸引更多具有行业经验的专业人士转型进入教育领域。政府可以设立专项基金，用于支持教师的进修和培训，包括国内外研修、参加专业技能提升课程等，以确保教师持续更新专业知识和教学方法。

第二，设施与资源投入。政府的资金支持还应包括对教学设施和实训资源的投入。高职院校的实训设备往往需要高额投资，而这些设备对于技能教学至关重要。政府可以通过资助购买先进的实训设备，或者建设更为现代化的实训基地，帮助学校提供与行业标准相匹配的实训环境，从而提升学生的实际操作能力。

第三，创新与研发资助。为了促进教育方法和教学内容的创新，政府应该提供资金支持教师进行教学法和课程内容的研发活动。这包括资助教师进行教育技术的研究，开发新的教学工具和模拟软件，以及更新课程设计以适应行业变化。这种研发投入不仅能提升教育质量，还能增强学校与教师的研发能力，推动职业教育与技术同步发展。

第四，企业合作和产学研项目资金支持。政府还可以通过提供资金支持，鼓励高职院校与企业合作。这种合作包括共建实训基地、合作研发课程和技术以及联合培养项目。通过这样的产学研合作，双师型教师可以直接接触到行业的最新发展情况，企业也可以直接参与到教师和课程的开发过程中，使教育更贴合实际工作需求。

第五，政府层级的长期激励机制。除了直接的财政投入，政府还应该建立长期的激励机制，包括为教师职业发展提供支持、表彰优秀教师以及为教师的科研项目提供资金等。这些激励措施能够促使教师保持高水平的教学和研究热情，对提升教育质量和促进师资队伍的稳定发展起到积极作用。提升职业教育的社会地位和改善教师的工作环境，可以激励更多优秀人才加入双师型师资队伍，在社会中形成对双师型教师的认可，提高社会认同度。

三、规范相关立法和完善标准框架

明确的法律标准和资格认证以及持续的教育和法律保护能确保双师型师资队伍在职业教育领域中发挥最大价值。

立法支持可以为高职院校双师型师资队伍的建设提供坚实的基础。这不仅有助于提升教师的专业化程度和教学质量，还有助于确保职业教育系统的持续改进和高效运作。

政府需要通过立法明确双师型教师的职业标准，包括双师型教师必须具备的专业技能和教学能力的基本标准，如教师的专业资格、实际工作经验、教学资格认证以及继续教育的要求。立法明确这些标准，可以保证双师型教师具备一定的业务能力，满足职业教育的特殊需求，从源头上促进双师型教师的良性发展。

资格认证是保证教师质量的重要环节。政府应制定严格的资格认证流程和标准，包括考核教师的专业技能和教学能力。这种认定过程可以通过建立专门的评审委员会进行，委员会由教育部门、行业专家和学者组成，确保评审的公正性和专业性。建立定期的资格复核制度也是必要的，以确保双师型教师能够不断更新专业知识和教学方法，适应职业教育的发展需求。

立法还应包括双师型教师的继续教育和职业发展路径。政府可以设立专项基金，支持双师型教师参与国内外的进修学习、研讨会和行业交流活动。通过这种方式，双师型教师不仅能够维持专业技能的先进性，还能不断提升教学水平，更好地适应教育改革和技术进步的需求。

为了吸引和留住优秀的双师型教师，立法还应包括对他们的法律保护和激励机制，如确保他们的职业权利、合理薪酬和职业发展机会。政府可以设立专门的奖励和补助政策，鼓励优秀教师在职业教育领域的长期发展，并通过法律手段保护他们免受不公平待遇。

国家对职业教育的支持性干预、宏观调控和政策引导，把高职院校教师的资格认证和培训纳入法治轨道，同时，高职院校应结合自身实际，制定适合本校的系统性规章制度。社会与学校共同努力，为双师型师资队伍的法治化和规范化管理创造良好环境。为确保双师型师资队伍的稳定与持续发展，政府与学校需在改善外部环境、制度改革、制定双师型教师标准、构建培养模式及资金投入等方面进行改革，推动双师型师资队伍的健康发展。

四、深化对于行业合作的宏观调控

要有效推动高职院校双师型师资队伍的建设，深化与各行业的合作是关键策略。政府可以通过宏观调控来明确各层级的责任划分，促进教育部门与行业间的紧密合作，确保从顶层设计到具体执行层面的分级责任制，深化行业合作，从宏观上保证教育内容与行业需求的同步发展。

政府应先建立一个行业合作引导机制，通过制定相关政策和提供激励措施，鼓励企业与高职院校建立长期稳定的合作关系。这包括减税优惠、研发资金支持以及优先参与政府项目等激励措施，吸引企业积极参与师资队伍的建设和课程的开发。为了使教育内容与行业发展保持一致，政府需要协调教育机构和行业组织，共同制订行业需求响应计划。这一计划应基于对未来行业技术发展趋势和对职业技能需求的准确预测，确保教学内容和教师培训与实际工作需求相匹配。

政府应定期举行行业教育对接会议，这些会议为教育机构的管理者和行业领导者提供一个交流的平台，二者共同讨论教育需求、技术发展、合作模式等关键话题。这种方式可以确保双方的需求和期望得到有效沟通和满足，同时能及时调整教育策略以适应行业变化。

政府需要明确各层级的职责。高校层面应承担起师资队伍建设和管理的重大决策责任。其需要把握师资建设的总目标和总方向，确保学校的战略目标与国家教育政策的一致性。这包括为师资队伍的长远发展制定明确的政策，确保资源的合理配置，以及制定应对未来教育挑战的预案。师资管理部门负责制订全校师资建设的总体规划和实施方案，并协调、督促各项政策的执行。这个部门的职责是确保各项师资建设计划按照既定目标进行，及时调整和优化策略以应对实际工作中的变化和挑战。政府鼓励高职院校与行业专家合作开发教师培训课程，这些课程应直接对接行业的最新技术和技能需求。政府可以为此类合作提供资金支持或税收优惠，确保课程内容的时效性和实用性。这些课程应包括对教师教学方法的现代化培训，以适应教育的新趋势和技术的新发展。

政府还需要设立一套各层级合作监管和评估机制，对合作的实施效果进行定期检查和评估。这包括评估教育成果的行业适应性、教师与学生的满意度以及企业的参与度。根据评估结果，政府可以调整政策和策略，优化合作模式，确保行业合作的长期效果和持续改进。

第二节　双师型师资队伍建设的培训体系保障

一、双师型师资队伍建设的培训类型

（一）校内培训

传统的教师培训方式，如学校讲座、研讨会和学术论坛仍然扮演着至关重要的角色，尤其是在提高教师的理论水平和改进教学方法方面。这些活动通过集中的知识传递和经验分享，为教师提供了不断学习和自我提升的机会，有助于教师保持和提升教学质量。

学校讲座通常由经验丰富的教授或业界专家主讲，涵盖各种教育和技术主题。这些讲座能够使教师了解到最新的教育理论、教学策略或行业发展趋势。讲座的形式通常是单向的信息传递，提供学习和吸收新知识的机会，对于教师来说，这是一种高效率的学习方式。这些活动也为教师提供了扩展专业知识的好机会，他们可以在讲座前后与讲座人以及其他教师交流思想和经验。

研讨会与讲座相比，互动性和参与度更高。研讨会的主题多样，可以专注于特定的教学技巧、课程设计、评估方法等，通常包括工作坊或小组讨论，教师可以实践新的教学方法。在这些研讨会中，教师不仅能从领域专家那里学习经验，还能与同行共同探讨问题、研究解决方案和创新想法，这种形式有助于教师对知识的深入理解和应用。

学术论坛通常是更为正式的学术活动，它提供一个平台，让教师、研究人员和行业专家可以展示他们的研究成果或教学创新。这些论坛不仅增进了学术交流，还鼓励了教师参与到较高水平的学术探讨中。通过参与这些论坛，教师可以获得关于他们研究领域的最新信息和反馈，同时提升自己的研究和表达能力。

（二）行业融合研习

行业融合研习是一个旨在提升双师型教师的行业实践和理论教学相结合的能力的培训模式，可以通过实地体验企业的运作和短期的研学参观等方式来实现。

教师在企业进行实地访学或者带领学生团队，直接观察企业的日常运作，并与行业员工进行沟通交流。这种体验让教师能够直接了解当前行业中最新的技术应用和管理实践，更准确地将课程内容与实际工作需求对接，理解企业对人才的具体需求，提高教学的针对性和实效性。

短期研学参观可以使教师快速而集中地接触到最新的行业发展动态，不仅节省时间，还能有效地集中资源和注意力在最需要学习的领域。通过参观先进的企业和工厂，教师可以快速获得最前沿的行业知识和技术，提升教学的实用性和前瞻性。

与企业建立合作关系，可以引入企业专家与教师定期进行交流和指导。这一制度可以为教师提供持续的专业支持，帮助他们解决在教学和实践中遇到的具体问题。同时，企业导师也可以向教师介绍行业的最新发展趋势和技术创新情况，确保教师的教学内容始终保持前沿性。

（三）项目合作

在项目合作过程中，教师可以参与企业的实际项目，既不用脱离教学环境，又能够得到一定的锻炼，这是学校双师型人才培养的有效培训类型。

项目合作通常涉及学校与企业之间的密切合作，通过这种合作，企业可以将一些具体的项目任务或问题交给教师团队。这些项目可能涉及新产品开发、工艺改进、市场研究或其他专业任务，由教师和企业共同负责项目的研发、设计、实施和推广。通过参与这些实际项目，教师可以直接将专业知识应用于实际问题的解决中，不仅能增强自己的专业技能，还能在实践中检验理论的有效性和应用性，思考和设计更加创新的教学方法。

（四）企业挂职

企业挂职为双师型教师提供了一个独特的实践平台，让他们暂时离开学术环境，完全融入企业的工作流程中。这种经历与传统研习有所不同，它更侧重于让教师在实际工作环境中承担具体的职责，从而深入理解行业的运作模式和技术应用。

通过企业挂职，教师不仅能观察和学习，更能参与到企业的日常运营中。这种亲身体验使教师能够直接应用理论知识，处理实际问题，如项目管理、团队协作和冲突解决。这些经验极大地丰富了教师的职业背景，使他们在返回教学岗位时，能以更加全面的视角和实用的知识影响学生。

在企业挂职期间，教师有机会使用最新的技术和工具，这些可能是在传统教室教学或者短期企业交流中难以接触到的。这有利于教师理论知识的深化与更新，对于双师型教师个人专业化成长具有巨大的促进作用，可以提高教师的职业满意度和自我价值感，还有利于教师维持教学内容的现代性和相关性。教师可以通过这段经历获得宝贵的行业经验，增强自身的职业自信和市场竞争力。这种经历也能增强教师的教学动力和创新能力，回到教学岗位后，这些更新的技能可以直接转化为教学内容，使学生受益于最新的行业标准和技术。

企业挂职经历促进了校企之间的紧密联系。教师在企业的工作可以作为二者合作的桥梁，促进教学内容和企业需求之间的同步。这种联系可以帮助学校调整课程设计，确保培养的人才能够满足市场需求。教师的企业经验也为学校带来新的合作机会，如实习项目和技术支持。

企业挂职是双师型教师专业发展中一项极具价值的活动，直接参与企业行业工作，不仅增强了教师的实际操作能力，提高了教师的行业认知，还促进了学校与企业之间的合作，提升了教育的实际应用性和效果。

（五）国际研修和交流

国际研修和交流项目是双师型教师培训体系中极为关键的一环，提供了让教师直接接触并学习国际上的先进教育理念和教学方法的机会。通过这些项目，教师能够走出国门，前往具有丰富教育经验的国家和地区，进行短期或长期的学习和考察。这不仅有助于提升教师的教学质量，也有助于教师拓宽国际视野和增强跨文化交流能力。

国际研修和交流使双师型教师能够亲身体验不同国家的教育模式和教学理念，如北欧国家的学生自主学习模式、德国的双元制职业教育系统、美国的项目式学习法。这些国际先进的教学理念可以为教师提供全新的视角，帮助他们理解和掌握以学生为中心的教学方法。这种方法强调学生主动参与和体验，与传统的教师主导式教学有本质的不同。通过学习这些方法，教师能够根据本土教育环境的具体需求，适当调整和改进自己的教学策略。

在国际研修和交流中，教师还有机会参与到所在国家的实际教学活动中，如在教学工厂这样的教学模式中参观和实习。教学工厂是一种模拟真实工厂运作的教学环境，使学生能够在实际操作中学习和掌握技能。对双师型教师而言，这不仅能增强他们的实际教学能力，还能提高他们指导学生实习的技巧，对于职业技能教育尤为重要。

通过国际研修和交流，教师可以建立起广泛的国际联系网络，这些联系不限于教育界，还可能延伸至产业界。这种跨文化的交流体验不仅丰富了教师的个人经历，还能帮助他们在教学中融入更多国际元素，使教学内容更加丰富具有时代感。同时，这些国际联系也为学校带来合作项目和研究机会，提升学校在国际上的知名度和影响力。

在国外的学习和交流经历可以激发教师的创新思维，他们可能会引入新的教学工具和技术，如虚拟现实技术、增强现实技术在教学中的应用。同时，通过对比不同教育体系的优势和不足，教师能够更深刻地思考如何改进自己的教学方法，以更好地适应快速变化的教育需求，这极大增强他们作为双师型教师的职业自豪感。

二、双师型师资队伍建设的培训体系保障具体层面

双师型教师培训体系的有效性和可持续性需要从多个层面来提供保障和支持，才能确保培训体系不仅符合当前的教育需求，还能灵活应对未来行业和教育领域的变化。

（一）政府层面的保障

政府可以制定支持性政策来确保双师型教师培训体系的实施和效果。这包括提供必要的财政资助，支持教师参与国内外的研修项目、企业挂职和行业交流。例如，政府可以设立专门的基金来资助教师的进修学习和实地访问，降低教师在这些活动中的经济负担。

政府部门需制定一套明确的培训标准和质量评估体系，确保培训活动都能达到预定的教育质量标准。通过定期的评估和反馈机制，政府可以监控培训程序的有效性，及时调整政策，以适应教育发展的需求。

政府可以建立行业与教育机构之间的桥梁，促进更多实质性的合作。例如，政府可以搭建平台，促进企业与教育机构的对接，为教师提供实际操作和实践的机会，使培训更加符合行业需求。

（二）高职院校层面的保障

高职院校应基于双师型教师的具体需求，设定清晰的培训目标和详细的培训计划，构建重视实践导向的培训体系，每一步要有精确的内容和实施方案，这包括确定哪些教师核心技能和知识需要更新，以及哪些新的教学方法和技术需要引入。例如，可以针对最新的行业软件、技术工具和管理技术开展专项培训，确保教师能够掌握并有效地将这些工具应用于教学和实践中。

学校应通过模拟教学、案例研究、实验室操作等方法，让教师在模拟或实际的工作环境中应用所学知识。这种做法能够提升教师将理论与实践相结合的能力，同时增强学生的实际操作能力和问题解决能力。

学校通过与本地企业建立合作关系，可以为教师提供实地学习和研

究的机会。这些合作可以包括共同研发项目、举办企业讲座、设置工作坊和提供实习机会，使教师直接了解行业的最新需求和技术的发展现状，从而将这些信息反馈到教学内容和学生的职业发展中。

学校应为教师提供持续的专业发展支持，如参加国内外的教育会议、行业培训和进修课程。学校还应鼓励教师进行学术研究和成果发表，通过学术活动不断提升教师的教学和研究能力。

学校需要建立一个系统的评估和反馈机制，定期评估培训效果和教师满意度。通过对培训活动的持续监控和评估，学校可以及时调整培训计划，确保培训内容符合教师的需求和行业发展要求。同时，教师的反馈可以作为改进培训质量和效果的重要依据。

（三）企业层面的保障

在双师型教师培训体系中，企业层面的保障同样至关重要。企业不仅是职业教育的直接受益者，也是关键的合作伙伴，其资源和支持对于教师培训的质量和效果具有直接影响。

企业需要意识到，与教育机构之间的长期合作关系对于双方都是有益的。通过建立稳定的合作和反馈机制，企业可以持续地获得最新的理论支撑，与具有创新科研能力的教师团队进行合作，这些都是宝贵资源。企业可以开放工作环境，让双师型教师有机会直接参与到实际的工作流程中。这包括提供实习、挂职或临时项目的机会，使教师能够在真实的业务场景中应用和测试他们的技能和知识。这种亲身经历不仅增强教师的实践技能，也帮助他们理解企业的具体需求和工作环境，从而在教学中更有效地整合理论与实践。

企业可以设立奖励和认证机制来提高教师的项目参与度。例如，对于科研能力出色的双师型教师，企业可以提供科研奖金等，促进教师的发展。

第三节　双师型师资队伍建设的实训基地建设保障

在当前社会经济的快速发展过程中，高职院校肩负着培养应用型高技术人才的重要使命。产业升级和新兴行业的兴起，对技术技能人才的需求日益增长。在这样的背景下，实训基地的建设成为高职教育中不可或缺的一环，直接关系到学生实践能力的培养和理论知识的应用，是提高教育质量和学生就业能力的关键。

实训基地为学生提供了将专业理论知识转化为实际操作能力的平台，使得"学以致用"的教育理念得以实现。通过实际操作，学生能够在真实或模拟的工作环境中检验和深化自己的专业知识，这种体验是课堂学习无法替代的。同时，实训基地建设还有利于双师型师资队伍的培养和建设，有利于提高教师的实践能力。

一、实训基地建设的类型

在我国，高职院校的实训基地建设的类型划分较为复杂和多元。根据是否独立建设或与企业、政府合作，实训基地被划分为学校自建实训基地、校企共建实训基地以及政校公共实训基地。有些分类则是基于实训基地的位置，分为校内实训基地与校外实训基地。依据建设主体的不同，可以分为院校型实训基地、企业型实训基地和政府型实训基地。尽管这些分类方法各有合理性，但从科学性和逻辑性的角度来看，这些分类常常显示出重复和矛盾。笔者认为更合理的分类应当基于实训基地的功能和目标来划分，这包括教学型实训基地、生产型实训基地和教学生产型实训基地，如图5-2所示。这种基于功能和目标的分类方式不仅更具科学性，也更能准确反映实训基地的实际运作。这样的划分清晰地指出每种类型的实训基地主要关注的是教学活动、生产活动还是二者的结合，从而为后续的讨论和研究提供了明确的方向和基础。

教学型实训基地

生产型实训基地　　　　　　　教学生产型实训基地

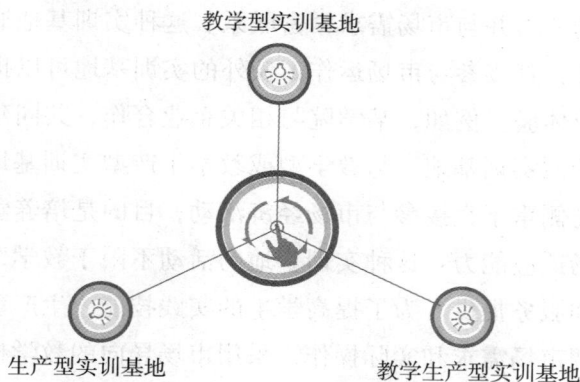

图 5-2　实训基地建设的类型

（一）教学型实训基地

教学型实训基地在高职院校中扮演着至关重要的角色，多建设在校内，专注于实训教学，而不涉及生产或提供对外的有偿服务。这种类型的实训基地的主要任务是通过在高度仿真的实训教学环境中教学，如模拟银行、虚拟工厂、工程模拟室，来提升学生的专业实践能力和教师的教学技能。例如，建立模拟银行、金融和证券实训室，为学生提供接近实际工作环境的学习场所，这些实训室使学生能够在学习期间就接触到将来职业生涯中可能遇到的各种场景。[①]据统计，我国高职院校中拥有校内教学型实训基地的比例高达 85.7%。[②] 这显示出教学型实训基地在职业技术教育中的普及性和重要性。这种普及性展现了教学型实训基地支持职业教育的核心教学任务的有效性和必要性。

（二）生产型实训基地

生产型实训基地是一种主要面向生产和服务的实训基地，其主要特

[①]　朱杰. 高职院校保险专业开展现代学徒制教学探究：以辽宁金融职业学院保险专业为例 [J]. 辽宁高职学报，2020，22（5）：53-56.

[②]　黄立. 产教融合背景下高职院校"双师型"教师团队建设研究 [M]. 长春：吉林人民出版社，2020：161.

征是具有营利能力并与市场需求紧密联系。这种实训基地通常与企业合作，位于校外，直接参与市场运作，校外的实训基地可以提供实际的工作环境和职业体验。例如，某学院与相关企业合作，共同建立了一个典型的校外生产型实训基地。与教学型或教学生产型实训基地不同，生产型实训基地更侧重于直接参与市场经济活动，目的是培养学生的实际操作能力和市场适应能力。这种实训基地的活动不限于教学，还包括实际的产品生产和服务提供。为了提高学生的实践技能，生产型实训基地的课程设计强调市场需求和实际操作，采用市场导向的教学模式，确保教学内容与行业发展保持同步。生产型实训基地通常是通过校企合作建立的。合作企业提供先进的设施和技术，以及专业实践人员的支持，这些都极大地丰富了学生的实训经验。企业的实际工作环境为学生提供了真实的职业体验，有助于学生形成专业的职业素养。

根据合作的深度，生产型实训基地可以进一步细分为以下两种。

第一，浅层合作模式。这种模式通常见于学校与中小型企业的合作中，合作关系较为简单，主要是将企业作为临时的实训场所。这种合作往往是短期的，也可能是长期的，主要目的是满足企业对低成本劳动力的需求，而对学生的技能培养和专业发展帮助有限。在这种模式下，学校与企业之间的联系并不牢固，教育与生产的结合也不够紧密。

第二，深层合作模式。这种模式下的合作关系更加稳定和长期，通常涉及共同的利益和目标。高职院校与企业共同参与教学计划的制订、实训活动的组织以及技术的研发。企业不仅提供先进的技术和资金支持，还参与到学生的技能评估和职业发展中。这种深层合作模式不仅促进了学生的全面发展，也帮助企业在人才培养和技术创新方面获得了实际的利益。

（三）教学生产型实训基地

教学生产型实训基地是高职院校实训基地的一种进阶模式，在完成教学任务的同时，也涉及对产品和服务的生产与开发，实现了教学与生产的双重功能。在这种模式下，高职院校的实训基地不只是用于教育和培训，还面向社会提供相关的产品和服务，通过销售实训过程中生产的商品或提供的服务，教学生产型实训基地可以自行创造收入，从而支持基地的运营和发展。这种模式改变了传统教学型实训基地单一依赖外部资金输入的局面，通过"自我造血"功能，促进实训基地的可持续发展。

通过实际的生产活动，教学生产型实训基地能够实时调整教学内容，使之与行业标准和技术进步同步。这不仅增加了课程的现实适用性，还提升了学生的技能水平，使他们能够适应快速变化的工作环境。同时为双师型师资队伍建设提供了可用的培训场地。

需要注意的是，这种实训基地通常需要与行业和市场需求保持紧密联系，确保教育活动和生产活动的相关性。这种结合有助于学生理解和掌握当前行业的实际需求和工作流程，使他们的学习更加贴近实际工作环境，从而增强学生就业竞争力。这种实训基地还需要同时考虑教学和生产两方面的资源配置，如设备购置、原材料供应、产品销售，这可能会导致管理上的复杂性增加。教学与生产的平衡也是需要关注的问题，高职院校要确保教学质量不被生产压力所侵蚀是一个持续的挑战。实训基地需要维护教学和生产之间的平衡，确保教学活动不会因为过度强调生产效率和利润而受到影响。

二、实训基地建设赋能双师型师资队伍建设

政府部门在实训基地建设中也扮演着重要角色。《教育部关于深化职业教育教学改革全面提高人才培养质量的若干意见》中提到，需要强化实践教学，建立健全职业教育的教学体系。政府的支持和政策的导向对于实训基地的建设和改善至关重要。我国高职教育实训基地在国家的支持下取得了显著的成就。国家分三批建立了近百所国家示范性高职院校实训基地，实训基地的数量和质量都有了大幅提升。在此过程中，生产实习占学校总学时的比例从 20% 增加到 53%，显著提高了教师以及学生的实践能力。[①]

---

① 黄立.产教融合背景下高职院校"双师型"教师团队建设研究[M].长春：吉林人民出版社，2020：145.

（一）为双师型教师提供锻炼实践能力的操作平台

实验实训室提供了一个理想的环境，使双师型教师能够将理论知识与实际操作紧密结合，进行有效的教学实践。这种设施不仅允许教师演示具体技能，还使他们能够在教学中实时解决实际操作中的问题，使得问题具象化，从而提升教学的针对性和实效性。通过这种方式，教师能够不断优化和调整他们的教学方法和内容，确保既符合教学标准又贴近实际工作需求，从而直接提高教学质量，并有助于加强师资能力建设。

（二）促进双师型教师持续学习与技能更新

实验实训室一般会装备最新的工具和技术，为双师型教师提供不断学习和掌握新技能的机会。这对于教师来说是获得继续教育和专业发展的重要资源，使他们能够跟上技术进步的步伐，维持在专业领域内的竞争力。通过实际操作最新设备，教师可以深入理解新技术的应用和潜力，这不仅丰富了他们的教学内容，也为学生提供了前沿的学习材料。

（三）促进产学研一体化发展

通过实验实训室，教师可以参与到企业和学术界的合作项目中，这些项目往往涉及应用研究和技术开发。这种参与不仅有助于教师的专业成长，还能使他们的教学内容和方法更具市场应用价值。教师通过这些活动获得的新知识和新经验，能够直接转化为教学资料和课程改进的依据，从而提高教学的实际效果，促进师资队伍的强化。

（四）促进教师之间的协作网络的建立

职业对于能力的需求从来不是单一领域的知识可以囊括的。实验实训室通常配备先进的技术和设备，这虽然是针对某个专业的实训室，但是可能涵盖了多个学科和专业领域的技术需求。这种环境促使来自不同学科背景的双师型教师在使用设施和设备时进行交流与合作。例如，一个涉及机械工程和电子工程的项目可能需要这两个领域的教师共同协作来完成。这种跨学科的合作不仅可以扩展教师的专业知识面，还能增强不同领域教师之间的理解和协同工作能力。

通过实验实训室建立的协作网络，教师可以共享教学方法、实验设计和课程创新的最佳实践。这种共享不限于物理资源，还包括教学经验和策略，如何更有效地利用实训设备进行教学，或如何整合理论与实践来提高教学效果。这样的信息交流可以帮助教师改进自己的教学方法，同时提高教学质量。

对于新加入的双师型教师，实验实训室内的协作网络可以提供一个支持系统，帮助他们快速适应教学环境和教学要求。经验丰富的教师可以通过这个网络向新教师传授关于设备操作、课程设计和学生管理的知识，这种师徒式的学习和支持对新教师的专业发展至关重要。

在实验实训室中，教师共同面对解决复杂问题和应对技术挑战的需求，这种环境促进了团队合作和创新。通过团队合作，教师可以共同开发新的教学模块或改进实验流程，这不仅形成了教师之间的协作精神，还激发了他们的创新思维，推动教学方法和内容的持续改进和创新。

通过建立和维护教师之间的协作网络，实验实训室成为一个促进双师型教师团队专业化发展的重要平台，帮助教师共同成长，提升教学质量，并最终形成一个高效、协作的师资队伍。

三、实训基地建设的途径

（一）教学型实训基地的建设策略

建设有效的教学型实训基地，可以从全面规划与管理、完成专业与职业之间的衔接、合理利用和优化现有资源以及寻求多样化的投资方式等方面入手，具体如图 5-3 所示。

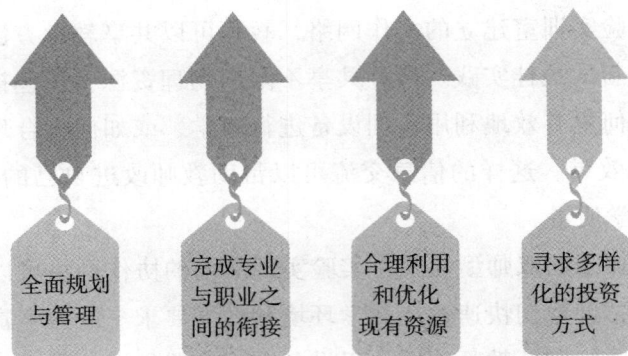

图 5-3　教学型实训基地的建设策略

1. 全面规划与管理

高职院校应对教学型实训基地进行系统规划和管理，确保实训基地的建设和运营符合教育目标和学生需求。高职院校需要制订详细的实训基地建设计划，包括设施布局、设备采购、教学内容设计等。同时，实训中心应成为管理的核心，负责协调各类资源，确保教学活动的顺利进行。建立实训教学监控体系是必要的，这可以确保实训活动的质量和效率，及时调整教学方案和实训设备，以应对快速变化的市场需求。

2. 完成专业与职业之间的衔接

教学型实训基地的建设应注重专业知识与职业技能的有效对接。这要求实训基地不仅要提供基础技能训练，而且要激发学生的创新精神和提高解决实际问题的能力。为此，实训基地的设计和运作需要模拟真实的工作环境，采用与行业相符的生产流程和工作任务，使学生能够在学习期间就熟悉未来职场的具体要求和工作氛围。这种模拟环境有助于学生更好地理解课堂上所学的理论知识，并将这些知识应用于实际工作中。

3. 合理利用和优化现有资源

高职院校应充分利用已有的实训资源，不仅包括现有的设施和设备，还包括教师和技术人员的专业知识。有些高职院校在升级前就已经拥有一定的实训设施，这些资源如果得到合理利用和更新，可以大大减少新建实训基地的成本。高职院校应通过科学规划和管理，优化资源配置，确保实训设施和设备能够满足教学和学习的需求，同时应考虑到长远发展，预留空间和能力以适应未来技术的升级。

4.寻求多样化的投资方式

为了保证实训基地的持续发展和设备的现代化，高职院校需要探索多元化的投资策略。一方面，学校可以通过校企合作，吸引企业投资，共同承担实训基地的建设和运营工作，这不仅可以减轻学校的财务压力，还可以确保实训内容与行业需求一致。另一方面，学校还应发展自我资金生成机制，将实训基地提供的服务和生产的产品向外界销售，或通过参与科研项目获取资金支持，这样可以增强实训基地的自给能力，减少对外部资金的依赖。

（二）生产型实训基地的建设策略

建设生产型实训基地是高职院校提高教学质量和学生实践能力的重要途径。有效的生产型实训基地建设策略包括精心选择合作企业、提升企业参与的积极性和开发多功能实训基地等方面，如图5-4所示。

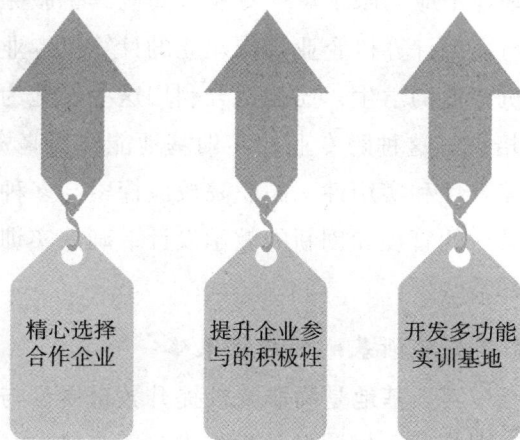

图5-4　生产型实训基地的建设策略

1.精心选择合作企业

高职院校在建设生产型实训基地时，选择合适的企业合作伙伴至关重要。首先，合作企业应在其专业领域内具备先进的实训条件和高端技术，这样才能确保实训基地的技术水平和教学质量。其次，考虑到企业发展的区域性差异，选择合作企业时应综合考虑地区经济发展水平和企业的技术实力，优先选择具有一定规模且掌握先进技术的企业。扩大选择范围，结合沿海发达地区与内陆发展地区，大城市与小城市的企业，以确保实训基地能覆盖更广泛的技术和资源。

2. 提升企业参与的积极性

为了提升企业参与的积极性，高职院校需要积极宣传职业教育的重要性，强调职业教育在推动地方经济发展中的作用。学校可以通过各种渠道，如网络媒体、公共讲座和行业会议，让更多企业了解并认可职业教育的价值。同时，高职院校的知名度提升也可以促使地方政府为其提供更多支持，包括直接的投资或通过财政激励措施鼓励企业参与实训基地的建设。这样的政策支持能够极大增强企业的参与意愿，进一步转化为实训基地建设的积极动力。

3. 开发多功能实训基地

生产型实训基地不应局限于单一专业，而应具备服务多个相关专业的能力。例如，与大型计算机企业合作建立的计算机专业实训基地，不仅能服务于计算机专业的学生，还能充分利用这些设施为管理类专业的学生提供必要的培训。这种跨专业的实训基地能够提高资源利用效率，同时增强教学的综合性和实用性。高职院校应探索与多种行业企业建立合作关系，通过灵活的管理和创新的教学设计，确保实训基地满足更广泛的教学和实践需求。

（三）教学生产型实训基地的建设策略

建设教学生产型实训基地是高职院校提升教育质量与市场适应性的重要策略。此类实训基地不仅满足教学需求，还直接参与生产活动，从而实现教育与产业的双向促进。教学生产型实训基地的建设策略，如图5-5所示。

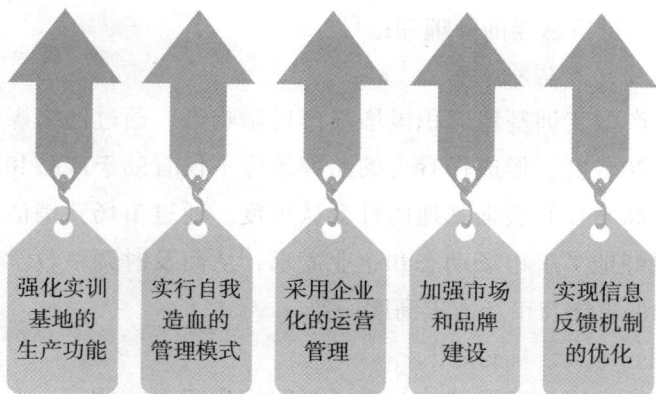

图 5-5　教学生产型实训基地的建设策略

1. 强化实训基地的生产功能

确保教学生产型实训基地具有强大的生产能力是基本要求。这需要高职院校以市场需求为导向，建立能够响应社会和技术转型需求的高技术实训设施。高职院校应鼓励和支持建设设施先进、技术含量高的实训基地，这不仅有助于提升学生的实际操作能力，还有助于加快学校的产业化进程，改善实训基地在资金和技术方面的自给能力。

2. 实行自我造血的管理模式

高职院校需要改变完全依赖政府提供教育经费的传统模式，需要探索自我财务支持的机制，可以实行自我造血管理模式，即创造内部收入以支持实训基地的持续运营和设备更新。这可以通过产品和服务的市场销售实现，也可以通过与企业合作进行技术开发和成果转化。这促使实训基地像企业一样运作，建立严格的经济责任制，确保经济效益和教学效果的双重优化。

3. 采用企业化的运营管理

实训基地为了保证生产性和教学质量，应采用类似企业的运营管理模式。这包括制定明确的生产任务，设定绩效目标，以及对学生的奖惩制度。设定清晰的目标和激励措施，可以鼓励学生和教师创新和提高生产效率。例如，对成功完成生产任务或创新研发的学生或教师进行奖励，对表现不佳的进行适当的管理和指导。

4. 加强市场和品牌建设

教学生产型实训基地应积极增强市场影响力，通过网络媒体、广告等手段提升知名度。形成强有力的品牌效应不仅有助于产品和服务的销售，还能提高学校和实训基地的社会认可度。通过市场营销活动，实训基地可以更好地了解市场动态和企业需求，从而及时调整教学内容和研发方向，确保教学与市场需求高度一致。

5. 实现信息反馈机制的优化

实训基地应成为高职院校与市场之间信息交流的桥梁。通过系统收集市场和行业的最新信息，实训基地不仅可以优化自身的教学和生产活动，还可以将这些信息反馈到整个教学体系中。这种信息的及时反馈有助于学校调整课程设置、优化教学方案，还有助于实训基地产出适应市场需求的产品，增强与企业的合作关系，促进学用结合。

第六章　产教融合视域下高职院校双师型教师资格认定标准的制定

第一节　双师型教师资格认定标准的制定意义

在职业教育领域，建立和完善双师型教师资格认定标准具有深远的意义，这不仅关系到师资队伍的专业水平和教育质量，还直接影响到职业教育系统的整体效能和可持续发展。

2019年2月，国务院印发《国家职业教育改革实施方案》，2022年10月，《教育部办公厅关于做好职业教育双师型教师认定工作的通知》发布，这些政策的出台明确了对职业教育师资队伍结构的认定，通过法律化的途径健全教师标准认定体系，推进了职业教育双师型师资队伍高质量建设。尽管目标明确，我国双师型教师的发展也已取得一定成效，但在实际操作过程中，不同地区对于双师型教师的资格认定存在较大差异，这不仅影响了师资队伍的均衡发展，还可能导致教师质量的不均衡，师资队伍结构的失衡仍是制约其发展的重要因素。因此，建立全国统一的资格认定标准势在必行，这种资格认定标准体系的建设具有多方面的意义，如图6-1所示。

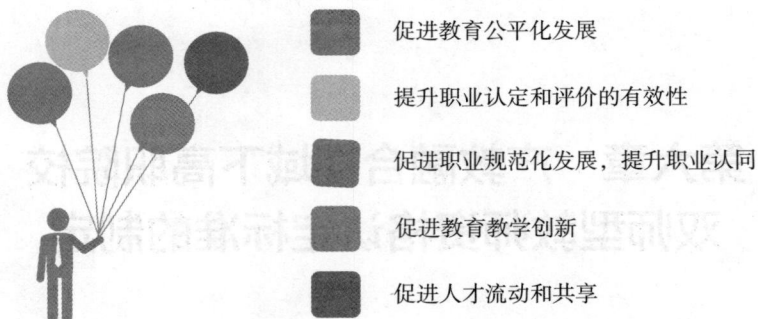

促进教育公平化发展

提升职业认定和评价的有效性

促进职业规范化发展，提升职业认同

促进教育教学创新

促进人才流动和共享

图 6-1　双师型教师资格认定标准的制定意义

一、促进教育公平化发展

全国统一的资格认定标准可以显著提高教育质量的均衡性。这种标准确保了无论教师在哪个地区就业或者接受教育，都能够享受到符合一定标准的待遇或者培训质量。这种做法有效地减少了地区间教育质量的差异，从而促进了教育公平。教育的公平性还体现在统一的资格认定标准伴随着相对公平和透明的评估机制。这种机制能够确保教师按照相同的标准接受评估和激励，从而消除潜在的不公平感。例如，教师晋升和薪酬调整将依据统一标准执行，确保每位教师的努力和成就都得到公正的认可和奖励。

二、提升职业认定和评价的有效性

全国统一的资格认定标准提升了教师职业认定和评价的有效性。全国各地的职业院校按照同一套标准培训和评价教师，可以确保教师按照高标准和严要求接受教育和评估。这不仅有助于保持高水平的教育质量，也促使教育行政部门能够针对教师培训和发展的需求提供更有针对性的支持和资源，使得教育质量的监控和评价变得更加容易。同时，统一的资格认定标准确保了双师型教师的选拔、培训和晋升都基于科学的标准和客观的指标进行。这种方法确保了教师培训程序的严格性和系统性，使教师教育过程可量化、可追踪。教师的专业发展变得更加系统化，他们在教学和行业实践中使用的方法和技术更加先进和科学。这不仅提升了教师自身的专业性，也直接提高了教学质量和学生的学习效果。

三、促进职业规范化发展，提升职业认同

全国统一的资格认定标准加强了教师职业发展的透明度和规范性。明确的职业发展路径和晋升标准使教师能够清楚地了解到达每一个职业阶段所需满足的条件，教师可以根据这些标准评估自己的职业成长和努力方向，设定个人发展的短期和长期目标，这激励教师投身于专业学习和实践技能的提升。这种透明和规范的职业路径也有助于提高教师的职业稳定性和满意度。统一的资格认定标准为双师型教师提供了清晰的职业发展路径和晋升机制，他们可以看到自己努力的方向和成长的途径。当教师明确知道自己应该达到哪些标准以及如何通过提升个人能力来实现职业发展时，他们更可能对自己的职业感到满意，并对未来有更好的期待。这不仅提高了教师职业的吸引力，还增强了教师在当前职位的留任意愿，从而减少了教师流动率，提高了师资队伍的稳定性。统一的认定标准增强了教师的职业认同感。教师明白自己是按照全国认可的高标准选拔和认定的，这种认同感可以显著提高他们的职业自豪感和归属感。公众看到职业教育教师通过严格的标准选拔和培训，对职业教育的信任度和评价会显著提高。教师作为专业人士的形象得以强化，这有助于吸引更多优秀人才进入这一领域，也有助于促进社会对职业教育价值的重新评估和认识。通过实施统一的资格认定标准，职业教育行业的专业标准得到了提升。这种标准化过程有助于职业教育与其他教育形式区分开来，强调了其专业性和实用性。统一的资格认定标准也使得职业教育更容易被社会各界理解和接受，提升了整个行业的形象。教师对自己的职业有更强的认同感，才更可能长期从事教育事业，从而增强整个职业教育系统的稳定性。这种稳定性也会反向作用于教师职业满意度的提升，促进他们在职业生涯中实现更高成就。他们获得更高的职业满足感和社

会认可度，会进一步激发对教育事业的热情。

四、促进教育教学创新

统一的资格认定标准鼓励教师在教学和实践中进行创新。自己的努力有明确的评价标准和认可体系，教师就更愿意尝试新的教学方法和技术，探索更有效的学生培养方式。这种创新不限于教学技术，还包括课程内容、学生互动和评估方法的创新。

五、促进人才流动和共享

统一的资格认定标准促进了教师的职业流动和资源共享。全国统一的资格认定标准为教师提供了全国范围内的职业机会，教师的职业道路不再受限于地方或省份的特定标准，允许教师在不同地区寻找或申请适合自己职业发展的位置和机会。这种流动性不仅有助于教师根据个人专业兴趣和职业规划、生活选择寻找最佳工作环境，还有助于促进教师个人职业的多样化发展。

全国统一的资格认定标准消除了不同地区间教师交流的障碍，为各地教育机构之间的知识和经验交流提供了便利。教师更容易通过研讨会、在线论坛、学术会议、项目合作、远程教学等方式跨省份分享他们的教学经验和实践技能，与不同地区的同行交流经验，促进了优质教学资源的跨地区高效配置与全国范围内教育实践的优化。全国统一的资格认定标准还可以缓解一些地区教师短缺的问题，促进优秀教师的人才流动，从而提升这些地区的教育质量。

第二节　双师型教师资格认定标准的
制定理念与要求

一、双师型教师资格认定标准的制定理念

（一）"师德为先"理念

师德高尚的教师能够通过自己的言行影响学生，使学生树立正确的价值观和职业道德观。这在职业教育中尤为重要，因为这种教育不仅传授知识和技能，更重视学生品格和职业态度的培养。

双师型教师不仅传授专业知识，还要教授实践技能，其本身的职业道德水平直接影响教学内容和教学质量。师德良好的教师能公正、客观地评估学生表现，为学生创造一个公平的学习环境。通过师德良好的教师的指导，学生不仅能学习专业技能，还能在道德、责任感和社会交往等方面得到良好的教育。这种全方位的教育是应用技术型人才成长的关键，也是他们将来在职业生涯中取得成功的重要基石。师德作为教师评价的核心标准，有助于提高教育机构的公信力和社会认可度。在公众眼中，师德不仅仅是教师个人的品质，也反映了教育机构的价值观和运营质量。

因此，把师德作为双师型教师资格认定标准的重要指标，是确保教育质量、培养合格人才、提升教育机构形象的必要措施。

（二）"实践导向"理念

"实践导向"理念是高职院校双师型教师资格认定标准制定的核心。这种理念强调将教师的实践能力与培养应用型人才的需求紧密结合。在当前的教育体系中，双师型教师的实践能力不足往往会影响对学生实践技能的培养，因此，增强教师的实践能力成为提高教育质量的关键。

标准的制定不仅需要在理论上进行顶层设计，更重要的是注重实际

应用。这意味着标准制定必须以实践为中心，以应用为导向，确保标准内容与教育实际需求相符合。在具体操作中，这种"实践导向"的理念应该体现在教师日常教学中，通过实际教学案例、实验、实习和项目驱动的教学方法来实施，从而真正提升教师的实践教学能力，并促进学生的专业技能和技术应用能力的全面发展。

因此，为了有效落实教师资格认定标准，并真正提高人才培养质量，标准的制定必须坚持"实践导向"的理念，明确标准中的实践性要求。这不仅有助于提升教师自身的实践技能，还有助于确保学生在真实的职业环境中应用所学知识，达到教学的最终目的。

（三）"学生为本"理念

"学生为本"理念是制定双师型教师资格认定标准的重要原则。制定这些标准，必须从学生的发展需求出发，确保标准能够真正促进教师的教学行为和职业发展，从而提升人才培养的整体质量。标准的制定需要深入考虑学生的学习和成长需求，确保双师型教师具备支持学生发展的能力。

这意味着教师资格认定标准应涵盖教师如何应对学生多样化的学习需求、如何提高学生的专业技能以及如何促进学生的全面发展等方面。标准中应包含教师在专业知识传授、技能训练以及学生思维和创新能力培养方面的具体能力要求。

通过坚持"学生为本"理念，教师资格认定标准的制定将更加注重教师对学生学习成效的正面影响。这不仅包括教师的教学技能和学术背景，还包括教师能力在促进学生批判性思维、问题解决能力以及适应未来职场的能力培养中的应用。标准还应考虑教师如何通过教学实践，实现理论与实践的有效结合，以满足高职院校学生的实际和潜在需求。

二、双师型教师资格认定标准的制定要求

双师型教师资格认定标准制定的过程中要满足一些要求，如图 6-2 所示。

> 1
> 从教师职称和技术职务出发，
> 界定"双师型"教师的基本资格
>
> 2
> 聚焦教师专业知识和素养，
> 凸显"双师型"教师的教学能力
>
> 3
> 以职业能力和实践经验为依据，
> 设定"双师型"教师的专业技能标准
>
> 4
> 围绕职业道德，规定"双师型"教师的品行规范

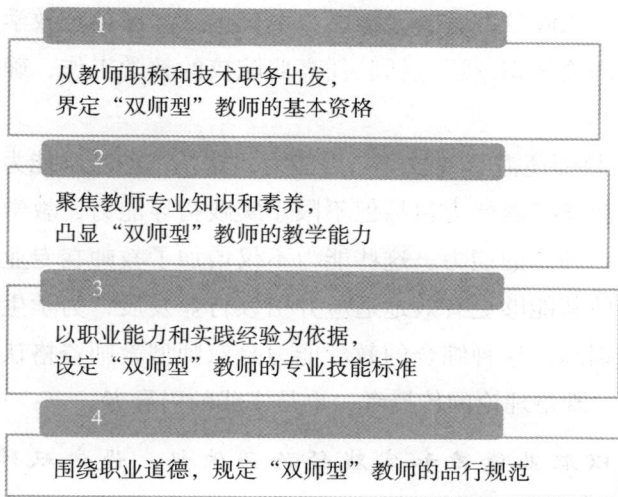

图6-2 双师型教师资格认定标准的制定要求

（一）从教师职称和技术职务出发，界定双师型教师的基本资格

在新时代，针对高职院校的双师型教师，资格认定标准的制定要求从教师职称和技术职务两个维度入手。国家实施职业许可制度，旨在确保教师能通过专业特长为社会服务并获得相应报酬。职业教育具有特殊性，相较于普通教育，更加强调实践技能的培养，因此，高职院校教师须具备双师型特质，即教师应将自身的专业知识与所教授行业的职业技能相结合。要成为双师型教师，就要具备一定的教师职称（通常为讲师及以上级别）以及相应的技术职务（通常为中级及以上级别）。这样的认定标准确保了教师既具备理论知识又能够实际操作，满足高职教育的特殊需求。

（二）聚焦教师专业知识和素养，凸显双师型教师的教学能力

在新时代高职院校中，对于双师型教师的资格认定，特别强调教师的专业知识和素养，突出其教学能力的重要性。教学能力是教师开展教学活动、实现教学目标、指导学生学习以及完成教研任务的基本素质和

综合能力。高职院校教师的教学能力不仅包括掌握教育教学规律和职业教育相关的理论知识，还包括胜任高职院校的教学工作，确保课堂教学的质量。

双师型教师还需具备教学拓展能力，这是基础教学能力的进一步提升和扩展。教学拓展能力包括但不限于实践指导能力、教学研究能力和跟踪行业最新动态的能力。这些能力不仅增加了教师在专业领域的深度和广度，还使其能够更有效地适应并引领行业发展，为学生提供前沿的知识和技能训练。这种综合的教学能力是双师型教师资格认定的核心要求，确保教师既是理论的传授者，也是实践的引导者。

（三）以职业能力和实践经验为依据，设定双师型教师的专业技能标准

职业教育直接服务于社会经济发展需求，紧密关联行业企业的人才培养，具有明显的实践特色。这就要求高职院校的双师型教师必须具备较强的专业技能，包括实际操作能力、科研能力、设计能力、调研能力等。高职院校主要通过鼓励教师参与企业实践、参加职业技能大赛以及开发研究应用技术等途径来提升教师的专业技能水平。2016年，教育部等七部委颁布的《高职院校教师企业实践规定》强调，组织教师赴企业实践是培养双师型师资队伍的重要举措。建立常态化机制，鼓励教师深入企业实践，是提升教师专业技能的有效途径，也是完善双师型教师资格认定标准的重要措施。职业技能比赛可以有针对性地提高教师的实践和动手能力，可作为评定双师型教师的依据之一。教师通过开展应用技术研发也能有效提升专业技能，因此，应用技术研发能力也应纳入双师型教师资格认定标准之中。

（四）围绕职业道德，规定双师型教师的品行规范

高职院校的教师不仅需要传授专业知识和技能，还有责任帮助学生建立正确的世界观、人生观和价值观。学生是否能够形成良好的行为习惯，与教师的品行规范息息相关。在教师职业中，教师的言行对学生具

有深远的影响，甚至会影响学生的人生选择和发展。因此，思想政治素质、品行规范和职业道德是双师型教师资格认定的重要标准之一，确保教师能以身作则，成为学生学习的楷模和道德的指南。

第三节　双师型教师资格认定标准的制定原则

双师型教师资格认定标准的制定原则确保了双师型师资队伍的持续健康发展。这些原则包括普适性与差异性结合原则、系统性与导向性结合原则、动态性与静态性结合原则，如图6-3所示。这些基本原则是推动我国高职院校实现高水平、特色化发展及推动高等职业教育现代化建设的重要环节。

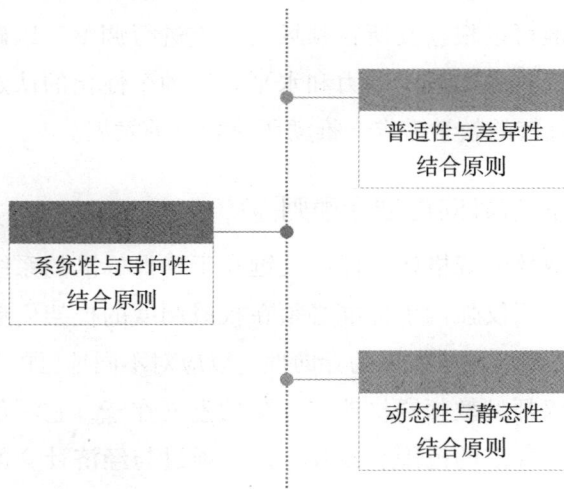

普适性与差异性结合原则

系统性与导向性结合原则

动态性与静态性结合原则

图6-3　双师型教师资格认定标准的制定原则

一、普适性与差异性结合原则

普适性与差异性结合原则意味着在制定高职院校双师型教师资格认定标准时，必须兼顾职业教育的特色和高水平应用型人才培养的需求。

这样做有助于解决目前认定体系雷同的问题，并凸显高职教育与其他教育类型相比师资队伍的整体素质的差异性。同时，标准也要考虑到普适性，以反映职业教育的类型化发展特征。目前的认定标准虽然提出了一系列要求，但对整体认定仍存在模糊之处，未能充分考虑到职业教育的实践技能要求。因此，高职院校双师型教师资格认定标准需要进一步完善，以支持高水平技能人才的培养。

在实践中，这意味着认定标准应该更加具体和明确，以便评估教师的理论知识、教学水平以及行业实践技能。这种综合性的认定方式不仅可以确保教师在教学上具有很高的水平，还能保证他们具备行业所需的实践技能，从而更好地培养出符合职业教育特点的高水平应用型人才。

制定普适性与差异性结合的认定标准也有助于促进职业教育的多样化发展。因为不同行业的技能要求可能有所不同，所以对于不同专业的教师，认定标准可以根据其所在领域的特点进行调整，以确保教师在教学和实践方面都具备相应的能力和水平。这种个性化的认定方式可以更好地满足高职院校的教学需求，推动职业教育的发展。

二、系统性与导向性结合原则

制定双师型教师资格认定标准关键在于确保标准的系统性与导向性结合。这一要求不仅强调了标准必须在权威制度的框架内展示出高度的系统性，还须符合区域化发展的导向性，以应对不同地区的特定需求。制定科学合理的双师型教师资格认定标准的意义在于，它不仅进一步明确了教师资格认定标准的范围和条件，而且通过与经济社会的发展及产业转型升级的需求相结合，引导师资队伍向更高质量发展，从而为推动国家经济社会发展及职业教育的内涵式进程提供了关键的人力资源支持。

制定双师型教师资格认定标准必须具有明确的认定范围和条件。这些条件应是建立在遵循教师专业化发展的规律基础上，区分初级、中级、高级不同级别、不同类型的具体条件。每一项标准都应包含教师的专业知识、技术技能、实践水平及研究能力等多个维度，并在实践过程中展示一定的可操作性，这有助于表现高职教育师资队伍的独特性和专业性。

国家及各省级教育行政主管部门应进一步落实与制定双师型教师资格认定标准的系统性规划，这不仅包括顶层设计的制定，还涉及具体实施细节的拟定。这样的系统性规划有助于统一全国范围内的教师资格认定工作，确保各区域有效执行标准，从而提高教师资格认定的质量和效率。

考虑到不同地区在经济和社会发展层面的差异，教育部门需要根据各地的实际情况确定适合的双师型教师资格认定标准实施方案。在这一过程中，强化行业企业在双师型教师资格认定标准制定中的参与极为关键，这不仅确保了教师资格认定标准的适用性，也保证了教育方向与地区经济发展需求的同步。

这样一套综合性和系统性的措施，可以有效引导高职院校师资队伍高水平健康发展，促进双师型教师资格认定标准的系统性完善和区域性提升，从而为我国职业教育的发展和社会经济的进步提供坚实的人力资源基础。

三、动态性与静态性结合原则

在制定双师型教师资格认定标准时，重要的原则之一是动态性与静态性结合。这种结合不仅涵盖了教师资格认定的基本条件，还包括了面向未来发展的灵活性考核标准，以适应职业教育领域的快速变化和需求。

静态的资格认定标准指的是教师需要满足的基本职业资格。对于双师型教师而言，这意味着他们必须具有高职院校教师的任职资格，并且获得初级及以上的专业技术职务资格。这些标准是相对固定的，要确保所有双师型教师都具备必要的教育背景和专业技能，形成教师资格认定标准的底线要求。

动态的资格认定标准则关注教师的实际教学能力和专业发展能力。这些标准不仅要求教师在职业教育理论和专业理论知识上有深入的见解，还要求他们具备实际的课堂教学能力、反馈能力、信息化教学手段的使用能力，以及课程开发与改进的能力。标准还特别强调教师在指导学生实习实训、开展课堂教学研究以及预测行业技术发展趋势方面的能力。这些能力体现了双师型教师对职业教育实践活动的动态适应和创新，是他们区别于普通教师的重要特征。

将静态的资格认定标准与动态的资格认定标准结合起来，可以使双师型教师资格认定标准既稳固又灵活，既保证了师资队伍的基本素质，又促进了教师持续的专业成长和对新技术、新方法的适应。这种标准设计有助于引导高职院校师资队伍朝着目标明确、专业化、高水平的方向发展，从而更有效地帮助学生应对学习和就业的多维挑战，为学生的未来专业发展提供建设性的指导和支持。

第四节　双师型教师资格认定体系

制定双师型教师资格认定标准是当前职业教育师资建设的重要工作。制定这些标准的目标是使高职院校教师不仅具备教育者的素质，还展现行业专家的能力。通过整合学科知识、教学方法、实际操作能力和企业文化，标准旨在培养具备跨界特征的职教教师。标准还鼓励吸纳兼职教师，特别是高技能工匠，参与到职业教育的教学中，以此强化实践教学环节，优化师资队伍结构，并提升教师整体素质，推动教师专业化发展。

一、双师型教师资格认定体系的内容框架

双师型教师资格认定标准涉及两个核心方面。一是行业标准，强调与行业实践和技能紧密相关的要求。这通常通过职业资格证书、行业企业实践经历或被广泛认可的荣誉如"技术能手""能工巧匠"来证明。二是教师标准，关注教师的教育与教学能力，这些通常通过教师资格证书或相关的教育教学培训和获奖来证明。双师型教师资格认定体系的内容框架，如图6-4所示。作为双师型教师的基本入门条件，这两方面的内

容都是必不可少的，它们是职业教育与教师职业能力有机结合的关键元素。对于从事或准备从事职业教育的人员来说，这些标准是他们必须关注和达成的关键质量指标，指明了他们职业发展的方向。

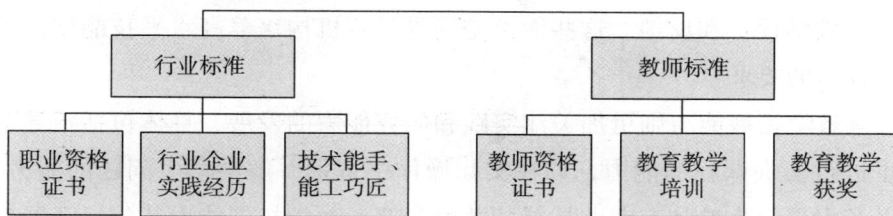

图6-4 双师型教师资格认定体系的内容框架

（一）基本资格

资格认定体系中的首要内容是双师型教师的基本资格，这一部分设定了对教师的基础硬性要求，涉及学历、职称、专业技术职务以及职业资格证书等方面。标准要求双师型教师应具有大学本科及以上学历。对于兼职教师，这一要求可以适当放宽，允许具备相关高级技术职称的教师以大专及以上学历申请。教师应至少拥有讲师级别的职称才能认定为双师型教师。为了激励教师提升专业技能和指导学生实训的水平，参加职业技能大赛并取得优异成果的教师，其职称要求可以降至助理讲师级别。教师需要具备中级及以上的专业技术职务或相应专业的国家职业资格证书，而对于拥有两年以上相关专业实践经验的教师，中级专业技术职务的要求可适当放宽。总体而言，双师型教师资格认定标准是明确的硬性条件，但对于那些在专业领域具有突出表现或实践能力较强的教师，可以在基本资格上提供一定的灵活性和可调整性。

（二）教学能力

在双师型教师资格认定体系中，教学能力占据了核心地位。教学能力涉及教师根据教学目标、实施教学活动，指导学生学习和生活，以及完成教学及科研任务的综合能力。对于双师型教师而言，这包括基础教学能力和教学拓展能力两个层面。

基础教学能力是双师型教师的基本素养，包括精通职业教育相关理论、掌握与专业相关的系统理论知识、具备高效的课堂组织和管理能力、了解基础心理学知识、熟练运用信息化教学工具、能够改进和开发课程、进行教学评价和反馈。这些能力是高等教育机构培养高水平技能型人才所提出的要求。

教学拓展能力则更加关注实践和研究能力的发展，具体包括指导学生进行实训课程的能力，如在实际操作中识别并解决学生问题的能力，以及引导学生参加与专业技能相关的竞赛。教学拓展能力还包括开展教学研究的能力，如通过不断学习和实践来更新教学方法、改进教学内容。行业发展预测能力也是教学拓展能力的一部分，要求教师具备前瞻性的行业视角，能够预测行业发展趋势和潜力，为学生的专业选择和职业规划提供建设性的指导，帮助学生选择符合行业发展趋势的职业生涯路径。

（三）专业技能

在双师型教师资格认定体系中，专业技能是区分双师型教师与普通教师的关键特征。这些技能使双师型教师能够在实训环节中有效指导学生，并解决遇到的具体问题。专业技能主要包括以下几个方面。

专业实操能力：双师型教师必须具备高级专业操作技能，以满足职业教育对实践技能的要求。这种能力通常通过教师参与的专业实操测试、在企业的实践经验以及在职业技能大赛中的表现来进行评估。

专业设计和技术开发能力：教师需要有能力独立完成专业相关的设计和技术开发工作。这一能力可通过教师所取得的技术研发成果和设计成果来评估，表明教师在专业领域的研究深度和创新能力。

科研能力：教师应能够运用掌握的理论知识和实践技能进行科学研究。这包括使用科学的方法探索新知识领域。科研能力可通过教师发表的学术论文和获得的科研成果来体现。

调研能力：由于职业教育与行业企业具有紧密联系，教师需要具备实地调研能力。通过与学生一起前往相关企业进行访谈和调研，教师能够获取并分析行业数据，从而准确把握行业发展趋势。这种能力可通过教师的调研数据和成果来评估。

（四）品行规范

在双师型教师资格认定体系中，品行规范是极其重要的一部分，因为教师的行为和品德直接影响到学生的成长和发展。品行规范的要求具体包括以下几个方面。

1.关心爱护学生

教师应当真诚地关心学生的健康和成长，这种关爱不仅有助于学生的个人发展，还能促进他们形成积极的社会行为。学校可以通过问卷调查和访谈等方式评估教师对学生的关爱程度，以此作为资格认定的重要参考。

2.良好的职业道德

教师需忠诚于教育事业，表现出对工作的热爱和敬业精神，认真履行教育和教学职责。良好的职业道德是教师赢得学生和社会尊重的基石。

3.健康的心理状态

教师作为学生的榜样，必须具备良好的心理素质，能在各种情境中保持冷静和理智，有效应对教学过程中可能出现的紧急情况。

4.高水平的思想政治素养

双师型教师需要在思想上政治上行动上同党中央保持高度一致，具备较高的政治敏感度和政治鉴别力。通过学习和传播先进的思想政治理论，教师能够将思政教育有效地融入日常教学和学生管理中，从而提升学生的政治素养。

二、双师型教师资格认定体系的具体内容

该体系适用于高职院校双师型教师的资格认定。其中，双师型教师是指那些在职业院校中同时具备理论教学和实践教学能力的专业课教师。

职业院校作为专业教师的双师型能力认定主体，负责建立和管理每位教师的认定档案，并负责统一管理。高职院校需每年向上级双师型教师认定管理部门汇报并备案，上报包括本校专任专业教师认定为双师型教师的情况。认定的有效期为五年，有效期过后需要进行重新认定，以

确保教师的专业能力和教学质量持续符合教育发展的要求。

（一）基本条件

第一，对高等教育事业充满热情，具有崇高的师德，能够教书育人，并以身作则。

第二，拥有较高水平的理论知识和专业技能，能胜任学校的教学任务。具备出色的实践教学能力，能有效结合专业理论与实际操作，指导学生完成实训。

第三，持有高校教师资格证书，并承担学校教学任务。

（二）必备条件

专业课教师至少满足以下条件中的一项。

第一，持有与教学专业相关的中级及以上职业技能等级证书、职业资格证书或专业技术职务证书。

第二，拥有至少 3 年与教学专业相关的行业从业经验，或至少 1 年的行业实践经验。

第三，近 5 年内参加了至少 4 周的国家级或省级双师型教师培训，包括至少 2 周的企业实践活动，并获得相应的培训合格证书。

第四，近 5 年内在省级及以上技能大赛中获得相应奖项。

第五，近 5 年内获得省级以上专业技能考评员资格。

第六，近 5 年内指导学生在国家级及以上技能大赛中获得三等奖以上奖项。

第七，具有与专业实践能力密切相关的其他经历或在生产领域应用的专利等成果。

第八，强大的应用研究及技术服务能力，包括连续 6 个月以上或累计 1 年以上本专业的实际工作经验；在政企事业单位连续挂职 1 年以上，包括科技特派员等；主持 2 项以上的纵向应用技术研究项目，成果被推广使用且效益良好；主持 2 项以上横向研究与技术服务项目，成果在行业企业应用并创造效益或有专利转让；主持 2 项以上与行业企业合作的校内专业实践教学设施建设项目，运行 2 年以上且成果良好；近 5 年指导学生在应用型 A 类学科竞赛中至少两次获得省级二等奖以上或一次国家级三等奖以上成绩。

（三）认定流程

教师需根据双师型教师资格认定条件，通过所在高职院校提交书面申请，并附上相关的证明材料。

成立双师型教师资格认定委员会，负责对申请教师的资格进行审核，确认拟定人选，并在校内进行公示。

经过公示无异议后，向上级教育行政机关单位报备，并颁发双师型教师资格证书。

（四）监督机制

强化监督和检查机制，建立有效的跟踪流程，专门监控双师型教师培训项目的实施情况。定期开展职业院校双师型师资队伍建设的监督检查，确保相关政策和措施得到实际执行。同时，将双师型师资队伍建设情况纳入职业院校办学水平的评估体系中，作为评价的重要依据。

第五节　双师型教师资格认定体系的实施

双师型教师资格认定体系的实施需要多个主体的共同努力和参与。

一、政府层面

政府应确保高素质双师型教师的发展方向，加强党的领导，突出对职业教育发展的重要作用。通过教育部、财政部、人力资源和社会保障部等相关行政部门的联合，共同确保高素质双师型教师培养的支持和保障工作。

政府还需要加大对高素质双师型教师培养的资金投入力度。具体措施包括提高教师工资水平至不低于当地公务员工资的政策标准，提升师范生的生均拨款标准，并利用教育公用经费进行专业培训，同时吸引社会资本参与。

建立健全高素质双师型教师的制度和机制也是政府落实双师型教师资格认定体系的重要实施途径。这包括落实教育督察制度以及时进行奖惩，借鉴德国双元制教育模式，明确区分文化课教师、专业课教师、技能课教师和实习课教师的职责。完善教师激励机制，采取优胜劣汰的政策，职称评定时应考虑教师的科研成果，并对表现出色的双师型教师颁发荣誉称号。完善教师评价制度，确保评价体系包括学校、企业和学生的全方位参与，评价内容涵盖教师的师德规范、教育能力、实践能力、科研能力和创新能力，评价方式则包括本人自评、学生评价、同行互评等多元化方法。

二、社会层面

在现代职业教育体系中，双师型教师资格认定体系的实施是提高教育质量的关键一环。社会各界的积极参与和支持，对于这一体系的成功实施至关重要。

社会层面可以加强对工匠精神的宣传和提倡。工匠精神，即追求极致、精益求精的职业态度，是双师型教师所必须具备的品质之一。社会舆论可以通过多种渠道强化这一概念，如通过媒体报道成功的职业教育案例，或者举办与职业技能相关的展览和讲座，提升公众对工匠精神的认知和尊重。这种精神的推广不仅有助于促使更多教师追求教学和技能的卓越，也有助于提高整个社会对职业技能重要性的认识。

加强对双师型教师资格认定的社会宣传，提升信息透明度也非常重要。社会层面可以引导公众充分了解这一体系的标准和重要性，包括教师资格的获取流程、标准以及职业发展前景等。透明的信息发布和积极的舆论引导，可以增强社会各界对于职业教育教师资格认定的关注和认同。

三、企业层面

在企业层面，加强双师型教师的建设和认定标准的落实是当前职业教育发展的重要策略。我国规定双师型教师至少需持有教师资格证书和职业资格证书，这为校企合作和产教融合提供了明确的标准和方向。

职业院校应把握校企合作的契机，深化与企业的合作关系。这不仅涉及将职业院校的教师培养成双师型教师，也包括将企业的员工培养成具备教育和实践双重技能的双师型教师。通过这种方式，教师能够深入企业了解生产流程，熟悉企业的管理标准和体制，同时掌握最新的生产技术和知识。

企业还应鼓励教师到企业挂职，参与产品开发和技术研发，这不仅能为企业提供技术和人才支持，还能增强教师的社会服务能力和技术研发能力。教师还应参与到企业员工培训中，这不仅能提升教师的实践教学能力，还能激发教师在企业教育中的积极性。

职业院校和企业需要建立一个有效的沟通体系，共同构建符合双方需求的高素质双师型教师培训体系，并完善师资培训基地的建设。选拔优秀的职业院校教师为企业员工提供培训，可以帮助员工掌握基本的教育教学技能，并通过微格教学方法快速提升教学技能。邀请实践经验丰富的企业员工参与到产教融合课程的开发中，可以提升其科研能力。聘请企业中的能工巧匠作为兼职教师或实习指导教师，不仅可以增加员工的收益，还能有效调动他们的工作积极性，进一步促进校企合作的深化和产教融合的实现。

四、学校层面

学校是培养高素质双师型教师的关键环境。学校需要拓宽双师型教师的来源途径。通过师范院校和综合类大学培养，职前教育应进行顶层设计，根据社会对人才的需求进行适时的课程和训练方案调整。同时，建立一支高水平的兼职教师队伍，合理规划兼职教师的数量和质量，加强与企业的合作以培养这些教师，并确保他们的合法权益得到保障。从职业院校内部选拔优秀教师，将他们派送到企业生产一线进行实践和学习。

提升双师型教师的质量，确保职后培训落实到位也是学校应尽的义务。高职院校可以借鉴美国社区学院的教师培养模式，实施"送""培""下""带"的综合培训策略。"送"指的是将实践能力较强但理论水平不足的教师送往大学深造，以提升其学历和理论知识水平；"培"涉及多样化的职后培训，这些培训应遵循实用性、实践性与研究性结合的原则，通过校本培训和转变培训理念，设计符合教师需求的内容，包括微格教学、顶岗实习、置换脱产等方式；"下"则是鼓励教师在寒暑假期间进入企业，了解最新的生产技术和发展趋势；"带"是老带新模式的实施，即形成资深教师或企业技术专家与年轻教师之间的师徒关系，利用学校和企业资源，实现师生共同进步。

五、个人层面

高素质双师型师资队伍的建设离不开教师个人的努力。要成为优秀的双师型教师，教师需要具备较高的素质，这不仅涵盖良好的职业道德和个人品德，也要求教师能够满足教学岗位的需求并展现出良好的社会公德。教师还需具有丰富的科学文化知识、教育教学知识及专业知识，这构成了教师所需的知识结构。能力结构也同样重要，包括教学能力、实践能力、科研能力和创新能力，这些能力是教师在职业教育领域中成长为高素质教师的基石。

教师的个人发展计划应包括持续的教育和专业培训，确保与教育最新的教学方法和行业的最新动态保持同步。通过积极参加定期的培训，教师可以掌握职业教育的教学规律，并不断更新专业理论知识。教师应加强与同行的交流和沟通，积极参与教学竞赛来提升自己的教育教学能力和综合素质。教师还应主动到企业基地挂职，向企业技术人才学习，了解并掌握相关行业的知识、技术和管理制度，以及最新的技术发展动态。这种企业实践经历能够锻炼和提高教师在实际操作中的专业实践能力。

通过这些综合性的个人努力，教师不仅能提升自己的教学和科研能力，还能更好地适应教育和行业的发展需求，从而真正成为能够在理论与实践之间架起桥梁的双师型教师。

第七章 产教融合视域下高职院校双师型师资队伍建设的激励机制

第一节 双师型教师激励机制建立的理论基础

双师型教师激励机制建立有深厚的理论基础，为了更好地进行理解，先来分析什么是激励机制。

一、激励机制的定义

激励是管理学中的核心概念之一，它主要源自人力资源管理领域。简而言之，激励是指通过一系列方法，激发员工的工作热情和创造力，以使每位员工都能积极为达成组织目标而努力。这种方法不仅涵盖了物质和精神的奖励，还包括为员工创造有利的环境，使他们能够朝着组织设定的目标不断前进。从管理的视角来看，激励是管理者向被管理者提供各种手段和方式，帮助他们在合适的环境中实现自身与组织的目标。这要求管理者充分理解被管理者的需求，引导双方共同为目标而努力，从而有效地提升团队的整体积极性和创造力。具体到高职院校，激励体现为通过采取恰当的措施，鼓励教师主动实现学校设定的教学与工作目标。这样的激励措施不仅提高了教师的工作积极性，也直接促进了教学质量的提升。

激励机制可以理解为将"激励"与"机制"两个概念综合考虑。"激励"的定义已经进行了详细的讨论，现在来看"机制"的含义。"机制"

原指机械的结构与工作原理，而在管理学中，它指的是各个要素之间的相互作用和运作方式，最终形成了影响社会或组织运作的规律。在组织管理中，激励机制是指通过一定的管理方法，促进组织内部各要素协同工作，共同完成组织目标的系统过程。

激励机制在高职院校中尤为关键，它涉及如何通过内部系统和政策激发教师的教学和职业潜能。教师激励机制依赖于学校内部部门的相互合作。这种机制通过建立部门间的依存关系，激发教师提升教学质量和工作能力的动力。

有效的激励机制需要考虑以下几个方面。首先，它应当激发教师的内部动机，即源自个人意志的工作动力。教师需要明白自己的物质和精神需求，从而产生满足这些需求的工作动力。其次，适当的压力也是必要的，通过设定教学目标和竞争机制，教师能将这种压力转化为推动自我提升的内部动力。最后，激励机制的成功实施还需要设定具有吸引力的目标，结合物质和精神需求层面的激励，激发教师的工作热情，并建立正向反馈，增强教师对学校的归属感和认同感，从而使激励机制更加有效运行。

二、双师型教师激励机制涉及的理论

激励机制涉及通过具体的方法和管理体系最大化员工对组织和工作的承诺。在管理学和心理学领域，学者通过对激励的内部和外部因素进行研究，发展了多种理论，如图7-1所示。内部因素集中于个人的激励心理，探讨不同个体在各种环境下的激励需求及其变化；而外部因素则关注生活环境中能够影响激励效果的物质条件。

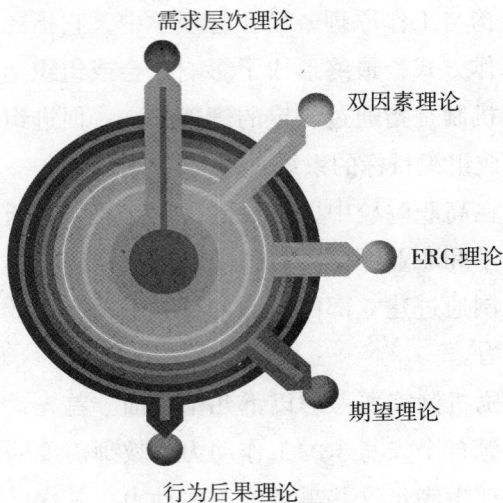

图 7-1　双师型教师激励机制建立的理论基础

（一）需求层次理论

需求层次理论由美国心理学家亚伯拉罕·马斯洛（Abraham Maslow）在 1943 年提出。[①] 这一理论将人类需求分为五个层次，从基础到高级依次是生理需求、安全需求、情感与归属需求、尊重需求和自我实现需求，如图 7-2 所示。这些需求层次反映了从基本生存到心理发展的顺序，其中低级需求被满足后，个体才会寻求更高层次的需求。

在需求层次理论中，前三个需求被归类为基础需求，涉及生理和安全保障；后两个需求则为高级需求，关注个体的心理发展和自我实现。这种分层展示了个体需求的动态变化，即当基础需求得到满足后，人们会逐步追求精神和心理上的满足。

[①]　马斯洛. 马斯洛需求层次理论 [M]. 吴张彰，李昀烨，译. 北京：中国青年出版社，2022：3.

自我实现需求

尊重需求

情感与归属需求

安全需求

生理需求

图 7-2　马斯洛需求层次理论

将需求层次理论应用到高职院校的双师型教师激励机制建设中，可以看出教师需求的动态性。例如，新入职的教师可能更注重物质激励，如薪酬和工作环境；随着职业稳定和生活条件的改善，他们可能更加重视职业安全、社会归属感及尊重；随着个人职业成就的增加，教师会追求更深层次的心理满足，如职业尊严和自我实现。因此，理解并运用需求层次理论，高职院校的管理者可以设计一个动态适应的激励机制，随着教师需求的变化和成长调整激励策略，从而更有效地激发教师的工作动力和教学热情。这种理论指导下的激励机制，不仅能满足教师的当前需求，也能预见并应对其未来可能的需求变化。

（二）双因素理论

美国心理学家赫茨伯格（Herzberg）等人在 1959 年提出的双因素理论，也称为"激励－保健理论"[①]，在管理学和心理学领域具有广泛的影响。该理论通过研究员工满意度和工作动机，区分了影响员工态度的两类因素：激励因素和保健因素。激励因素，如成就感、工作本身的挑战性、承认和赞赏、工作责任感增加以及职业发展机会，直接与工作内容相关，这些因素得到满足，可以显著提升员工的满意度，进一步激发他们的工作动机。相对而言，保健因素，包括公司政策和管理、工作条件、薪酬水平、同事间的关系以及工作安全性等，主要与工作环境和条件有

---

① 赫茨伯格，莫斯纳，斯奈德曼 . 赫茨伯格的双因素理论 [M]. 张湛，译 . 北京：中国人民大学出版社，2009：5.

关，这些因素的缺失或不当管理会导致员工的不满和消极态度，而满足这些因素本身并不足以提升员工的积极性。

双因素理论的核心观点在于，不是所有需求的满足都能激发员工的积极性。当激励因素得到满足时，员工的积极性才能被充分调动。缺乏保健因素会引起员工的不满，但其存在本身并不足以激发员工的积极性。赫茨伯格强调，工作本身是激励的核心，激励因素主要与员工在日常工作中的体验相关，这包括他们在工作过程中的成就、认可和个人成长。

这一理论应用于高职院校的双师型教师激励机制构建中，尤为关键。高职院校的管理策略应同时关注激励因素和保健因素。首先，确保教师的基本工作条件，如公平的薪酬体系、良好的工作环境、合理的学校政策和支持性的行政管理，可以防止教师产生不满和消极情绪。其次，提供职业成长机会，如专业发展培训、学术研究支持和更大的教学自主权，可以显著提升教师的工作热情。对教师的成就进行认可和奖励，增强他们的成就感和自尊心，可以进一步激发他们的工作动力和教学热情。

这不仅能维持教师的基本满意度，还能激发他们的创新和教学热情，从而提升教育质量和学校的整体表现。双因素理论为高职院校提供了一个有效的框架，通过理解和满足双师型教师的复杂需求，有效地构建了一个动态适应的激励机制，实现了对教师激励方式的革新和优化。这种深入的理论应用不仅有助于提高教师的工作满意度，还有助于提高学校的教学质量和管理效率。

（三）ERG 理论

ERG 理论是由克雷顿·奥尔德弗（Clayton Alderfer）在马斯洛的需求层次理论基础上发展出来的一个新的人本主义需求理论，他于 1969 年在《人类需要新理论的经验测试》一文中提出。奥尔德弗根据实际经验的研究总结，将人类的需求简化为三个核心层次：生存（existence）、相互关系（relatedness）和成长（growth），从而形成了 ERG 理论，如图 7–3 所示。

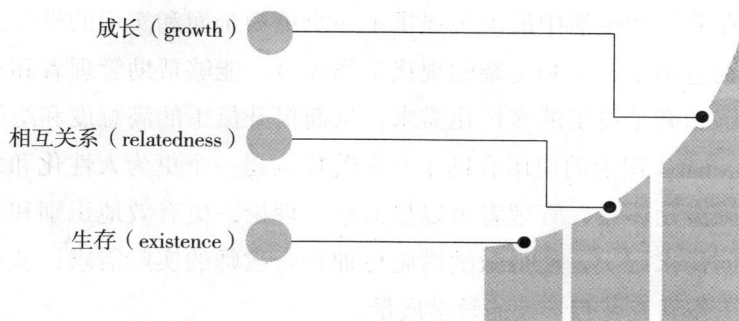

图 7-3　克雷顿·奥尔德弗的 ERG 理论

其中，生存需求涵盖了人们的基本物质和生理需求，如食物、安全和健康，这些都是维持生命所必需的。这一层次类似于马斯洛需求层次理论中的生理需求和安全需求，是其他需求满足的基础。相互关系需求则关注人际互动和社会归属的需求。它包括建立和维持有意义的人际关系，如友谊、爱情和社会认同。这一需求与马斯洛需求层次理论中的情感与归属需求及尊重需求的某些方面相对应，强调了人们对于社会联系和认可的渴望。成长需求是关于个人自我实现和自我提升的需求，涉及个人潜能的发掘和实现。这包括创新、个人成就和职业发展等方面，与马斯洛需求层次理论中的自我实现需求相似，反映了人们追求个人成长和完成生命意义的内在驱动。与马斯洛的需求层次理论不同，ERG 理论提出人们可能会同时受到多种需求的影响，并且必须按照从低到高的顺序逐级满足。ERG 理论还引入了"挫败回归"机制，意味着当高级需求难以满足时，人们可能会重新强化对较低级需求的关注和追求。

与马斯洛需求层次理论不同，ERG 理论认为不同层次的需求可能同时存在，且个人在任何时候都可能受到多种需求的影响。如果高级需求难以满足，人们可能会重新加强对较低级需求的关注。这种现象被称为"挫败－回归效应"，意味着未满足的高级需求会导致人们重新寻求满足更基本的需求，以减少挫败感。

ERG 理论因其理解需求的灵活性和对个体差异的重视，为理解和应对个人在职场和生活中的动机提供了一个更为全面和实用的框架。这一理论特别适用于多元和复杂的现代工作环境，能够帮助管理者和组织更好地理解和满足员工的多样化需求，从而提升员工的满意度和组织的整体效能。ERG 理论的应用有助于高职院校构建一个更为人性化和效果显著的教师激励体系，管理者可以根据这一理论，更有效地识别和满足教师的不同需求层次，使得激励措施更加符合教师的实际需求，从而提高教师的工作满意度和学校的教学质量。

首先，满足生存需求。确保教师的基本薪资和福利可以满足其生活需求，并提供稳定的工作环境。其次，强化相互关系需求。通过建立支持性的工作文化，促进教师之间及与管理层之间的良好关系，组织各种团队活动和社交活动，增强师生之间的联系和归属感。最后，促进成长需求。提供职业发展机会，如培训、进修和研究项目，促进教师的创新能力提升和个人成长，同时为教师提供承担更多责任和面对新挑战的机会。

这样的多层次激励机制，不仅可以激发教师的工作动力和教学热情，还可以帮助他们在职业生涯中实现自我提升和满足。这将最终促进教育质量的提高和学校整体效能的增强。

（四）期望理论

维克托·弗鲁姆（Victor Vroom）在《工作与激励》中提出了期望理论，这是一种解释人们在特定情况下行动动机的理论。期望理论认为，个体采取某一行动的意愿和努力程度取决于他们对行动结果的价值评价（效价）以及对达成该结果的可能性（期望值）的估计。该理论可以用一个简单的公式表示：

$$M= \sum V \times E$$

其中 M 代表个体的动机水平；V 是效价，指行动结果对个体需求满足的重要性；E 是期望值，指个体认为通过努力能够达到目标的可能性。

在高职院校的双师型教师激励机制的建立中，期望理论提供了一种重要的视角。效价（V）在这一环境中可以解释为教师完成教学任务时的工作态度，这种态度受多种因素影响，如个体价值观、主观态度及个性特征。积极的工作态度反映了高效的效价，显示了教师对其工作成果的重视程度。管理者可以通过设置符合教师个性和专长的具体目标，增强教师对工作的价值感，从而提升其工作的积极性。

期望值（E）则是教师评估自己能否成功完成这些目标的个人信念。这种评估基于教师对自身能力和外部条件的认知。管理者在制定政策时，需要通过培训、支持和资源配置，增强教师对成功完成任务的信心，从而使教师提高期望值。

应用期望理论于双师型教师激励机制的建立时，高职院校的管理者应当考虑几个关键因素以确保获得最大激励效果。

第一，目标的设定对于激发教师的动机至关重要。管理者应当与教师协作，确保设定的目标既具挑战性也具可达性，以此来提升教师对成功的预期。这些目标应当明确且具体，让教师能够清楚地看到自己的努力方向及预期成果。

第二，为教师提供必要的资源和支持同样关键。教师在完成教学任务时往往需要适当的教育工具、技术支持和足够的时间资源，管理者必须确保这些基本需求得到满足。定期的职业发展培训和技能提升工作坊可以帮助教师增强自信心，提高其实现目标的能力，进而提高其期望值。

第三，透明的沟通和反馈机制也是必不可少的。管理者应该通过定期的评估和反馈会议，让教师了解自己在工作中的表现以及如何改进。这种即时反馈不仅可以帮助教师调整自己的工作策略，还可以强化他们达成目标的信念。

第四，适当的奖励也非常重要。奖励不应仅限于物质形式，如奖金或礼品，还应该包括职位晋升、更大的职责授权以及公开的表扬，这些都能有效提升教师的职业满意度和工作动力。通过这种方式，教师能够感受到自己的努力被认可，并且对实现更高层次的职业目标保持积极态度。

（五）行为后果理论

行为后果理论主要研究如何通过分析已发生行为的后果来实现后续激励。该理论包括强化理论、归因理论和综合激励理论，如图 7-4 所示。

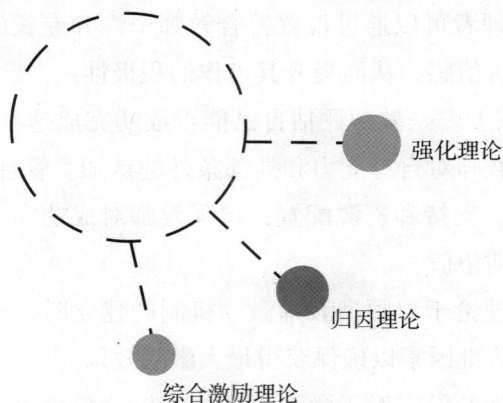

图 7-4　行为后果理论的分支

1. 强化理论

强化理论特别强调通过控制行为后的反应来影响未来的行为模式。这一理论将强化分为两种主要类型：积极强化和消极强化。

积极强化发生在一个特定刺激后对行为给予奖励，以增加该行为未来发生的概率。例如，当教师达到或超过设定的教学目标时，他们可能会收到奖金、获得表彰或承担更大的职责，这些都是积极强化。这种奖励机制鼓励教师继续努力并维持高标准的教学质量。相对而言，消极强化涉及移除或避免不利的条件，以降低某个行为的发生频率。在教育管理中，消极强化可能意味着减少过多的行政工作或去除教学中的某些障碍，从而使教师能更专注于教学本身。同时，有效的行为管理还需考虑适当的惩罚措施，这也是一种消极强化的形式。例如，如果教师未能达到教学标准，可能会面临职业发展的限制或其他形式的惩罚。在实施这些管理措施时，高职院校的管理者应确保惩罚是公正的并基于实际情况的，处理方式应得体，确保维护教师的个人尊严。

通过这种方法，行为后果理论在高职院校中的应用不仅可以通过积极强化来奖励和鼓励期望的教师行为，还可以通过消极强化来避免或改正不希望发生的行为。这种双管齐下的策略有助于形成一个积极和生产性的教学环境，保持教育质量和教师行为的高标准。

2. 归因理论

归因理论探讨了人们如何分析并推断自己或他人行为的成因。美国心理学家伯纳德·韦纳（Bernard Weiner）在其研究中详细阐述了归因理论，将人们对成功或失败原因的归纳总结为六个主要因素：能力、努力、任务难度、运气、身心状态和其他外在因素。[①]韦纳进一步将这些因素划分为三个关键维度：控制点、稳定性和可控性。控制点维度区分了归因于个人内部条件（如能力和努力）与外部环境（如任务难度和运气）的因素，稳定性维度考虑了这些因素是否随时间而变化，可控性维度则涉及这些因素是否受到个人意志的控制。

理解归因理论可以更有效地分析事件的成败原因，并从中获得有价值的信息。对于高职院校的管理人员而言，这一理论尤其重要，因为它可以帮助他们在处理教师的教学成果和行为时进行深入的思考和合理的解释。在实际管理过程中，当双师型教师取得某些教学成果时，理解这些成果背后的原因就显得尤为重要。这不仅有助于鼓励教师总结个人的成功经验，也有助于识别并避免未来可能导致失败的因素。例如，如果教师在课程中表现出色，管理者就应该分析这是因为教师的能力和努力，还是因为课程难度适中或其他有利条件。同样，如果教师表现不佳，也需要考虑是因为缺乏必要的支持还是个人努力不足。通过这种方式，管理者可以提供更具针对性的支持和干预手段，如针对能力不足提供进一步培训，或者对于努力不足的情况给予适当的激励和提醒。归因理论还促使管理者在评价教师表现时，要采用公正和全面的视角。成功和失败都不应简单归咎于个人，而应考虑多种内外部因素的相互作用。这种理

---

① 韦纳.归因动机论[M].周玉婷，译.北京：中国人民大学出版社，2020：36.

解促使管理者避免过于简化的解释，从而更加公正地评价教师的表现，并采用更有效的教育策略和激励机制。

3.综合激励理论

综合激励理论是一种将激励过程视为外部刺激、个体内部条件、行为表现和行为结果相互作用的统一过程的理论。这种理论认为，激励应当源于组织目标或个人目标（绩效）的设定，并通过实现这些目标来满足个体的需求。一旦个体通过绩效获得满足，这种满足感会促使他们继续努力，从而形成一个持续的激励和表现循环。

在高职院校中，对于双师型教师的激励机制的建立，综合激励理论提供了一个框架，帮助理解和设计有效的激励策略。这种策略不仅关注教师的行为和表现，还涵盖了教师个体的内在需求和满足感，以及这些因素如何影响教师的长期绩效和职业发展。

根据综合激励理论，高职院校应该制定和优化绩效考评制度，使之不仅反映教师的教学质量和学生学习成果，而且能够激励教师持续提升教学技能和个人职业成就。这需要确定清晰具体的绩效目标，这些目标应具有挑战性并且是可达成的，以确保教师有明确的努力方向和成就感。

要有效实施综合激励理论下的激励机制，高职院校管理者需要综合考虑多个关键要素，以确保教师能够感受到持续的动力，并致力提升个人及学校的整体教学水平。

第一，目标设定必须明确且具挑战性，同时要确保这些目标与教师的专业发展和学校的教育目标相匹配。这种目标的设定不仅应促进教师的职业成长，还应激发他们的内在动力，使他们对达成这些目标充满热情。

第二，绩效反馈机制的建立是关键。管理者应提供持续且具体的反馈，使教师能够清楚了解自己在哪些方面表现优异，以及哪些方面需要改进。这种反馈应当是建设性的，并且以支持和引导为主，帮助教师在职业道路上不断前进。反馈的及时性也同样重要，及时反馈可以迅速纠正教师的行为偏差，增强教学效果。资源的支持也不可忽视。教师要想实现设定的绩效目标，必须有足够的资源，包括先进的教学工具、充足的时间以及专业发展的机会。管理者需确保教师能够轻松获取这些资源，无论是内部培训、工作坊还是外部研讨会，都应当为教师的成长提供支持。

第三，建立一个公平而具吸引力的奖励系统也非常关键。这个系统应该包括对教师教学成果和专业发展的认可，既包括物质奖励，如奖金、津贴，也包括非物质奖励，如职务晋升、更多的研究机会或更大的教学自由度。这样的奖励系统能够激励教师持续提升自身的教学技能和专业知识，同时提升他们对学校的忠诚度和归属感。

第二节　双师型教师激励机制建立的原则

在建立高职院校双师型教师激励机制时，遵循一系列原则是确保机制有效性和可持续性的关键，如图 7-5 所示。这些原则共同作用，形成一个坚实且有效的激励框架保障双师型教师的激励机制建设。

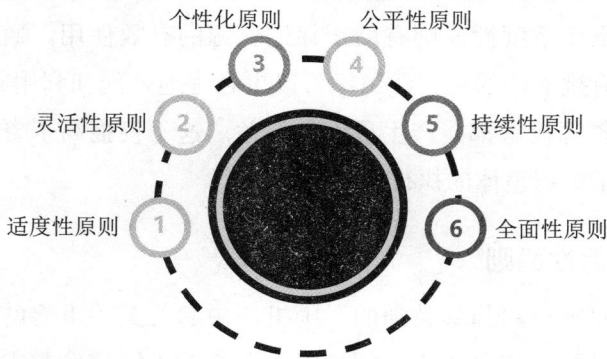

个性化原则　公平性原则

灵活性原则　　　　持续性原则

适度性原则　　　　全面性原则

图 7-5　双师型教师激励机制建立的原则

一、适度性原则

适度性原则在激励机制中的运用至关重要，主要因为这一原则能够确保激励的有效性和实现目标的可能性。这一原则基于几个核心因素。

第一，适度性原则帮助确保激励目标的可实现，防止目标过于遥远而导致个体感到挫败。如果激励目标设定过高，超出个体的能力范围或现实条件的限制，那么不论个体付出多大的努力，目标始终难以达成。在这种情况下，个体可能会感到失望和沮丧，从而影响其后续的积极性和参与度。反之，如果激励目标过于容易实现，则可能无法充分激发个体的潜能和动力，使得激励失去应有的挑战性和吸引力。

第二，秉承适度性原则能够维持个体的积极性和持续的参与动力。适当的挑战能够激发人的兴趣和动力，使个体在追求目标的过程中保持高度的参与和热情。当个体认为目标在一定的努力范围内是可以实现的，他们更可能投入所需的努力实现这一目标。这种经验还能够增强个体的自信心和满足感，从而使其在未来的活动中表现得更加积极。

第三，秉承适度性原则有助于公平和正义。当激励目标既不过高也不过低，符合大多数人的期待和接受度时，个体将这种目标设定视为合理和公正的，这可以增强团队成员之间的信任和团队的凝聚力。反之，这种信任和团队精神的增强又能够进一步推动组织目标的达成。

第四，秉承适度性原则有助于促进资源的有效使用。通过设定既符合实际又具有挑战性的目标，组织可以更合理地分配和利用有限的资源，确保每一份资源投入都能产生最大的效益。这不仅提高了资源使用的效率，也增强了组织整体的执行力和竞争力。

二、灵活性原则

灵活性原则在双师型教师的激励机制中起着至关重要的作用。这一原则强调激励机制应具备适应环境变化和应对不同情境需求的能力。灵活性原则的核心在于确保激励机制可以根据教育政策的变动、学校战略的调整、市场趋势以及其他外部因素的变化灵活调整。

实施灵活性原则需要激励机制本身设计上的可调整性。这意味着激励机制不应该是固定不变的，而应当允许管理者根据实际情况和未来的预测进行快速调整。例如，如果政策导向鼓励更多的创新型教学方法，激励机制应及时增设鼓励创新的奖励或支持。

灵活性原则也要求管理者具有高度的适应能力和前瞻性，能够预见到可能的变化并提前准备相应的策略调整。这种前瞻性不仅涉及对教育趋势的洞察，还涉及对技术进步、学生需求变化等方面的关注。

灵活性原则的实施能够使激励机制更加高效和具有针对性，从而更好地支持双师型教师在不断变化的教育环境中维持高水平的教学和研究。这一原则确保了激励机制能够持续有效地支持教师的工作，即使在外部条件发生变化时，激励机制也能保持有效性。

三、个性化原则

个性化原则在双师型教师的激励机制中同样发挥着关键作用。这一原则强调激励机制应根据每位教师的个性特征、能力、需求以及职业目标进行定制，确保每位教师都能从激励机制中获得最适合自己的支持和激励。

个性化原则的实施需要对教师进行深入了解，包括他们的专业背景、教学风格、科研兴趣、职业志向以及个人生活情况。这种了解可以通过定期的调查、面谈以及日常的观察来实现。基于这些信息，管理者可以设计更加精准的激励方案，如为科研能力强的教师提供更多的研究资金和项目机会，为教学能力突出的教师提供更多的教学改革参与机会和教育技术工具。

个性化原则还涉及激励方式的多样化。不同的教师可能对不同类型的激励反应不同，一些教师可能更看重物质奖励，如奖金或补贴，而另一些教师可能更看重职业认可和发展机会。提供多样化的激励方式，可以更好地满足不同教师的需求和偏好，从而提升激励机制的有效性。

四、公平性原则

公平性原则是构建有效激励机制的基石，尤其是在教育环境中，如高职院校的双师型教师激励机制。这一原则强调，激励机制不仅需要公正无私，而且必须确保对教师透明开放。这包括明确的激励标准、公正的评价过程以及均衡的奖励发放方式。

第一，公平性原则要求激励标准必须公开明确，并且与教师的工作直接相关。这意味着教师应该清楚自己需要达到什么样的标准才能获得相应的激励，这些标准应该基于客观的、可衡量的指标。通过这种方式，每位教师都可以在相同的起跑线上开始，保证了起点的公平性。

第二，评价过程的透明公正是公平性原则的另一个重要方面。评价过程应该公开透明，所有评价工具和程序都应当事先向教师明确，且在实施过程中严格遵守预设的规则。评价结果的解释和反馈也应及时、明确且具有建设性，确保教师能够了解自己的表现以及如何改进。

第三，奖励的发放必须均衡。奖励发放应该确保奖励与教师的表现成正比，而且教师在相似表现的情况下应获得相似的奖励。这种做法有助于消除可能的偏见或不公，提高教师对激励机制的信任度。

透明的激励机制有助于建立和增强教师之间的信任感，减少因不透明造成的误解。教师认为激励机制是公平和公正的，才更可能全身心投入教学和其他职责中，而不是花费精力在内部竞争上。

第四，公平透明的激励机制还能够促进形成正向的工作环境，其中教师感到被尊重和价值认同，这对于教师的长期职业满意度和职业忠诚度是至关重要的。这种环境不仅有利于教师个人的成长和发展，也有助于学校实现教育目标和提高整体的教学质量。

五、持续性原则

持续性原则在双师型教师的激励机制中起着至关重要的作用。这一原则强调激励不应仅为一次性的行为，而应是一个持续的、循环的过程，旨在通过不断的支持和奖励来持续提升教师的工作动力和职业成就。

持续性原则认为激励应包括定期且连续的反馈。这种反馈不仅应包括正式的绩效评估，还应包括日常的指导和支持。通过定期的反馈，教师可以及时了解自己的工作表现和进步之处，识别出需要改进的领域。这种及时的信息反馈对教师调整自己的教学策略和方法至关重要，有助于他们更有效地达到教学目标。

持续性原则强调为教师提供持续的职业发展机会。这包括提供专业培训、研讨会、进修课程以及参与学术会议的机会。通过持续的职业发展支持，教师能够不断更新和扩展他们的知识和技能，这不仅有助于增强他们的教学能力，还有助于提升他们的职业满意度和自我实现感。

持续性原则要求对教师的长期表现给予持续的奖励。这种奖励可以是经济上的，如绩效奖金或薪资提升，也可以是职位上的，如职称晋升或更多的管理职责。持续的奖励机制不仅表彰教师过去的努力，更重要的是，激励教师继续保持和提升他们的工作表现。

持续性原则的实施可以带来多方面的积极影响。它有助于建立一种积极的反馈和激励循环，教师在这一循环中得到持续的支持和认可，从而更有动力投身于教育工作。这一原则也促进了教师与学校之间长期稳定的合作关系，为学校创造了一个稳定且充满活力的教学环境。

六、全面性原则

全面性原则在双师型教师的激励机制中强调必须考虑到教师的多维需求，确保激励措施不仅涵盖经济利益，而且触及职业发展、工作满足感以及社会认同等层面。这一原则的核心在于通过多方面的支持，全方位地激发教师的积极性，从而促进其获得长期的个人成长和职业成就。

经济激励依然是基础的且必不可少的组成部分。合理的薪酬、奖金和其他形式的物质激励能直接满足教师的基本生活需求和经济目标，是吸引和保留优秀教师的关键因素。然而，单一的经济激励可能难以持久地保持教师的工作热情和忠诚度，因此必须与其他非物质激励相结合。

职业发展激励是全面性原则的另一重要方面。为教师提供持续的职业培训、晋升机会以及参与重要项目和决策的机会，可以帮助他们实现职业上的成长，使他们获得满足感。支持教师的专业化发展，不仅可以增强他们的教学和研究能力，还可以提高他们对学校的忠诚度和归属感。

工作满足感是影响教师工作效率和质量的重要因素。激励机制应包括改善工作环境、减轻不必要的工作负担、提供必要的教学资源和技术支持。这些措施有助于教师在教学和研究中发挥最佳水平，有助于增强其在工作中的成就感和自我效能感。

社会认同也是不可忽视的激励维度。教师作为知识分子和教育者，他们的社会地位对其职业满意度有显著影响。因此，学校应通过公开赞扬教师的成就、表彰优秀教学活动、提供社会服务机会等方式，增强教师的社会认同感。

全面性原则要求激励机制不仅要关注教师的经济收益，还要深入职业发展、工作满足感以及社会认同等多个层面。这种全方位的激励机制，可以更有效地激发教师的内在动力，促进他们在教育和研究工作中取得更大的成功，也为学校带来长远的发展和稳定。

第三节　双师型教师激励机制的建立与实施途径

在高职院校中，双师型教师的激励机制是提升教学质量和促进教师职业发展的关键因素。通过对双师型教师的期望和需求进行深入调查研究发现，现有的激励机制在一些方面还可以进行优化，特别是在满足教师的多样化需求方面还有较大的改进空间。总的来看，教师对于激励的期待主要集中在薪酬和自我价值提升方面，这反映出物质激励仍然是他们最主要的需求。除此之外，教师也强烈期待情感、荣誉和工作环境等方面的精神激励。要构建一个更加全面和有效的激励体系，需要从以下几个方向进行改革和优化，平衡物质激励和精神激励，确保二者的有效结合，更好地激发双师型教师的工作热情和创造力，提升教学效果和学术研究水平，如图7-6所示。

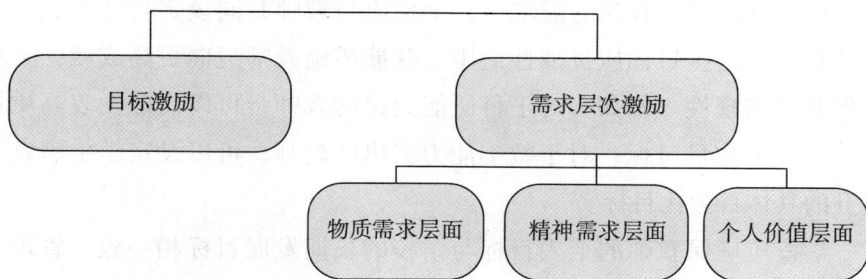

图 7-6　双师型教师激励机制建立的层面框架

一、目标激励的优化

在高职院校中，实施针对双师型教师的有效目标激励机制是提高教学质量和教师职业满意度的关键策略。根据激励理论和期望理论，目标激励可以作为一种成果导向的人力资源管理手段被广泛采用。通过确定具有挑战性的工作目标，激励机制能够明确教师的工作方向，提高教师的工作动力，并最终提高教师的教学和研究的成效。

目标的明确性是优化目标激励的首要步骤。目前在高职院校中，双师型教师面临的一个主要问题是工作目标的不明确及目标设定的低水平。这种状况通常源于学校对双师型教师激励目标的宣传不足以及激励目标与教师个人发展目标之间缺乏协调。

为了解决这些问题，学校可以在全校范围内公开并明确地宣传教育目标和发展战略，同时与教师进行深入交流，确保教师对于学校目标有充分的理解和认同。

实施目标激励时，确保教师的个人职业发展需求与学校目标的一致性是至关重要的。这不仅有助于提高教师的工作满意度和职业成就感，还有助于有效地推动学校的整体发展战略。在进行目标激励之前，学校管理层应通过问卷调查、一对一面谈、小组讨论等方式收集教师的职业发展需求和个人定位目标。这种深入的了解可以帮助学校把握教师的专业兴趣、期望的职业路径以及他们对于工作环境和职业发展机会的具体需求。

在充分理解了教师的需求后，学校应与教师共同设定具体的、可衡量的目标。这些目标应挑战性适中，既能激励教师迈向更高成就，又能确保其可实现性。例如，对于科研能力强的教师，可以设定发表高质量研究论文的数量目标；对于教学能力突出的教师，可以设定学生满意度提升的具体百分比目标。

学校应确保教师的个人目标与学校的长期发展目标相一致。管理层需要清晰地向教师解释学校的战略方向和关键优先事项，并展示个人目标如何与这些更广泛的目标相结合。例如，如果学校的战略目标之一是提升研究影响力，那么鼓励教师参与国际合作项目和申请研究资金就成为个人目标的一部分。

目标设定后的持续跟踪和定期评估是确保目标实现的关键。学校应定期检查教师对于目标的进展情况，并提供正向反馈和建设性建议。通过定期的绩效评估会议，教师可以了解到自己在达成目标方面的进展，也可以讨论任何实现目标时遇到的障碍。

为了帮助教师实现设定的目标，学校应提供必要的资源和支持。这包括专业发展培训、访问先进研究设施的机会、足够的研究经费和时间，以及有利于教师成长的指导和反馈。例如，学校可以为教师提供参加国内外专业会议的机会，或者为新教师配备经验丰富的导师。

二、需求层次激励的优化

在高职院校中，双师型教师的激励机制层次具有多样化的特征，根据需求层次理论，教师最基础、最主要需求集中在物质方面，因此，构建针对物质需求的激励机制成为优化教师激励机制的关键。除了物质需求之外，精神需求以及自我价值的实现需求也是不可忽视的重要组成部分。尤其是在当前教师更加注重追求个人情绪价值的大环境背景下，精神需求层面的激励机制构建与优化对于提升教学质量和提高教师的职业满意度具有重要作用。因此，笔者认为应从物质需求、精神需求以及自我价值实现需求三个层面实施激励机制的优化建议，为双师型教师提供一个更全面、更有效的激励环境，如图 7-7 所示。

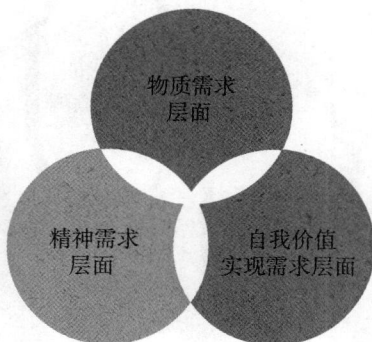

图 7-7　双师型教师的需求层次

（一）物质需求层面的激励优化

物质需求是人的最基本需求之一，在高职院校中，尤其对于双师型教师而言，它的重要性不言而喻。物质需求主要包括薪酬、福利等经济条件，直接关系到教师的生活水平和基本生活保障，是教师日常生活中不可或缺的部分。

如果在薪酬和福利上不足，不仅会降低教师的工作满意度，也会影响到他们的工作积极性，甚至可能增加教师的流失率，对学校的教学质量和师资队伍稳定性造成不利影响。因此，确保双师型教师的物质需求得到满足，不仅是满足其基本生活需求的前提，还是激励和留住优秀教师、保障教学质量的关键所在。具体可以从以下几个途径进行优化，如图 7-8 所示。

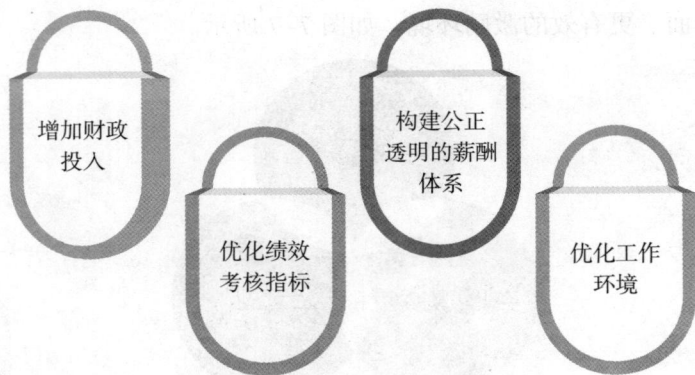

图 7-8　物质需求层面的激励优化途径

1. 增加财政投入

优化高职院校双师型教师的物质激励机制的首要途径是增加财政投入，以增加学校的年度预算。当前，高职院校在科研项目数量和科研水平方面相较于本科院校较为欠缺，导致在政府的财政支持上往往不如本科院校，用于双师型师资队伍的薪酬和福利的资金相对有限。因此，增加财政投入，特别是在教师薪酬和福利方面的投入，成为提升教师激励效果的直接且有效的方法。

从高职发展智库的统计数据来看，截至 2024 年 3 月，10 所高职院校预算总数超过 10 亿元，与 2023 年数据相比，610 所高职院校实现了预算增长，占比 66.59%。[①] 这表明各地政府已经开始重视高职院校的发展，加大了对高职院校的财政支持力度。这种趋势预示着高职院校未来有望获得更多的预算资源。

随着预算的增加，高职院校可以进一步加强对双师型教师的物质激励，通过提高薪酬和改善福利条件，吸引和保留优秀教师。充足的预算还可以用于改善教学和研究设施，增强教师的教学和科研能力，从而提高学校的整体教育和科研水平。

---

① 高职发展智库.10 所破 10 亿！2024 年高职院校预算出炉 [EB/OL].（2024-03-22）[2024-04-16].http://www.zggzzk.cn/redianzixun/shownews.php?id=1317.

这些措施，不仅可以直接提升教师的职业满意度和工作积极性，还能增加教学和科研成果，进一步增强高职院校在教育市场中的竞争力，从而形成一个良性的发展循环：更好的教学和科研成果带来更多的财政支持，进一步加强教师激励和学校发展，最终实现高职院校的长期、可持续发展。这种正向循环的建立，可以极大地促进双师型教师激励机制的完善和高职院校整体发展水平的提升。

2.优化绩效考核指标

传统的"自上而下"的绩效考核方法往往与高职院校的实际教学需求和特色不符。传统的绩效考核方法通常固定且一般化，往往侧重于量化的学术成果，如论文发表和科研项目，这种方法在高职院校中不适用。因为从双师型教师的本质上看，双师型教师不仅需要具备良好的教学能力，还应具有行业经验和实践能力，高职院校的教学重点在于职业技能的培养和实际应用，而非纯学术研究。摒弃传统的过于依赖顶层设计的绩效考核体系可能导致教师工作动机的外在化，即教师可能更多地关注考核标准以获取奖励，而非真正提升教学质量和学生的学习体验。这种外在激励可能削弱教师对教学的内在热情和创造性。另外，高职院校强调应用技能的教学，需要教师不断创新教学方法以适应不断变化的行业需求。然而，传统的考核方法往往侧重结果而非过程，忽略了教学创新的重要性和在教学过程中对学生能力提升的实际影响。传统的绩效考核往往忽略了教师的独特性，无法全面评估教师在教学实践、学生技能培养和行业合作等方面的表现。因此，开发符合高职院校特点的、结果导向的绩效考核体系显得尤为重要。

第一，绩效考核制度需要重新设计，以适应双师型教师的独特角色。这意味着考核标准应更全面，不仅评价传统的教学和科研成果，还应重视教师在技能传授、实践指导和行业合作方面的表现。例如，可以引入教师指导学生参与职业技能竞赛的成绩、与企业合作项目的实施情况以及实验室或工作坊的运营效果等指标。这些特定的评价标准能更准确反映双师型教师的职业特性和贡献。

第二，绩效考核的过程应该具有明确的导向性，鼓励教师聚焦于提升教学质量和学生的职业技能。考核体系应从多维度进行评估，包括教师的课堂教学效果、学生的反馈、教学创新能力及在促进学生就业方面的实际贡献。通过这样的多维度考核，教师能获得关于教学实践的全面反馈，从而有针对性地调整和改进自己的教学方法。

第三，绩效考核结果的应用也应当超越简单的薪酬调整。高职院校应将考核结果用作教师职业发展的重要依据，为教师提供个性化的培训和发展机会。例如，对于在特定领域表现突出的教师，学校可以提供进一步的专业深造机会或资助他们参加国内外的专业培训和研讨会。对于需要提升的领域，学校应提供相应的支持和资源，如教学技巧提升工作坊或新教学技术培训。

第四，高职院校应在组织文化和政策层面强化对绩效考核制度的支持和重视。这包括定期修订和更新考核标准以适应教育行业的变化，确保考核制度的公正性和透明度，并通过校内外的沟通渠道广泛宣传考核制度。学校应倡导一种以教师发展和学生利益为核心的考核文化，避免单纯以薪酬和晋升为导向的考核观念。

第五，随着教育领域的发展和行业需求的变化，绩效考核标准和指标也应不断更新和调整。定期审查和更新考核体系可以确保考核的相关性和时效性，使考核体系更加公平有效。

采用这些综合措施可以构建一个更公平、更有效，并且符合双师型教师特点的绩效考核体系，不仅能激发教师的工作热情和创新能力，达到物质激励的真正目的，还能有效提升整个学校的教学质量和教育服务水平，从而在竞争激烈的教育市场中占据有利地位。

3. 构建公正透明的薪酬体系

在高职院校中，为了有效激励双师型教师，优化物质激励的关键途径之一是促进薪酬激励公平性，建立与双师型教师岗位匹配的薪酬制度。目前，高职院校教师的薪酬制度通常根据职称、教龄、科研成果等因素来制定，这可能导致教师过分关注职称晋升而忽视专业技能的提升和教学质量的改进。因此，要更好地提升教学质量，就要对薪酬激励机制进行根本性的改革。

促进薪酬激励公平性应从如何合理评估双师型教师的教学和实践成果入手。应构建公正的薪酬体系，将教师的教学效果、学生反馈、教学创新以及与行业接轨的实践能力纳入薪酬考核因素。薪酬体系需要具体、量化，并与教师的实际薪酬直接挂钩，以确保教师的努力能够得到合理的经济回报，从而激励他们提升教学质量和专业技能。

需要明确双师型教师与普通教师在岗位职责和专业要求上的差异。双师型教师不仅涉及教学，还涉及行业实践，他们的岗位要求更为复杂多变。因此，在设计薪酬体系时，应充分考虑这些差异，确保薪酬体系能够反映出双师型教师在专业实践和技术应用方面的额外贡献。这要求学校与行业紧密合作，定期评估行业需求变化，并据此调整双师型教师的薪酬标准和晋升路径。

4. 优化工作环境

学校优化工作环境，包括改善教学设备、住宿条件以及提供其他物质层面的保障，是提高教师工作效率、满意度及留住优秀教师的重要策略。良好的工作环境不仅能提升教师的日常教学体验，还能显著提升他们的职业满意度和教学质量。

现代化的教学设备是提高教学质量和教学效率的关键。学校应投资最新的科技教学工具，如智能黑板、学生响应系统、模拟实验室设备和专业软件。这些工具不仅可以使教学更加直观和互动，还能帮助教师更有效地传授复杂的概念和技能。确保设备维护得当且随时可用，减少技术故障带来的教学中断，这对于保持教师和学生的积极性至关重要。

对于那些居住地较远的教师，学校提供舒适且便利的住宿条件是吸引他们的重要因素。学校可以提供具有竞争力的住宿条件，如校内教师公寓，这些公寓应具备良好的生活设施，包括适当的家具、网络连接和安全措施。优良的住宿条件不仅能减少教师的通勤压力，还能提高其生活质量，使他们能更专注于教学和研究工作。

除了教学和住宿设施外，学校还应确保教师的日常工作环境舒适、安全。这包括良好的办公条件、足够的个人空间、适宜的办公环境和教学环境有效的温度、卫生控制。舒适的工作环境可以减少职业疲劳，提升教师的整体工作满意度。

（二）精神需求层面的激励优化

在高职院校中，构建全面且有效的双师型教师激励机制不仅包括物质需求层面的激励，还要重视精神需求层面的激励，可以从以下几个途径进行优化，如图 7-9 所示。

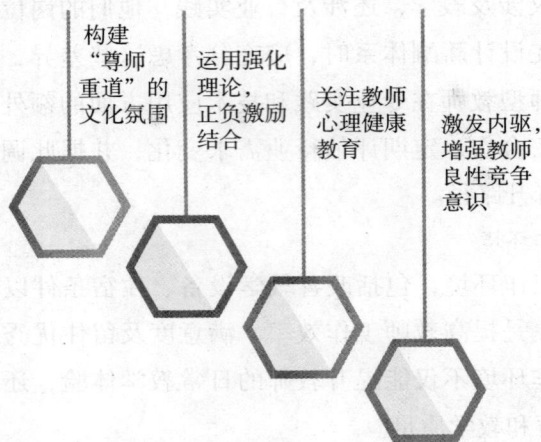

构建
"尊师
重道"的
文化氛围

运用强化
理论，
正负激励
结合

关注教师
心理健康
教育

激发内驱，
增强教师
良性竞争
意识

图 7-9　精神需求层面的激励优化途径

1. 构建"尊师重道"的文化氛围

在高职院校中，构建尊重双师型教师地位的文化氛围是至关重要的。从古至今，"教师"这一职业一直承担着"传道授业解惑"的重要责任，他们不仅教授知识，还塑造学生品德和思维。因此，教师职业应得到广泛的尊重，这是基于对他们贡献的认可，也是满足他们基本精神需求的表现。

社会普遍存在一种认知误区，就是认为高职教育层次的教师水平远低于本科层次的教师水平。双师型教师虽然属于高职教育层次的教师，但是他们不仅涉及普通教学活动，还与行业实践相结合，是连接教育与行业的桥梁，是我国教育体系中不可多得的人才资源，不能单纯因为属于高职教育层次就认为双师型教师水平较低，不值得尊重。学校要通过宣传、科普，加大对于双师型教师、职业教育教师的宣传和介绍力度，营造尊师重道的文化氛围。

学校要明确制定并传达关于尊重教师的校规校纪，通过校会、班会等形式定期强调这些规定，并向学生阐释尊师、敬师的原因、做法，加深学生对尊重教师重要性的认识，还可以强调对于不尊重行为的具体后果和处罚，引导学生尊重双师型教师的专业地位和人格尊严。在高职院校的课程设置中要包括有关尊师重道等道德内容。利用历史、文学、哲学等课程教授学生尊师重道的传统美德和现代价值。

学校可以组织丰富多彩的活动，如教师节表彰大会、尊师主题演讲，让学生有机会表达对教师的感激之情，加深对教师工作的理解和尊重。学校还可以定期举行师生共同参与的体育活动、文化节、科技竞赛等。这些活动可以在轻松的环境中增进师生之间的理解和尊重。在非正式的环境下，学生可以从多角度更自然地了解教师，教师也可以通过这些活动展示亲和力和专业性。教师起到模范带头作用，树立榜样，展现个人魅力和专业能力，能赢得学生发自心底的尊重。通过教师之间以及教师与学生之间的相互尊重，学生可以直观地学习和模仿尊师行为，教师的言行举止应体现出对学生的尊重和关怀，以此培养学生的尊师行为。

在学校层面，尊重双师型教师可以通过让他们参与学校的决策过程来体现。民主管理的形式让教师有机会对学校的教育政策、课程设置和发展规划提出意见和建议。这种参与不仅让教师感觉到自己的意见被听到和被重视，而且可以利用他们的专业知识和实践经验，帮助学校做出更符合教育与行业需求的决策。这种参与会增强他们被尊重、被重视的心理认同，不仅能够增强他们的职业自信和归属感，还能激发他们对教育事业的热情。

高职院校应当在日常管理和交流中体现对双师型教师的尊重，注重双师型教师的心理发展情况。这包括尊重他们的教学方法、职业发展选择、价值观、兴趣爱好以及生活习惯。管理层应通过建立开放的沟通渠道，鼓励教师表达自己的想法和需求，在教师的职业发展和工作平衡中提供必要的支持和资源。

尊重还应体现在公正合理的评价系统中。评价系统应当全面考量双师型教师在教学、科研和实践指导中的表现，公正地反映他们的努力和成就，避免单一维度的评价标准导致的不公。

2.运用强化理论，正负激励结合

在高职院校中，建立有效的激励机制对于管理双师型教师及提升教学质量至关重要。利用强化理论，结合正向激励和负向激励的策略，可以有效地影响教师的行为。强化理论通过正向激励和负向激励的结合，可以有效指导教师的行为。正向激励通过奖励等手段鼓励教师展现积极的行为，而负向激励则通过惩罚减少不期望的行为，效果往往更加明显。这种双向策略不仅有助于增强教师的工作动机，还有助于提升学校的教学质量和纪律水平。在实施时，高职院校可以通过这种方法有效地激发双师型教师的潜力，确保他们行为的规范性，以达到激励和管理上的双重目标。

正向激励主要通过表彰优秀教师、提供职业发展机会、发放奖金以及提供其他形式的物质和精神奖励来实现。例如，对于在教学、科研或学生指导方面表现出色的教师，学校可以通过公开表彰、优秀评比等精神途径奖励他们，配合发放奖金等物质途径增强他们在精神需求层面的体验。这不仅提高了教师的工作满意度和自我价值感，还激励其他教师模仿优秀表现。提供专业发展的机会，如资助教师参加国内外的学术会议或为他们提供研究资助，也是激发教师持续进步和专业成长的重要手段。

负向激励则涉及制定严格的规章制度，并对不符合标准的行为实施惩罚。这包括对教学质量不达标或行为不符合职业道德的教师施加一定的惩罚，如警告、降级或取消资格。这种做法虽然可能显得较为严厉，但对于保证学校的教学和研究标准，维持校园纪律的严肃性和公正性是必要的。这也有助于塑造一个严谨的学术环境，其中每个人都明白自己行为的后果，并对自己的职责和义务有清晰的认识。

在实施这些激励措施时，学校需要谨慎平衡正向激励和负向激励，以避免过度依赖惩罚导致的教师士气低落。理想的激励机制应该鼓励教师发挥最大的潜力，提供足够的支持和资源，帮助他们应对工作中遇到的挑战。激励机制不仅是一种管理工具，还是一种促进教师个人和专业成长的手段。这种综合的激励策略有助于营造一个积极、健康的教学环境，使教师感到被尊重和价值被认可，学生则受益于高质量的教育。

3. 关注教师心理健康教育

在高职院校中，支持双师型教师的心理健康教育是精神需求层面激励的重要途径之一。心理健康对于教师的职业生涯、教学质量以及日常生活的幸福感都具有深远的影响。因此，学校应提供相应的资源和措施，确保教师能够获得必要的心理支持，从而维持良好的心理健康状态。

高职院校可以设立专门的心理健康服务中心，提供专业的心理咨询和辅导服务。这些服务不仅应对教师开放，还应针对他们的具体需求提供个性化的支持。例如，对于面临教学压力、职业发展困惑或家庭问题的教师，心理咨询师可以提供专业的咨询和情感支持，帮助他们有效管理压力，解决问题。

高职院校应在教师培训程序中加入心理健康教育的内容。通过定期的工作坊、讲座和培训，教师学会识别和应对职业疲劳、压力管理和情绪调节。这种教育不仅有助于教师提高自我意识和自我调节能力，还有助于提升他们的教学效果和职业满意度。

学校应鼓励教师之间建立支持性的社群。同事之间的支持网络可以提供情感慰藉，共享应对策略，并减少职业带来的孤独感和压力。学校可以通过组织团队建设活动、同伴支持小组或定期的社交聚会来促进这种社群的建立。

管理层应积极倡导形成开放和包容的职场文化，使教师能够在遇到心理健康问题时及时寻求帮助，而不必担心对职业发展产生负面影响。这种文化的建立需要从学校的最高管理层开始，他们的言行为全校师生树立积极应对心理健康问题的榜样。

通过这些措施的实施，高职院校可以有效地支持双师型教师的心理健康发展，从而提升他们的整体幸福感，这不仅是对个体的投资，也是对学校未来发展的投资。

4.激发内驱，增强教师良性竞争意识

在高职院校中，引入竞争机制对于双师型教师的精神需求层面的激励具有显著效果。健康的竞争环境能够提高教师的自我效能感，促使教师不断提升自身的教学和专业技能。当教师在竞争中取得成功时，他们的自尊和自我价值感得到增强，进而提高了工作满意度。这种由内而外的正向反馈循环是激发教师长期教育热情和维持高教学质量的关键。

良性竞争还有助于建立一种积极向上的教育氛围，这种氛围能够显著提高教师的工作动力与创新能力。在一个充满挑战和竞争的环境中，教师更可能被激发创新精神，尝试新的教学策略或研究方法，寻求更有效的教学策略提升教学和科研水平以保持在同行中的领先地位。竞争机制还鼓励教师之间的相互学习和经验分享，这不仅鼓励教师追求卓越，提升了教师团队的整体水平，还增强了教师的团队合作精神。这也为学生创造一个更加丰富多彩和激励人心的学习环境，可谓一举多得。

良性竞争意识的培养可以通过以下途径实现。

第一，深化校企合作，增加外部竞争。在高职院校中，通过深化校企合作增加外部竞争是促进双师型教师精神需求层面的激励的有效方式之一。这种合作模式不仅能够直接将教师与产业界的需求和标准对接，还能够在教师中形成健康的、有益的竞争氛围。通过校企合作提供机制，双师型教师能够直接参与到企业的实际工作中，这不仅让他们能够持续更新自己的行业知识和技能，还能够使他们的教学更加紧贴市场的实际需求。这种与企业的直接互动为教师带来了外部竞争，教师为了在企业合作中展现自己的专业能力，必须不断自我提升和创新，保持自己的竞争力。企业对人才的需求和评价标准可以为高职院校的教学提供反馈和导向。当双师型教师参与到企业项目中，他们的表现和成果直接获得企业的评价。这种评价不仅关乎个人的职业发展，也关系到学校的声誉和合作机会。因此，教师在这种环境中自然形成一种竞争意识，旨在不断优化自己的教学和研究，以满足或超越企业的期望。

校企合作还能够引入行业内的竞争机制。通过与行业内的其他教育机构比较，教师能够看到自己在同行中的位置，激发他们追求卓越的动力。学校可以通过定期组织与企业合作的成果展示、教学成果比较等活动，促进教师之间的健康竞争，推动教学方法和内容的创新。

为了保证竞争的良性和有效性，高职院校需要确保校企合作的公平性和透明性。这意味着合作机会、项目分配和成果评价等环节必须公正，所有参与的教师都有公平的机会展示自己的能力，并根据自己的表现获得相应的认可和奖励。

第二，增强校际合作，促进教师之间的合作与竞争。这是高职院校发展战略中的关键途径之一。这一途径不仅能够提升教师的专业能力和科研水平，还能够激发教师之间的健康竞争，从而提高整体教育质量，增强学校的竞争力。高职院校需要明确自己的教育和科研定位，尤其是在特色专业和双师型师资队伍的建设上。这包括培养一批学科带头人，这些带头人不仅要在教学上有所成就，还要在应用型课题研究中表现突出。这种专注于实际应用的科研方向更符合高职院校的教育目标，也能更好地服务于地方经济和产业发展。高职院校之间应该通过建立科研平台和专业互补的方式来加强合作。具体可以通过共享资源、设施和专业知识等方式实现。例如，可以建立联合研究中心，共同开发课程，或举办学术和技术研讨会，以促进知识交流和技能提升。这样的合作不仅增强了各校的科研能力，还促进了教师之间的互动和学习，激发了创新和研究的新思路。校际合作平台的建立也为双师型教师提供了更广阔的视野和更多的竞争机会。教师可以通过这些平台了解其他高职院校在相同或相关领域的研究进展和教学方法。这不仅能够激发教师的创新思维，还能增强其求知欲和自我提升的动力。这种跨校的信息交流和合作机会也能够促进教师之间的健康竞争，推动他们在教学和研究上追求更高的标准。

通过这种多层面的校际合作和竞争，高职院校能够为双师型教师创造一个充满挑战和机遇的工作环境，从而促进教师个人职业发展和学校整体教育质量的提升。这种合作与竞争的机制不仅有利于教师的成长，也有利于学生的学习和发展，最终实现教育资源的最大化利用和社会价值的增长。

第三，在高职院校中，激发教师与教师之间健康竞争对于精神需求层面的激励至关重要。这不仅能提升教学和研究质量，还能促进教师追求卓越，提高教师的工作积极性和职业满意度，进一步提升教师的个人成就感。例如，定期的教师表彰活动、教学观摩以及同行评价，可以显著提升教师的竞争动力和团队精神。通过表彰在教学创新、科研成果或学生指导等方面表现突出的教师，学校不仅奖励了个人的优异表现，也向全体教师传递了努力和成就的重要性。这种表彰不仅增强了教师的自豪感和归属感，还激发了其他教师的竞争意识和工作动力，鼓励教师在专业上保持竞争力，避免满足于现状。

引入竞争机制，学校必须注意确保竞争的健康和公正，避免可能出现的过度压力和负面竞争，甚至恶性竞争。通过制定明确的规则、保持透明度、合理设计和进行恰当的监督，学校可以最大化竞争的积极影响，同时抑制潜在的负面效果，发挥好竞争在高职院校双师型教师的精神需求层面激励中的作用。

（三）自我价值实现需求层面的激励优化

根据需求层次理论，人们在基本的物质和精神需求得到满足后，通常会向更高层次的需求进发，即追求自我价值的实现。自我价值的实现通常与个人的成就感和对社会的贡献感密切相关。在新时期背景下，对于高职院校中的双师型教师而言，这种需求尤为突出。高职院校的双师型教师，虽然不直接参与社会生产活动，但他们在培养未来社会主力军——学生中发挥着至关重要的作用。因此，确保这些教师感受到自己职业生涯的意义和价值，是非常重要的。这不仅关乎教师个人的职业满意度，也影响到他们在教育传授中的投入和热情。为了满足双师型教师的自我价值实现需求，高职院校应当采取一系列措施来肯定和奖励教师的个人成就，具体途径如图 7-10 所示。

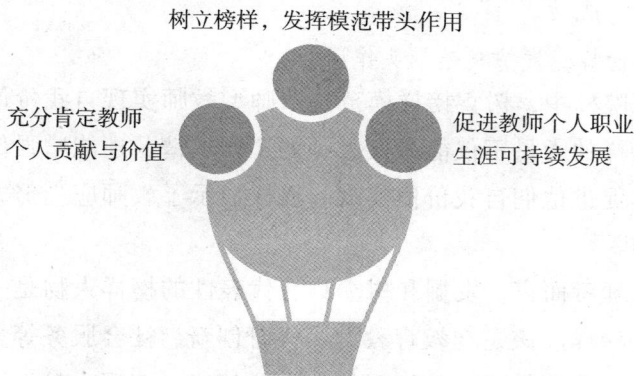

树立榜样，发挥模范带头作用

充分肯定教师
个人贡献与价值

促进教师个人职业
生涯可持续发展

图 7-10　自我价值实现需求层面的激励优化途径

1. 充分肯定教师个人贡献与价值

在高职院校中，充分肯定双师型教师的工作并给予荣誉表彰是满足教师自我价值实现需求的关键方式。荣誉表彰不仅作为一种精神需求层面激励手段，更是对教师成就和贡献的社会认可，它能极大地提升教师的自我价值感和职业满意度。

荣誉激励通过公开认可教师的努力和成就，让教师感受到自己的工作受到了高度评价和尊重。这种认可不仅是对他们日常教育和教学贡献的肯定，也是对他们专业能力和个人价值的确认。例如，学校可以通过定期举办表彰大会，向全校师生宣传在教学、科研或学生辅导等方面表现突出的教师的先进事迹。这不仅激励了被表彰的教师，也激发了其他教师追求卓越的动力。

设立专门的荣誉奖项也是荣誉激励的一个重要方面。这些奖项可以是年度最佳教师奖、创新教学奖或社区服务奖，旨在奖励那些在特定领域做出积极贡献的教师。通过这样的奖励，教师的专业成就得到了学校及社会的高度认可，进一步增强了他们实现自我价值的满足感。

实施这些荣誉激励措施，不仅能增强教师的自我效能感和职业自豪感，还能提升他们对学校的归属感和忠诚度。这种对个人价值的肯定，可以激发教师在教育教学中的积极性和创造性，从而提高教学质量和学校的整体教育成效。

2. 树立榜样，发挥模范带头作用

在高职院校中，树立榜样模范是双师型教师实现自我价值的重要途径之一。榜样的力量不仅能激发教师的工作热情，还能增强他们对职业的认同感，促进他们自我价值实现。榜样显示了教师应当努力的方向和达到的标准。

对于管理者而言，发掘和树立具有代表性的榜样人物是一项重要的任务。这些榜样应该是在教育教学、科研创新、社会服务等多个方面都表现突出的双师型教师。他们不仅在专业技能上表现卓越，还在道德和人格上为人师表。通过公开表彰这些教师的成就和行为，管理者可以有效利用榜样的影响力，促使其他教师模仿这些积极的行为和态度。

成为榜样本身就是一种极大的个人荣誉和价值实现。对于被选为榜样的教师而言，这不仅是对其个人努力的肯定，也是对其职业生涯的激励。这种认可使得教师更加有动力维持和提升自己的表现，同时促使他们在教学和研究上追求卓越。

为了确保榜样的影响力，高职院校应当设定明确且具有挑战性的标准来选取榜样。这些标准应涵盖教师的专业成就、道德行为、社会贡献等方面。只有符合这些高标准的教师才能被选为榜样，确保榜样具有足够的权威性和示范作用。

在实施过程中，高职院校管理层还应确保这些榜样的成就被广泛传播。这可以通过校内外的新闻发布、专题讲座、社交媒体等多种渠道进行。广泛的传播不仅提升了榜样的影响力，也让更多的教师和学生受到启发，从而提升师资队伍的整体素质，共同推动学校的发展。

树立榜样成为一种双赢的激励机制，不仅激励了教师成为更好的自我，也促进了整个教师群体的发展和学校的进步。这种基于自我价值实现的激励机制是提升教师满意度和职业成就感的有效方法。

3. 促进教师个人职业生涯可持续发展

高职院校中的双师型教师通常具备专业技能和实际工作经验，这使得他们在职业规划上相较于普通教师有更多的可能性和选择性。因此，学校管理层在研究职业发展策略时，应积极考虑如何帮助这些教师规划他们的职业目标，实现长远发展，确保这些目标与学校的整体发展战略相协调。

要促进双师型教师的职业生涯可持续发展，高职院校的管理者就要承担起引导和支持的责任。这包括提供职业发展咨询、规划工作坊以及定期的职业评估服务，帮助教师明确他们的职业路径，识别发展机会，并确定实现长期目标的步骤。管理者应确保教师的职业规划与学校的办学理念和长期目标紧密结合，以保证双方的利益和目标的一致性。

管理者可以采取符合学校办学方向的激励措施，如奖励能够通过其专业技能和教学实践促进学校目标实现的教师，提供必要的资源和支持，帮助教师克服职业发展过程中可能遇到的困难。通过这样的支持和激励，教师不仅能更好地理解和融入学校的发展蓝图，还能在实现个人职业目标的同时贡献于学校的长远发展。

为双师型教师提供明确的职业发展路径和支持，不仅能优化他们的职业生涯可持续发展，还能提升他们在高职院校中的归属感和主人翁意识。这种精神需求层面的激励将深远影响教师的教学热情和职业满意度，促进教师和学校的共同成长。

第八章 产教融合视域下双师型兼职教师队伍建设

第一节 双师型兼职教师的价值

双师型兼职教师在高职院校中扮演着至关重要的角色，他们不仅是知识和技能的传递者，还是双师型师资队伍建设的关键因素，在高职教育中具有重要的价值，如图8-1所示。通过引入兼职教师资源，教育机构能够有效实现教育目标，培养出符合现代职业需求的高素质人才，从而更好地服务于社会经济的发展需求。

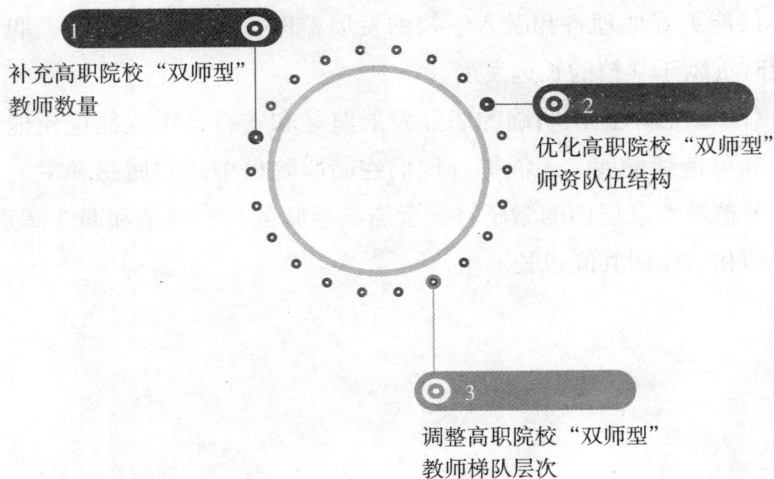

1　补充高职院校"双师型"教师数量

2　优化高职院校"双师型"师资队伍结构

3　调整高职院校"双师型"教师梯队层次

图8-1　双师型兼职教师的价值

一、补充高职院校双师型教师数量

随着社会对于技能型人才需求的日益增长，我国高等职业教育体系持续扩大，招生数量逐年增加，这对高职院校的师资队伍提出了新的要求，师资队伍的建设成为高校教育质量保障的关键因素之一。虽然一些高职院校在专业设置、课程开发和人才培养模式上进行了积极调整和创新，但专任教师的数量往往难以满足所有教育和教学的需求。特别是在一些新兴或偏冷门专业领域，专任教师可能难以满足所有教学需求。

兼职教师的引入因此成为解决教师数量不足的一种有效方式。双师型兼职教师能够在数量上补充专任教师，尤其是在专业技能教学方面，帮助学校满足教育质量和教学总量的要求。这些兼职教师大多来自相关行业，拥有丰富的实际工作经验和专业知识，他们的加入可以缓解因师资短缺对教育质量可能产生的负面影响。通过引入兼职教师，学校能够保证每学期所开设课程的数量和课时量，以满足教学大纲的要求和学生的学习需求。

聘用兼职教师还可以有效降低生师比，这是衡量教学资源分配合理性的一个重要指标。当前一些高职院校在实现推荐的 16 ：1 生师比标准上存在困难，兼职教师的引入不仅可以在数量上弥补专任教师的不足，还能通过改善生师比，使得每位教师能够管理更少的学生，从而提高教育质量。

二、优化高职院校双师型师资队伍结构

在高职院校中，师资队伍的素质结构优化是提高教育质量和满足行业需求的关键。不同于传统的高等教育，高职教育更加强调实践技能与专业知识的结合，这对教师的专业素质提出了更高要求。因此，引入双师型兼职教师，不仅是对师资队伍数量的补充，更是对教师结构的优化和升级。

双师型兼职教师主要来源于行业企业，他们具备丰富的实际操作经

验和深厚的行业背景，这使得他们在教学中能够提供真实的工作场景，将最新的行业发展动态和技术应用直接带入课堂。这种师资的引入，极大地丰富了高职院校师资队伍的专业结构，使教学内容更加贴近实际工作需求，更能满足学生的职业发展需求。

双师型兼职教师的参与，有利于培养学生理论结合实践的能力。高职教育的核心在于培养学生的职业技能和实际操作能力。然而，一些高职院校的专任教师虽具备扎实的理论知识，却缺乏足够的行业实践经验。这种"重理论、轻实践"的师资结构，往往导致学生在面对实际工作时显得力不从心。此时，双师型兼职教师的引入，能够有效补充这一短板，通过实践课程和实习指导，直接将行业经验传授给学生，弥补专任教师在实践教学中的不足。

双师型兼职教师的参与还助推了课程结构的优化调整。在他们的帮助下，高职院校能够根据行业需求灵活开设或调整课程，设计更多符合实际需求的实训课程。这种由实际工作需求反向设计的课程体系，不仅更符合行业标准，也更能激发学生的学习兴趣和实践热情。

双师型兼职教师的引入还能促进专任和兼职教师之间的互补与合作。在实际教学过程中，专任教师和兼职教师可以根据各自的强项分工合作，形成"取长补短"的教学模式。专任教师侧重于理论教学和基础知识的传授，而兼职教师则侧重于实践技能的培训和行业动态的介绍。这种合作不仅优化了教学资源的配置，也提高了教学效率和质量。

双师型兼职教师在高职院校中的引入，不仅是对传统师资队伍的有益补充，还是对师资队伍结构的重要优化。他们的存在极大增强了教学的实践性和职业性，使教学内容和教学方式更加符合行业要求和行业发展趋势。通过这种教师结构的调整，高职院校能够更有效地培养符合市场需求的高技能人才，为学生的职业发展和社会经济的进步提供坚实的支持。

三、调整高职院校双师型教师梯队层次

在高职教育中，构建一个层次分明、功能互补的双师型师资队伍是提高教育质量的关键。这种队伍结构不仅涉及专任教师的多层次职能，也包括兼职教师在内的多样化专业人才，形成一个完整且结构合理的教师梯队。这样的教师梯队层次能够有效提升教学的专业性和实践性，更好地满足行业和社会的需求。

专任教师团队包括一般专任教师、骨干教师和专业带头人。一般专任教师负责基础课程的教学，确保学生掌握必要的理论知识；骨干教师在此基础上进一步深化专业教学，承担一定的科研任务，推动教学内容与科技进步相结合；专业带头人则在教学和科研方面起到领导作用，规划专业发展方向，提升整个专业的教学质量和市场适应性。

兼职教师这一群体主要包括技术人员、高级技师和技术专家，兼职教师的引入是为了增强师资队伍的实践指导能力和促进行业联系。他们从实际工作场景中来到教室，将最新的行业技术和实践经验带给学生。技术人员通常提供基本的操作技能和工作流程指导；高级技师则在此基础上，解决更复杂的技术问题，增加课程的深度；技术专家不仅教授高级技能，还引导学生进行创新思考，参与行业前沿的研究项目。

这种专兼职教师的结合，形成了一个从基础到高端的完整教师梯队。专兼职教师的充分合作，不仅可以提升教学的广度和深度，还能促进教育内容的连贯性和系统性。兼职教师的管理和整合也是关键，合理的管理策略能够确保兼职教师的专业技能得到最有效的利用，也促进了专任教师与兼职教师之间的知识和技能交流。

第二节　双师型兼职教师队伍建设的原则

在高职院校中，构建一个高效的双师型兼职教师队伍是提升教育质

量的关键一环。这一过程涉及多个原则，如职业化、高教化、多元化、公平化、协调化，如图 8-2 所示。这些原则共同指导着高职院校在兼职教师队伍建设中的策略与实践，旨在营造一个全面、高效和具有竞争力的教学环境。

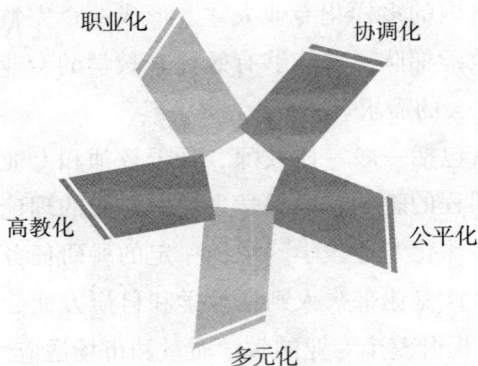

图 8-2　双师型兼职教师队伍建设的原则

一、职业化

在高职教育领域，构建一支双师型兼职教师队伍，不仅是高职院校教学质量提升的重要策略，也是学校对接行业发展需求的关键措施。双师型兼职教师队伍建设必须紧密结合职业教育的特征，其中的核心便是职业化的要求。

在技术快速发展的今天，行业标准和技术要求在不断变化。专任教师由于没有沉浸式的职业环境，可能无法保证教育的前沿性和前瞻性，而双师型兼职教师队伍能够确保教学内容与行业发展保持同步，因为这些教师本身就在行业中保持活跃，对新技术和新流程有充分了解和应用经验。他们可以将这些最新的行业动态带入课堂，确保教学内容不仅是最新的，而且是最相关的。

职业教育的根本目标是培养学生迅速适应职场环境、解决实际问题并在专业领域内发展的能力。双师型兼职教师通常具备丰富的行业经验和实践技能，他们能够将行业最新的技术、工作方法和经验直接带到教学中，这种直接的知识和技能转移是其他师资队伍所无法比拟的。通过这种方式，学生的学习内容能够与行业企业的实际需求保持同步，这增强了教育的实用性和有效性。

随着经济的发展和行业技术的更新换代，企业对员工的专业技能和实际操作能力有了更高的要求。双师型兼职教师能通过他们的专业知识和实践经验，为学生提供真实的工作场景模拟，这不仅帮助学生理解理论知识的实际应用，还能使学生提前适应未来的职场环境。这样的教学模式有效提升了学生解决复杂问题的能力，增强了他们的职业适应性和创新能力，从而提高了他们的就业竞争力。因此在双师型兼职教师队伍建设的过程中应始终秉承职业化原则，学校要建立多维度的选聘标准，来衡量兼职教师的能力。

二、高教化

在高职教育中，秉承高教化原则对双师型兼职教师队伍的建设至关重要。理解和实施高教化原则对于提升教育质量和师资队伍专业性有着不可替代的作用。

高教化原则强调，即便是职业教育，也应该具备高等教育的核心属性，包括科学性和学术性。这意味着，教师不仅需要有实践技能和行业经验，还应具备一定的学术、科研能力以及高等教育的教学能力。这种能力的要求，确保教师能在传授专业知识和技能的同时，引导学生进行科学思考和学术探索，从而培养学生的创新意识和研究能力。

尽管兼职教师在行业实践中有着丰富的经验，但他们在高等教育的教学方法和学术要求上可能存在不足。一些兼职教师可能未经过专门的教育教学训练，对教育的性质以及学术的要求理解不足。这可能导致他们在传授学科知识时，难以采用适宜的教学方法和手段，影响教学的效果和学生学习的深度。因此在双师型兼职教师队伍建设过程中要秉承高教化原则，确保所聘用的兼职教师符合高等教育的师资要求，确保双师型师资队伍建设朝着高校要求的方向发展。

三、多元化

在构建高职院校双师型兼职教师队伍时，秉承多元化原则至关重要。这一原则不仅要求从多维度评价教师的能力，还强调教师来源的层次多样性，以更好地满足教育的全面性和实用性。

双师型兼职教师的选拔和评价应超越传统的教学资格和经验考核，传统教师的选拔往往侧重于学术背景和教学经验，而对于双师型兼职教师，评价的重点应扩展到其在特定行业中的专业能力和实践技能，以及他们如何将这些经验转化为可教授的知识和技能。这不仅包括他们在行业内的实际工作经验，还应涵盖他们解决实际问题的能力，以及他们如何设计课程，使之既能传达深入的专业知识，又能激发学生的学习兴趣。他们在教学过程中采用的互动技巧和学生指导方法也是评价的关键组成部分。选聘和组建双师型兼职教师队伍还应包括对现代教育理念的适应性和创新性。这不仅包括他们是否能够接受和实施以学生为中心的教学方法，还包括他们是否能够在教学中融入新的教育技术，以及他们对教育趋势的响应能力。在一个快速变化的教育和行业环境中，双师型兼职教师学习和适应新知识的能力同样重要。评价这些教师，应考虑他们持续更新自身专业知识和教学方法的意愿和能力，确保他们能够持续提供最前沿的教育内容。因此，双师型兼职教师队伍建设应该秉承多元化原则。

多元化原则还体现在兼职教师的结构层次上。构建高职院校的双师型兼职教师队伍，不仅要从行业高层或资深专家中选拔教师，还应扩展到包括行业一线的优秀员工在内的多元化群体。例如，技术操作员、资深技工和工程师同样具备极为宝贵的资质。这类员工直接参与日常的操作和问题的解决，对当前技术和流程有着深入的理解和实践经验。这些在处理实际工作中遇到的挑战和问题时积累的经验，对于教学很有价值。他们能够提供的不仅是理论知识，还有实际操作的技巧和在工作中遇到的实际问题的创新解决方案，可以极大地丰富教学内容，使之更加贴近实际，激发学生的学习兴趣，促进学生对实用技能的掌握。引入来自不同工作层级的教师还能增加教学视角的多样性，帮助学生从多角度理解和分析问题。这种多视角的学习环境有助于学生建立更加全面的和批判性的思考方式，这对于他们未来的职业生涯是非常有益的。

四、公平化

在构建高职院校的双师型兼职教师队伍中，确保公平化原则至关重要。这一原则的实施不仅符合道德和法律标准，还对提升教育质量、增加师资队伍多样性及提高教师职业满意度具有深远的影响。

公平化原则要求双师型兼职教师的选拔过程必须公正无私。这意味着选拔标准应明确、透明，并且严格与职位相关。所有候选人都应在同一标准下进行评估，不受个人背景、性别、年龄或其他非专业因素的影响，所有候选人都得到公平对待。高职院校需要一套标准化的评审流程，并通过多元化的选拔委员会进行决策，以减少个人偏见，增加决策的多角度考量。这种做法不仅提升了选拔过程的透明度和可信度，还能确保从多样化人才中挑选出最合适的候选人。

在教师培训和发展方面，秉承公平化原则同样至关重要。高职院校应确保兼职教师，无论其背景或职位高低，都有平等的机会接受培训和职业发展支持。这包括新教育技术的培训、教学方法研讨会以及专业成长的机会。专任与兼职教师之间的培训机会也应保持公平，避免对任一方的偏见或忽视。提供均等的发展机会不仅有助于提升教师的教学质量和专业能力，还能提升教师的职业满意度和归属感。

对于双师型兼职教师的绩效评估，也需要秉承公平化原则。评估过程应基于客观、明确和与工作直接相关的标准，这些标准应公开透明，且对无论是专任还是兼职教师均适用。评估结果应用于为教师提供必要的支持，如反馈、职业指导及进一步培训的机会。确保评估的定期进行和反馈的及时性，可以帮助教师根据评估结果调整和改进教学方法，保持教师之间的竞争和发展是公正和公平的。

公平化原则不仅在教师选拔和培训中发挥作用，还贯穿于教师的职业生涯管理和发展全过程。这种全面的公平化处理有助于建立一个公正、包容且高效的教育环境，使得所有教师都能在一个激励和支持的氛围中实现个人和职业的最大化发展，实现兼职教师队伍建设的高效率。

五、协调化

兼职教师的选聘以及任用需要高职院校与企业、兼职教师三方协商，整个聘用流程显得较为烦琐。这不仅增加了招聘相关负责人的工作压力，而且加大了高职院校在组织管理兼职教师时的难度。因此，在双师型兼职教师队伍建设中，秉承协调化原则，编制一个校企协调方案显得尤为重要，以确保各方需求的平衡和流程的顺畅执行。

协调化原则要求高职院校建立一个清晰且高效的流程，以降低各方的工作压力。这一流程应当设计成可协调高职院校的需求、企业的期望以及教师的可用性的模式。例如，可以设立一个联合协调小组，包括学校的专业负责人和企业的人力资源代表，共同决定聘任标准、聘任过程以及聘任后的支持策略。这种方式可以确保流程的透明性和公正性，减轻单一方面的压力。兼职教师的组织管理由于其非全职性质而显得较为复杂。协调化原则在此环节的应用，意味着需要在教师的工作安排、职责界定以及期望管理上进行精细调整。这包括为兼职教师编制灵活的工作时间表以适应其在企业的主职工作，确保他们能够有效参与教学活动。定期的沟通会议和反馈机制，可以保持教师与学校之间的紧密联系，确保教学质量和学生满意度。

针对兼职教师考核评价是协调化原则中的一大挑战。由于兼职教师可能同时在多个领域工作，传统的评价体系可能不完全适用。因此，需要开发一套既能反映其教学成效，又能考量其行业实践影响的多维度评价系统。这样的系统应当包括学生的反馈、同行的评审以及与行业标准的契合度等因素。这种综合评价可以更全面地理解兼职教师的表现，为他们提供成长和改进的具体指导。协调化原则还强调在高职院校、兼职教师和企业之间建立强有力的沟通和反馈机制。这包括定期组织三方会议，讨论教学进度、学生反馈以及任何需要调整的教学策略。学校也可以利用现代通信技术设立一个共享平台，以实时更新教学资料、共享教学心得和解决教学中遇到的问题，确保教学质量和兼职教师满意度。

第三节　双师型兼职教师队伍建设的途径

一、加强对双师型兼职教师的政策支持

政府应在多方面支持和引导高职院校双师型兼职教师的成长，发挥领导和指挥棒的作用。在相关政策的制定上，要进一步明确相关主体在兼职教师管理等方面的责任与义务，为兼职教师成长提供政策上的保障。例如，2023年，《教育部等四部门关于印发〈高职院校兼职教师管理办法〉的通知》发布，针对兼职教师人员条件、聘请程序、管理和经费来源进行了法律上的规定。这些措施不仅解决了专任教师短缺的问题，也优化了师资结构，强化了高职院校的教学能力，更为兼职教师管理与成长指明了方向，标志着兼职教师管理已被纳入国家职业教育政策体系。地方政府也应积极探索，如《宁波市职业教育校企合作促进条例》规定了由政府引导、校企互动、行业协调的校企合作机制，并设立了专项资金以支持职业院校与企业的合作，明确了各方主体在兼职教师管理中的责任与义务，为兼职教师成长提供了有力的法律支撑。

政府应强化和主导双师型兼职教师的培训，要强化培训平台的建设，为兼职教师提供进修和培训的机会。地方政府还可以在现有《高职院校兼职教师管理办法》的基础上，根据地区特色和高职院校的发展需要，制定更全面的兼职教师培训管理制度。企业员工在高职院校兼职教学是校企合作的重要组成部分。政府应通过政策明确企业在兼职员工培训方

面的义务，给予一定的支持政策，从而优化兼职教师的培训管理和使用。例如，地方政府可以根据当地实际情况，采取激励措施，鼓励企业的技术骨干担任高职院校的兼职教师，激发企业承担教育社会责任的积极性和主动性。或者为兼职教师所在的企业提供财政优惠，支持企业进行兼职教师培训，促使更多企业积极派遣兼职教师至高职院校。

为规范双师型兼职教师的准入制度，政府应建立职业资格证书制度，加强对双师型兼职教师资格的管理。政府应将兼职教师培养纳入高职院校师资队伍的整体培养计划，设立专门的兼职教师培养机构。相关教育行政部门需出台政策，允许兼职教师通过考试获取高校教师资格证。政府应指导高校的师资培训中心牵头实施兼职教师的培养工作，根据双师型兼职教师群体的特点，创新培训课程内容。培训结束后，应向合格的兼职教师颁发岗前培训合格证，作为其获得兼职教师资格证书的必备条件。建议逐步建立一套完整的兼职教师职称认定和教师资格认证的评审制度，以确保教师质量和教学标准的一致性。这样的制度不仅规范了双师型兼职教师的职业路径，也提高了教育质量和教师专业性。

二、建立双师型兼职教师信息资源库

双师型兼职教师队伍建设的有效途径之一是建立一个全面的兼职教师信息资源库。这一资源库的建设需要政府的引导与支持，依赖于行业企业和高职院校的积极参与和详细规划。政府、企业和高职院校合作，可以共同提供兼职教师队伍的长期规划及具体需求。这种合作不仅确保了规划的实际应用性，也促进了不同利益相关者之间的沟通和协调。

在操作层面上，资源库包括来自不同行业的兼职教师的详细个人资料，如职业背景、职称、学位以及技术等级信息，所有数据都通过数据库系统进行统一的管理和储备。这样的系统化管理有助于高职院校在招聘教师时进行有效筛选，确保选聘到既符合教育教学需求又具备实际工作经验的教师。

资源库还会记录兼职教师的个人情况和企业背景等相关信息，这不仅帮助高职院校了解教师的专业能力和实践经验，也使企业能够监控员工的兼职教学活动，确保这些活动不会对企业的正常运营造成不利影响。这种信息的透明化也有助于企业和高职院校之间建立更为紧密的合作关系，共同促进教育和行业发展。

政府在这一过程中起到关键的引导和监管作用，可以成立专门的管理部门来负责兼职教师信息资源库的建设、资料搜集和整理工作。这样的管理机构不仅保证了信息的准确性和时效性，还能有效协调教育与行业之间的利益，确保双方合作的顺利进行。

兼职教师信息资源库的建立将为高职院校提供一个强有力的工具，以确保师资队伍的专业性和稳定性，也便于政府进行兼职教师的教育资格认证和职业发展监管。这种资源库的建立和维护，不仅有助于提高教育教学的质量，也有助于实现教育资源的优化配置和兼职教师职业生涯的持续发展。

三、严格把控双师型兼职教师筛选

高职院校聘任兼职教师时，应采用严格的资格筛选制度，确保教师的专业能力与教学需求相匹配。首先，兼职教师应具有与学校专业相符的专业结构和娴熟的实际操作经验，必须持有专业的技术资格证书。其次，兼职教师需要具备一定的政治和思想文化水平，遵守职业道德，并确保其行为符合教师的专业规范。兼职教师应对教学工作充满热情，即使未经过正规的师范教育，也应对从事教师工作感兴趣并愿意接受相关的教育教学培训。

在聘任过程中，高职院校应制订明确的招聘计划，基于学校及专业的发展目标，确定兼职教师的数量和具体要求。招聘信息应通过学校网站和其他多种渠道发布，以吸引合适的应聘者。对于应聘者，除了进行技术资格和工作表现的审查外，还应重视试讲环节，以确保其教学能力符合学校的要求。学校应与拟聘用人员签订聘用合同，明确兼职教师的工作任务、责任、待遇以及双方的违约赔偿等条款。这一严格的聘任制度有助于确保兼职教师不仅在专业技能上合格，还能在教学上展现出责任感，从而提升教学质量和效果。

四、完善双师型兼职教师培训制度

高职院校应完善兼职教师培训制度，保障他们的专业发展，确保他们能够有效地将知识和技能传授给学生。培训制度的实施不仅是兼职教师的权利，也是他们的义务。高职院校应为兼职教师定期提供教师教育培训，包括教育学和心理学的基础知识，以及现代教学方法和技术的应用。通过这种培训，兼职教师可以更熟练地使用先进的教学辅助设备，从而提高教学效果。

这种培训机制还支持兼职教师的职业发展，为那些有意向成为专任教师的兼职教师提供了成长和转型的机会。通过对教育学、教育心理学和教育法规的深入学习，兼职教师不仅能够提升自己的教学技能，还能在职业生涯中迈向更专业的教师角色。

高职院校可根据实际情况采取不同的培训形式，如假期集中培训、工作坊、研讨会、网络授课，确保培训内容覆盖高职教育理论、教育心理学、现代教育技术及教育法规等关键领域。这种多样化的培训方式不仅方便兼职教师根据自己的时间安排参与培训，也有助于他们全面提升教学能力和专业知识水平。

五、进行双师型兼职教师的多元化评估

高职院校在对兼职教师进行考核评估时，需要实行多元化评估，旨在优化并提高现有考核体系的效能。这种改革的核心是制定与各专业特征相适应的具体考核标准，确保这些标准全面覆盖教师职业的各个方面，而不是单纯将教学效果作为评估兼职教师的唯一标准。评价内容应全面，包括但不限于兼职教师的职业道德、课前的准备工作、课堂教学的质量，以及教学方法的恰当选择和应用。

在评价形式上，为了避免依赖单一评价方式可能引起的评价偏颇，

高职院校应结合多种评价方法来进行教师评估。这可以包括教师自我评估、同行评审、学生反馈、教学观察和专家评议等多种方式。这样的综合评价机制能够确保所得数据的客观性、真实性和有效性，从而更准确地反映兼职教师的教学能力和职业表现。

考核结果的及时反馈对于兼职教师来说至关重要，它可以帮助教师及时了解自己的教学表现和存在的不足，进而调整教学策略和提高教学质量。反馈机制应设计得既具体又富有建设性，能够指导教师在专业发展和教学方法上做出有效改进。

高职院校还应利用与企业的良好合作关系，积极与企业沟通，将企业的反馈和需求整合进兼职教师的评价过程中。企业不仅能对兼职教师的专业知识和技能进行评价，还可以根据实际工作需求提出具体的教学方法和改进建议。这种校企合作模式不仅加深了企业对教学过程的了解和参与，还促使兼职教师更加关注行业发展趋势和实际应用技能的教学。

通过这样的系统性改革和多方位合作，高职院校可以有效提升兼职教师的教学质量和职业能力，构建一个促进教师持续发展和专业成长的良好环境。这种改革不仅有助于提高教育质量，也有助于更好地满足行业和社会的需求，为学生的职业发展提供坚实的教育支持。

六、加强校园文化建设，增强兼职教师身份认同感

加强兼职教师在高职院校中的身份认同感，是双师型兼职教师队伍建设的关键环节之一。高职院校的兼职教师常常面临身份的双重性：在企业中，他们是追求效率和商品价值的高级技师；在教育机构中，他们则扮演着教书育人的角色。这种角色的切换不仅要求教师在心理上进行适应，还需要他们在处理事务的方法上做出调整。一些兼职教师在这一过程中感到不适应，甚至对教师职业产生困惑。若这些困惑未能得到有效解决，便可能导致他们对教师身份的认同感缺失。

兼职教师还需在两种截然不同的文化氛围中转换：一方面是企业的以利益为中心的商业文化，另一方面则是高职院校的非营利性学术文化。

这种文化上的冲突使得兼职教师很难完全融入校园文化，常常在校园文化的边缘徘徊，保留着一定的趋利性。由于兼职教师与高职院校通常维持一种以课时计费为基础的简单合约关系，缺乏足够的福利支持和稳定的工作环境，兼职教师往往在完成授课任务后即刻离开，难以参与到学校的其他教育活动中，这在一定程度上削弱了他们对作为高职教师责任和义务的认同。

为了提升兼职教师在高职院校的身份认同感，学校需要采取有效措施强化校园文化建设，特别是通过组织团队活动和促进师生间的互动来实现这一目标。

第一，高职院校可以定期举行文化节、教师节和其他重要节日的庆典，让兼职教师积极参与这些活动的策划与实施。通过参与这些文化庆典，兼职教师不仅能够与学生和其他教师建立更深层次的联系，还能通过参加学校的庆典来增强对学校文化的认同感和归属感。通过实践项目、案例研究和模拟活动等互动式学习体验，兼职教师可以在教学中更好地展示其行业经验，也能更深入地参与学生的学习过程。这种互动不仅增加了学习的深度，也增强了师生间的沟通和理解，加强兼职教师与其他学校因素的联系。定期组织团队建设活动，如教学研讨会、教育创新工作坊及校园开放日。这些活动不仅有助于增进兼职教师与专任教师之间的交流与合作，也有助于兼职教师更深入地理解和融入学校的教育理念和文化。

第二，高职院校可以设立专门的教师发展中心，为兼职教师提供专业成长和教学交流的平台。这些中心可以定期举办教育技术、课程设计、学生心理等方面的培训，帮助兼职教师提升教育教学能力，也让他们感受到学校对其职业发展的重视和支持。通过参与这些活动，兼职教师可以更好地了解学校的教学资源和研究方向，从而增强他们的职业身份认同。学校可以利用校园报纸、杂志、在线论坛等，鼓励兼职教师发表教学经验、行业动态、个人见解等内容。这不仅是兼职教师展示专业能力的平台，也是他们参与校园文化生活、表达个人见解的重要渠道。

　　第三，设立各类艺术和文化工作兴趣坊，如摄影、绘画、音乐、文学创作，可以吸引兼职教师在非正式的环境中展现和发展艺术才能。这些活动有助于培养教师的创造力，展现教师的个性，也为教师和学生提供了共享艺术和文化的空间，促进了教育环境的多样性和包容性。

　　第四，高职院校可以通过建立校史馆、举行历史讲座和校园导览等活动，加强对学校历史与传统的认知和传承。这种活动不仅有助于加深兼职教师对学校长远发展的理解，还有助于培养兼职教师对学校历史和文化的尊重与自豪感。

参考文献

[1] 王岚，吴跃本，崔金魁．高职院校"双师型"教师专业素质培育研究 [M]. 南京：东南大学出版社，2021.

[2] 李梦卿．双师型职教师资培养制度研究 [M]. 武汉：华中科技大学出版社，2012.

[3] 黄莺，贾雪涛．双师型教师的专业发展研究 [M].北京：中国书籍出版社，2020.

[4] 李梦卿．双师型教师队伍建设比较研究 [M]. 武汉：华中科技大学出版社，2010.

[5] 姜鑫，王建猛，刘欣．新时代应用型高校"双师型"师资队伍建设与创新发展研究 [M]. 秦皇岛：燕山大学出版社，2021.

[6] 黄立．产教融合背景下高职院校"双师型"教师团队建设研究 [M].长春：吉林人民出版社，2020.

[7] 方莹，于尔东，陈晶璞．职业院校"双师型"教师培养研究 [M].2 版．秦皇岛：燕山大学出版社，2022.

[8]] 刘伟斌．高职院校"双师型"师资队伍建设研究 [M].北京：兵器工业出版社，2016.

[9] 崔艳丽．如何建设中职学校"双师型"教师队伍 [M].长春：吉林教育出版社，2010.

[10] 詹先明．"双师型"教师发展论 [M].合肥：合肥工业大学出版社，2010.

[11] 李丽华，高杨，梁秋栢．"双师型"教师队伍建设模式改革与制度创

新研究 [M]. 沈阳：辽宁大学出版社，2014.

[12] 梁成艾. 高职院校"双师型"教师专业化发展论 [M]. 成都：西南交通大学出版社，2014.

[13] 康坤. "双师型"教师队伍建设研究 [M]. 郑州：大象出版社，2022.

[14] 洪宇. 高校"双师型"教师队伍建设与评价改革研究 [M]. 北京：中国原子能出版社，2023.

[15] 罗秋兰，秦福利，武博，等. 职业教育"双师型"教师认定研究 [M]. 北京：科学出版社，2022.

[16] 汪焰，曹大辉，程有娥. 高水平"双师型"教师专业发展标准研制与实践 [M]. 北京：电子工业出版社，2022.

[17] 赵慧. 教育前沿：我国高等职业院校双师型人才队伍培养的实践研究 [M]. 北京：中国原子能出版社，2022.

[18] 龙辉明. 双高建设背景下高职院校"双师型"教师队伍建设研究 [M]. 合肥：合肥工业大学出版社，2020.

[19] 丁超峰，林萍. 应用型本科高校"双师型"外语教师培养研究 [M]. 北京：光明日报出版社，2018.

[20] 夏晓慧. 新时代高职院校双师型教师科研能力建设研究 [M]. 哈尔滨：哈尔滨工业大学出版社，2020.

[21] 李海. 职业院校双师型教师胜任力模型构建及其应用 [M]. 长春：吉林大学出版社，2019.

[22] 辛磊. 高职教育"双师型"教师的激励研究 [M]. 北京：光明日报出版社，2016.

[23] 刘琴. 信息化背景下现代职业教育"双师型"教师培育研究 [M]. 北京：高等教育出版社，2018.

[24] 谢勇旗. 校企合作培养"双师型"职教师资机制研究 [M]. 兰州：兰州大学出版社，2014.

[25] 何深，刘苹，怡然. 高职"双师型"教师培养途径模式和策略 [M]. 北京：中国轻工业出版社，2012.

[26] 许凤玉. 黄河三角洲区域高校会计学专业双师型师资队伍建设研究 [M]. 北京：光明日报出版社，2015.

[27] 吴全全 . 职业教育"双师型"教师基本问题研究——基于跨界视域的诠释 [M]. 北京：清华大学出版社，2011.

[28] 张晓霆，韩成英 . 产教融合背景下"双师型"教师培养内因、困境与策略 [J]. 继续教育研究，2024（5）：24-28.

[29] 钱盈裕，杨瑞春，刘慧哲 . "大智移云"背景下民办应用型本科院校会计专业产教融合机制研究 [J]. 商业会计，2024（7）：110-113.

[30] 李彬，李淑君 . 产教融合背景下高职院校多方协同的"双师型"教师培养路径 [J]. 武汉工程职业技术学院学报，2024，36（1）：105-108.

[31] 常小勇 . 高质量发展背景下职业院校"双师型"教师队伍建设：进展、困境及突破路径 [J]. 职业技术教育，2024，45（7）：58-64.

[32] 庞温佳 . 产教融合新形势下职业教育"双师型"教师队伍建设路径探索 [J]. 天津职业大学学报，2024，33（1）：58-62.

[33] 孙国亮，关八一 . 产教融合视角下财务会计类"双师型"教师培养与实践 [J]. 齐鲁珠坛，2024（1）：56-59.

[34] 宋玲玲，赵文平 . 走向产教融合的职业教育"双师型"教师培养 [J]. 职教通讯，2024（2）：41-49.

[35] 莫洁玲 . 产教融合背景下应用型本科院校"双师型"教师教学能力发展研究 [J]. 创新创业理论研究与实践，2024，7（2）：189-192.

[36] 訾丽丽，陈国华，冯桂芝 . 产教融合背景下高职医药类专业"双师型"教师队伍建设研究 [J]. 卫生职业教育，2024，42（3）：4-7.

[37] 熊青云 . 高职院校产教融合人才培养模式创新研究 [J]. 职教通讯，2024（1）：66-72.

[38] 潘纯 . 基于高职院校"双师型"教师队伍建设的校本企业内扩 [J]. 长江工程职业技术学院学报，2023，40（4）：34-37，41.

[39] 殷西祥，陈竹萍，胡甜予 . 大数据与人工智能时代产教融合背景下高职院校"双师型"教师队伍建设 [J]. 安徽商贸职业技术学院学报，2023，22（4）：77-80.

[40] 陈让，阳军，欧阳 . 产教融合视域下职业院校"双师型"公共基础课教师队伍建设的现实困境与创新策略 [J]. 中国多媒体与网络教学学报

（中旬刊），2023（12）：164-167.

[41] 秦艳红.产教融合背景下高职院校"双师型"教师培养路径研究[J].
大学，2023（34）：125-128.

[42] 崔舒雅，林祝亮，曹振新.高职院校梯度化双师型教师队伍建设策略
研究[J].现代教育科学，2023（6）：37-43，60.

[43] 霍霄艳，陈凯锋，王海花.产教融合背景下高职院校"双师型"教师
队伍的现状与对策研究[J].焦作大学学报，2023，37（4）：80-83.

[44] 苏晓丽，赵燕，孙鹏.产教融合背景下职业本科院校"双师型"教师
队伍培养研究[J].江苏科技信息，2023，40（27）：62-64，68.

[45] 刘月圆.产教融合背景下开放大学"双师型"师资队伍建设研究[J].
天津电大学报，2023，27（3）：56-59.

[46] 赵培莉."产教融合"土木建筑类"双师型"教师职业能力培养路径
研究[J].中国多媒体与网络教学学报（中旬刊），2023（9）：165-
168.

[47] 唐维贵.中职双师型教师"双岗双赛"培养模式探索与实践——以装
备制造类专业为例[J].教育科学论坛，2023（24）：39-42.

[48] 高燕林，何艳.产教融合背景下高职院校"双师型"教师队伍建设的
困境与出路[J].湖北开放职业学院学报，2023，36（16）：75-77.

[49] 张婧."产教融合"背景下高职院校"双师型"教师培养路径探索[J].
中国多媒体与网络教学学报（中旬刊），2023（7）：175-178.

[50] 张珂嘉.产教融合背景下高校"双师型"师资队伍建设研究[J].大连
教育学院学报，2023，39（2）：76-78.

[51] 苏晓丽，孙婷婷，陈令霞.产教融合视域下职业本科院校"双师型"
教师队伍建设机制研究[J].江苏建筑职业技术学院学报，2023，23
（2）：70-73.

[52] 张迪，冯华，侯旭晖，等.产教融合背景下高职院校"双师型"教师
队伍建设的制度设计[J].中外企业文化，2023（5）：205-207.

[53] 汪洋青，杨振.产教融合背景下高职汽车专业"双师型"结构化教学
团队建设研究[J].汽车测试报告，2023（9）：115-117.

[54] 梁晓晓.基于产教融合的高职电子商务专业高水平"双师型"教师队

伍建设路径探析 [J].中国多媒体与网络教学学报（中旬刊），2023（5）：125-128.

[55] 张春红.产教融合背景下高职院校"双师型"教学团队建设 [J].科技风，2023（11）：83-85.

[56] 王进.产教融合背景下高职院校"双师型"教师队伍建设研究 [J].科技资讯，2023，21（8）：168-171.

[57] 张静华.产教融合背景下高职院校双师型英语教师队伍的建设现状及对策 [J].海外英语，2023（7）：238-240.

[58] 曹巍.产教融合视域下高职院校构建高素质"双师型"教师队伍的研究 [J].福建轻纺，2023（4）：58-60.

[59] 郑争兵，韩团军，郭昱希，等.产教融合背景下电子信息类专业"双师型"教师培养路径研究 [J].创新创业理论研究与实践，2023，6（7）：70-72，86.

[60] 王少愚.产教融合背景下高质量"双师型"教师队伍建设路径探究 [J].职业教育研究，2023（4）：18-23.

[61] 戴冬香，胡建英.产教融合视角下湖南高职旅游"双师型"教师培养现状与对策 [J].广东职业技术教育与研究，2023（3）：42-45.

[62] 张智荣.产教融合背景下"双师型"教师专业发展探究 [J].船舶职业教育，2023，11（2）：8-10.

[63] 杨斯诗，黄文革，钟石根.产教融合背景下民办高职院校"双师型"教师培养困境与路径探寻——以厦门市为例 [J].太原城市职业技术学院学报，2023（2）：101-104.

[64] 杜绽蕾.高职院校"双师型"心理健康教师队伍建设研究——以产教融合为背景 [J].开封文化艺术职业学院学报，2023，43（1）：45-47，67.

[65] 闫克，马宁.产教融合赋能"中文＋职业技能"双师型教师人才培养新模式 [J].吉林省教育学院学报，2023，39（2）：1-8.

[66] 曹晔，孟庆国.推动职业教育产教融合与高质量"双师型"职教师资队伍建设 [J].中国职业技术教育，2023（5）：19-24.

[67] 石丽娟，吕洋，王强.产教融合背景下艺术设计类"双师型"教师校

企多元评价机制研究 [J]. 美术教育研究，2023（1）：112-114.

[68] 洪燕 . 产教融合政策背景下中职卫校"双师型"教师专业发展存在的问题与对策研究——以 W 市卫生学校为例 [D]. 济南：山东大学，2023.

[69] 郑震琪 . 产教融合背景下 Y 教育公司师资流失的原因及对策研究 [D]. 南昌：南昌大学，2023.

[70] 马欣灵 . 高职院校"双师型"教师队伍建设研究——以 N 职业技术学院为例 [D]. 南充：西华师范大学，2023.

[71] 杨倩 . 产教融合背景下高职院校高水平专业群建设研究——以 X 职业技术学院为例 [D]. 南充：西华师范大学，2022.

[72] 夏冬梅 . 企业办学模式下"双师型"教师队伍建设研究——基于 S 学院的个案研究 [D]. 长沙：湖南师范大学，2021.

[73] 何俊萍 . 基于 IPO 模型的高职院校产教融合绩效评价研究 [D]. 广州：广东技术师范大学，2021.

[74] 李芩旭 . 产教融合背景下高职院校"双师型"教师队伍建设的研究 [D]. 金华：浙江师范大学，2021.

[75] 付含菲 . 产教融合背景下高职院校"双师型"教师队伍建设研究——以湖北省为例 [D]. 武汉：湖北工业大学，2020.

[76] 江春华 . 产教融合背景下大学基层学术组织变革研究 [D]. 宁波：宁波大学，2020.

[77] 姚润玲 . 基于利益相关者理论的应用型本科院校产教融合绩效评价研究 [D]. 哈尔滨：哈尔滨工业大学，2018.